高等院校移动商务管理系列读物

# 商业信息搜集与处理

## Business Information Investigation and Analysis

（第二版）

陈　飚◎主编

经济管理出版社

ECONOMY & MANAGEMENT PUBLISHING HOUSE

**图书在版编目（CIP）数据**

商业信息搜集与处理/陈飚主编. —2 版. —北京：经济管理出版社，2017.1
ISBN 978-7-5096-4830-8

Ⅰ.①商…　Ⅱ.①陈…　Ⅲ.①商业信息—情报搜集—高等教育—自学考试—教材 ②商业信息—信息处理—高等教育—自学考试—教材　Ⅳ.①F713.51

中国版本图书馆 CIP 数据核字（2017）第 006902 号

组稿编辑：勇　生
责任编辑：勇　生　王　聪
责任印制：杨国强
责任校对：超　凡

出版发行：经济管理出版社
　　　　　（北京市海淀区北蜂窝 8 号中雅大厦 A 座 11 层　　100038）
网　　址：www. E-mp. com. cn
电　　话：（010）51915602
印　　刷：玉田县昊达印刷有限公司
经　　销：新华书店
开　　本：720mm×1000mm/16
印　　张：19
字　　数：341 千字
版　　次：2017 年 4 月第 2 版　　2017 年 4 月第 1 次印刷
书　　号：ISBN 978-7-5096-4830-8
定　　价：38.00 元

# 编 委 会

# 专家指导委员会

**主　任：** 杨培芳　中国信息经济学会理事长、教授级高级工程师，工业和信息化部电信经济专家委员会秘书长，工业和信息化部电信研究院副总工程师

**副主任：** 杨学成　北京邮电大学经济管理学院副院长、教授

**委　员**（按照姓氏拼音字母排序）：

安　新　中国联通学院广东分院院长、培训交流中心主任

蔡亮华　北京邮电大学教授、高级工程师

陈　禹　中国信息经济学会名誉理事长，中国人民大学经济信息管理系主任、教授

陈　飏　致远协同研究院副院长，北京大学信息化与信息管理研究中心研究员

陈国青　清华大学经济管理学院常务副院长、教授、博士生导师

陈力华　上海工程技术大学副校长、教授、博士生导师

陈鹏飞　北京嘉迪正信（北京）管理咨询有限公司总经理

陈玉龙　国家行政学院电子政务研究中心专家委员会专家委员，国家信息化专家咨询委员会委员，国家信息中心研究员

董小英　北京大学光华管理学院管理科学与信息系统系副教授

方美琪　中国人民大学信息学院教授、博士生导师，经济科学实验室副主任

付虹蛟　中国人民大学信息学院副教授

龚炳铮　工业和信息化部电子六所（华北计算机系统工程研究所）研究员，教授级高级工程师

郭东强　华侨大学教授

高步文　中国移动通信集团公司辽宁有限公司总经理

郭英翔　中国移动通信集团公司辽宁有限公司董事、副总经理

何　霞　中国信息经济学会副秘书长，工业和信息化部电信研究院政策与经济研究所副总工程师，教授级高级工程师

洪　涛　北京工商大学经济学院贸易系主任、教授，商务部电子商务咨询专家

1

姜奇平　中国信息经济学会常务理事，中国社会科学院信息化研究中心秘书长，《互联网周刊》主编

赖茂生　北京大学教授、博士生导师

李　琪　西安交通大学电子商务研究所所长、教授、博士生导师

李正茂　中国移动通信集团公司副总裁

刘　丹　北京邮电大学经济管理学院副教授

刘腾红　中南财经政法大学信息与安全工程学院院长、教授

柳永坡　北京航空航天大学副教授

吕廷杰　北京邮电大学经济管理学院院长、教授、博士生导师

马费成　武汉大学信息管理学院教授、博士生导师

秦成德　西安邮电大学教授

乔建葆　中国联通集团公司广东省分公司总经理

沈志渔　中国社会科学院工业经济研究所研究员、教授、博士生导师

汪　涛　武汉大学经济与管理学院教授、博士生导师

王　琦　北京邮电大学副教授

王立新　北京邮电大学经济管理学院MBA课程教授，中国移动通信集团公司、中国电信集团公司高级营销顾问

王晓军　北京邮电大学继续教育学院副院长

谢　华　中国联通集团公司人力资源部人才与培训处经理

谢　康　中山大学管理学院电子商务与管理工程研究中心主任、教授

谢进城　中南财经政法大学继续教育学院院长、教授

徐二明　中国人民大学研究生院副院长、教授、博士生导师

徐升华　江西财经大学研究生部主任、教授、博士生导师

杨国平　上海工程技术大学继续教育学院副院长、教授

杨培芳　中国信息经济学会理事长、教授级高级工程师，工业和信息化部电信经济专家委员会秘书长，工业和信息化部电信研究院副总工程师

杨世伟　中国社会科学院工业经济研究所教授，中国企业管理研究会副理事长

杨学成　北京邮电大学经济管理学院副院长、教授

杨学山　工业和信息化部副部长、党组成员

叶蜀君　北京交通大学经济管理学院金融系主任、教授、博士生导师

张华容　中南财经政法大学工商管理学院副院长、教授、博士生导师

张继平　中国电信集团公司副总经理、教授级高级工程师

张润彤　北京交通大学经济管理学院信息管理系主任、教授、博士生导师

张世贤　中国社会科学院工业经济研究所研究员、教授、博士生导师

# 前　言

随着移动互联网的深入渗透，我们的生活、工作和娱乐的移动化趋势越来越明显，移动商务成为不可阻挡的商业潮流。尤其是"互联网+"战略正在推动数字经济与实体经济的深度融合，"大众创业，万众创新"方兴未艾，我们有理由相信，移动商务终将成为商业活动的"新常态"。

在这样的背景下，有必要组织力量普及移动商务知识，理清移动商务管理的特点，形成移动商务管理的一整套理论体系。从2014年开始，经济管理出版社广泛组织业内专家学者，就移动商务管理领域的重点问题、关键问题进行了多次研讨，并实地调研了用人单位的人才需求，结合移动商务管理的特点，形成了一整套移动商务管理的能力素质模型，进而从人才需求出发，围绕能力素质模型构建了完整的知识树和课程体系，最终以这套丛书的形式展现给广大读者。

本套丛书有三个特点：一是课程知识覆盖全面，本套丛书涵盖了从移动商务技术到管理再到产业的各个方面，覆盖移动商务领域各个岗位能力需求；二是突出实践能力塑造，紧紧围绕相关岗位能力需求构建知识体系，有针对性地进行实践能力培养；三是案例丰富，通过精心挑选的特色案例帮助学员理解相关理论知识并启发学员思考。

希望通过本套丛书的出版，能够为所有对移动商务管理感兴趣的人士提供一份入门级的读物，帮助大家理解移动商务的大趋势，形成全新的思维方式，为迎接移动商务浪潮做好知识储备。

本套丛书还可以作为全国各个大、专院校的教材，尤其是电子商务、工商管理、计算机等专业的本科生和专科生，相信本套丛书将对上述专业的大学生掌握本专业的知识提供非常有利地帮助，并为未来的就业和择业打下坚实的基础。除此之外，我们也期待对移动商务感兴趣的广大实践人士能够阅读本套丛书，相信你们丰富的实践经验必能与本套丛书的知识体系产生共鸣，帮助实践人士更好地总结实践经验并提升自身的实践能力。这是一个全新的时代，希望本套丛书的出版能够为中国的移动商务发展贡献绵薄之力，期待移动商务更加蓬勃的发展！

# 目　录

# 第一章

## 商业信息概论

## 学习目的
★★★★

**知识要求** 通过本章的学习，掌握：

● 商业信息和商业信息处理的基本概念

● 商业信息、商业情报、商务信息、商业智能等术语的含义、区别和联系

● 商业信息应用的历史及其发展

● 商业信息的价值和意义

● 商业信息处理的意义和类别

● 商业信息的应用领域

**技能要求** 通过本章的学习，能够：

● 理解商业信息的基本概念

● 了解商业信息处理的含义与要求

● 掌握商业信息应用的历史与发展

● 了解商业信息的开发与应用

## 学习指导
★★★★

1. 本章内容包括：商业信息概述；商业信息处理概述；商业情报概述；商业信息的应用价值与意义。

2. 学习方法：阅读教材，掌握概念，把握概念、术语之间的内在联系和区别；培养信息情报意识，熟悉商业信息的类别和应用领域。

3. 建议学时：4学时。

## 引导案例

### 商业信息在营销实战中的应用

在一家超市里有个奇怪的现象：尿布和啤酒赫然摆在一起出售。这家超市就是赫赫有名的连锁销售标杆企业——沃尔玛。据说这是发生在美国连锁店超市的真实案例，这种"奇怪的举措"使尿布和啤酒的销量双双增加。那么，是什么让沃尔玛发现了尿布和啤酒之间的关系？

商家通过对超市一年多原始交易数字——商业信息进行详细分析，才发现了这个神奇的组合。

总部位于美国阿肯色州的世界著名商业零售连锁企业沃尔玛拥有世界上最大的数据仓库系统，为了能够准确了解顾客在其门店的购买习惯，沃尔玛对顾客的购物行为进行购物篮分析。一个意外的发现是："跟尿布一起购买最多的商品竟是啤酒。"

这是数据挖掘技术对商业信息进行分析研究的结果，反映了商业数据的内在规律。那么这个结果符合现实情况吗？是否是一个有用的知识？是否有利用价值？于是，沃尔玛派出市场调查人员和分析师对这一数据挖掘结果进行调查分析。经过大量实际调查和分析，揭示了隐藏在"尿布与啤酒"背后的美国人的一种行为模式：在美国，一些年轻父亲下班后经常要到超市去买婴儿尿布，而他们中有30%~40%的人同时也为自己买一些啤酒。产生这一现象的原因是：美国的太太们常叮嘱她们的丈夫下班后为小孩买尿布，而丈夫们在买尿布后又随手带回了他们喜欢的啤酒。既然尿布与啤酒一起被购买的机会很多，于是沃尔玛就在其一个个门店将尿布与啤酒摆放在一起，结果，尿布与啤酒的销售量双双增长。啤酒还是那些品牌，尿布还是那些尿布，这就是信息分析的力量，商业信息的重要性可见一斑。

啤酒与尿布，可谓风马牛不相及，然而沃尔玛从顾客购物习惯入手并将两者巧妙加以组合，却收到了意想不到的好效果。20世纪90年代，日本7-11便利店女性丝袜的销售量已经占据日本市场总销量的第一位。它的一位副总裁根据这种趋势就向铃木建议在7-11便利店销售化妆品。一方面，化妆品与丝袜的客户是一致的，都是女性；另一方面，化妆品的利润高，可以产生可观的收益。但铃木没有直接决定，而是请这位副总裁去了解这些数据信息背后的情况——谁买了这些丝袜。于是这位副总裁要求每个收银员都要记住两点：客户是男性还是女性，这个客户的年龄段。这两件事很简单，不用仔细思考，它只是商业活动中最真实普遍的信息收集工作。调查结果显示：大多数丝袜的购买者是 40~50 岁的男性。原来日本是大男子主义比较盛行的国家，男人在外面工作，女人照顾家庭，7-11 便利店大多分布在地铁、电车和火车站附近，男人下班后多经过这些地方，所以许多家庭主妇都打电话让丈夫在经过便利店的时候带丝袜回来。根据这个分析，副总裁建议将丝袜放在啤酒附近销售，男人疲倦的时候都喜欢买啤酒，啤酒旁边有丝袜就会顺便买一双回去。商业信息的收集和分析，使 7-11 便利店避免了一次错误的商业决策，并重演了"啤酒与尿布"的商业佳话。

资料来源：佚名. 营销实战：啤酒与尿布 [DB/OL]. 中企新闻网，2009-12-04；HayagreevaRao.思考：为何在 7-11 是男人买丝袜 [N]. 中国经营报，2009-06-12；佚名. 锻造卓越供应链 [DB/OL]. 金蝶友商网，2010-05-27.

➡ **问题：**

1. 商业信息的合理利用对企业提升竞争力有什么意义？
2. 商业信息如何能为整个社会创造价值？

# 第一节　商业信息概述

信息是人类活动的依据和基础，人类活动又无时无刻不在产生信息。信息、物质、能量是人类社会和自然世界的三大基础。在人类的商业活动中，商业信息是商业活动的基础，也是商业活动的产物。无论是国家、企业、个人，还是国家与国家之间，所有与商业有关的活动都离不开商业信息，而所有这些活动又都产生商业信息。

商业信息与社会运转、政府政策制定和社会管理、企业商业决策和运营，乃至公众个人生活都是息息相关的。因此，商业信息的收集和处理具有非常重要的意义和价值。市场中的企业作为商业活动的主体，对商业信息的需求几乎体现在其运营管理的每一个环节和层面。随着社会的发展、技术的进步和信息化进程的推进，信息在人类活动中的重要性日益加强。在企业的商业活动中，商业信息更是发挥着支柱和基础的作用，商业活动的对象、介质和成果的信息化程度日益加深。这种商业信息化趋势导致了企业对商业信息的高度重视，加强了企业的信息收集和处理能力，并逐步在企业中产生了信息收集和处理的岗位和职能部门或机构。无论是企业商务决策还是市场营销策略制定，还是企业的所有经营管理和市场运作行为都离不开商业信息。

# 一、商业信息概述

## (一) 商业信息的特点

商业信息是指一切与商业活动相关或者对商业活动产生影响和作用的信息。商业有广义与狭义之分。狭义的商业是指专门以营利为目的的商品交换活动，是以货币为媒介进行交换从而实现商品流通的经济活动。广义的商业是指所有以营利为目的的活动，更宽泛的理解则推广为所有与社会商品交换相关的经济活动。这样一来就几乎把商业信息的范畴扩大到经济信息的层面了。因为经济信息不仅与商业活动相关，对商业活动产生作用和影响，而且常常成为企业商业决策和行动的主要依据和决定性因素。仔细分析商业的含义可以看出，商业是一种有组织的提供顾客所需物品与服务的行为。而企业恰恰就是这种行为的主体，因此企业信息也就成为商业信息的组成部分。

企业信息可以定义为：按照企业的组织活动规则排列起来的信号序列所揭示的内容，企业管理活动中形成的文件、财务报表、档案等就是企业信息的物化表现形式。企业信息作为一种信息，不仅具有一般信息的特征，而且有其自身个性特征。从企业信息特征中，可以更好地理解企业信息内涵。

(1) 企业信息具有社会性。企业是社会的细胞，企业的任何活动都不可能脱离社会而存在，企业信息来源于企业的社会活动。一方面，企业为了自身生存和发展，就必须从社会中获取各种信息并加以利用；另一方面，企业又会不断向社会输送各种信息，以满足社会需要。在企业与社会的这种互动中，企业信息总会或多或少地打上社会的烙印。

(2) 企业信息具有经济性。企业是一种营利性组织，获取经济利益是企业最重要的目标之一，因此反映企业活动的信息不可避免地会与经济相关，从而带有强烈的经济性。但这并不意味着企业信息都是经济信息，很多非经济信息在某些情况下也会成为企业信息。不论是什么信息，只要可能给企业带来一定经济效益、减少企业经济消耗或使企业有效避免经济损失的信息，都可以看做企业信息。

(3) 企业信息具有时效性。这种时效性包含两个方面：①信息获取和使用的及时性，很多信息只是在特定的时间和地点有效，过期就失去作用；②还有些信息虽然过去了很长时间，但在决策或者行动的时候依然会有价值，不可忽略。

(4) 企业信息具有连续性。企业的生存和发展是在与其内外环境相互影响的连续过程中实现的。企业信息活动也是一个连续的过程，会不断地产生和流通。企业信息不会中断，即使这个企业消亡了，新的企业还会诞生，一个社会的企业信息流是源源不绝的。[①]

正是因为企业信息具有连续性，我们才可以根据这些信息预测自己的未来发展趋势、分析竞争对手的状况，从而在激烈的市场竞争中取胜。

### （二）商业信息的处理

商业信息的处理是指对采集来的信息进行分析、加工的过程。

由于收集到的信息不一定都是立即可以使用的，因此需要进行加工处理。信息加工是指将采集到的信息按照不同的目的和要求，进行鉴别和筛选，使信息条理化、规范化、准确化，以便进一步存储、传播和利用，从而使信息具有一定使用价值的过程。

信息加工的基本要求包括：

第一，系统性。通过信息加工把内容上与采集目标不相关的信息区别开，将内容相关的信息集中在一起，并按照使用需要进行整理，使其前后连贯，呈现某一规律或特征，明确相关信息之间简单的内在关系，体现出信息内容的系统性。

第二，准确性。通过信息加工，优化信息，使记载信息的用语规范、标准、简洁、准确、明白，没有虚假、含糊不清的地方，并在信息量上做到精简浓缩，重点突出，问题集中。

第三，及时性。采集到信息后要立即加工，特别是时效性强的信息应争分夺秒地加工，以备急用。若决策急需加工某信息时，要能立即完成加工任务。[②]

## 二、商业信息的来源

### （一）商业信息的起源

商业兴起于先秦时期，商业信息是随着商业的出现而出现的，同时也随着商业的不断繁荣而日益增长。早在原始社会末期就已经出现了简单的商品交换，但真正的商业行为，是在货币产生之后才逐渐兴起的。

最初的简单商品交换是一种物物交换形式，交易带有很大的偶然性和随意性，参加交换的人很难在同一时间找到相互需要对方商品的人，即使需要，也常因数量上的不同而难以成交。随着物物交换在规模、数量、频率和地域上的发展，人们越来越感到以物易物的交换形式既浪费时间和精力，又很不经济。这一时期的商业信息表现为买卖双方都需要了解对方是否需要自己的商品，数量是多少，这样交易才能顺利进行。如果得不到这方面的商业信息，就无法完

---

① 司有和. 企业信息管理学 ［M］. 北京：科学出版社，2007：9~10.

② 同①，275~276.

成商品交换。

因此，社会强烈地需求出现一种能固定充当一般等价物的货币。早期的货币应运而生，货币使不同品种、不同质量、不同体积的各种商品都能通过货币进行价值换算，使市场上从事商品交换的人不再为买卖的时空限制而苦恼，在市场上没有自己所需或数量不符的商品时，就可以先把自己的商品卖出，获取一般等价物货币，等到出现自己需要的商品时再用货币购买。货币的产生把一次性完成买卖的商品交换活动断裂为两个独立的活动。这时，一些擅长商品交换的人从生产中脱离出来，专门从事买卖活动，成为商人。对专职的商人而言，掌握足够多的商业信息是完成买卖活动、维持生计的必要条件。由此，商业信息开始在社会生活中起到越来越重要的作用。

### （二）商业信息应用的历史

在秦汉时期，商业得到了初步的发展。原因在于秦始皇统一中国以后，统一了货币和度量衡，为商业的发展提供了基础。两汉时期又开通了路上和海上两条丝绸之路，极大地便利了商品的流通，也方便了商业信息的交流与发展。

再经过隋唐、两宋以及元代的历代发展，商业已经相当繁荣，商业信息也已经超越了地域和国别的界限，得到了很大的发展，商业空前繁荣，商业信息的传播也起到了至关重要的作用。在我国古代，不乏由于及时获取商业信息而取得成功的例子。

明清时期，农产品商品化得到了发展，城镇经济繁荣，很多大城市甚至农村市场都很繁华。但是从明代开始，中国开始实行闭关锁国的政策，对外商贸活动急剧减少，与国际商业信息的交流也随之变得极少，中国经济开始逐渐落后于世界经济，并在清末开始了中国近代 100 多年的耻辱历史。

新中国成立后，国家经济得到了很大程度的恢复，但是由于种种原因自由商业没有得到很大的发展。

改革开放以后，中国再次打开国门，开始逐渐与世界上绝大多数国家建立外交关系，互通有无。国家经济得到迅速发展，商业信息空前繁荣，纸张等实体所承载的信息已经不能满足商业发展的需要，网络信息时代到来了。

## 三、互联网时代的商业信息

### （一）网络信息

网络信息是指利用计算机网络获取各种信息的总和。具体地说，是指所有以电子数据形式把文字、声音、图像和动画等多种形式的信息存储在非纸介质的载体中，并通过网络、计算机或终端等方式再现出来的信息。

网络信息的特点主要有：

第一，存储数字化。信息由纸张上的文字变为以数字化形式存在的信息，使其存储、传递和查询更加方便，而且所存储的信息密度高、容量大，可以基本无损耗地重复使用。这样的信息既可以在计算机内高速处理，又可以通过信息网络便利地进行远距离传送。

第二，表现形式多样化。传统信息主要是以文字形式表现出来的，而网络信息则能以文本、图像、音频、视频、软件和数据库等多种形式存在，每种存在形式又能有多种格式，方便各种不同的使用者，其内容能涵盖各行各业、各种文献类型。

第三，以网络为传播媒介。传统信息存储载体为纸张、磁盘、磁带等，而在网络时代，信息的存在是以网络为载体、以虚拟化的形式展示的。

第四，传播方式的动态性。在网络环境下，信息的传递和反馈具有动态性和实时性等特点。信息在网络中的流动性非常迅速，网上的任何信息资源，都只需要短短的数秒钟就能传递到世界的每一个角落。

第五，信息源复杂。网络的共享性与开放性使得人人都可以在互联网上存取信息，这些信息没有经过严格编辑和整理，良莠不齐，各种不良信息大量充斥在网络上，形成了一个纷繁复杂的信息世界，信息的选择成为每个用户都要面临的重大问题。[1]

第六，数量巨大，增长迅速。第 27 次《中国互联网发展状况统计报告》显示，截至 2010 年 12 月，中国网民规模达到 4.57 亿人，较 2009 年底增加 7330 万人；互联网普及率攀升至 34.3%，较 2009 年提高 5.4 个百分点。宽带网民规模为 4.5 亿人，有线（固网）用户中的宽带普及率达到 98.3%。

**（二）网络商业信息**

网络商业信息是指存储于网络并在网络上传播的、与商业活动有关的或由网络商业活动产生的各种信息总和，是各种网上商业活动之间相互联系、相互作用的描述和反映，是人类社会物质发展和精神文明发展的产物。它既有网络信息的共同特征，又有商业信息的共同特征，也只有同时符合这两种特征的信息才能算做网络商业信息。

这里的商业活动是指在网上进行的商业活动，与传统商业活动相比，主要有以下四个方面的区别：

第一，商业活动范围的区别。传统商业活动大多是在区域范围内进行，虽

---

[1] 百度百科，"网络信息资源"的特点. http://baike.baidu.com/view/1356256.htm。

然当代所举行的各种各样的交易会、咨询会是对地域限制的突破，但是由于成本较高而使得举办的次数受到限制。网络商业活动从开始的那天起，就可以面向全球，且成本要比传统商业活动低得多。

第二，发展速度的区别。从最初的物物交换到以货币为一般等价物的商业活动，人类用了几千年的时间。而网络商业活动是从1995年才开始在全球范围内爆发，才十几年时间，B2C、B2B、B2G、C2C等多种网络商业模式正逐步走向成熟。网络商业活动比传统商业活动起步晚，但发展迅猛。

第三，人才知识储备的区别。互联网的超文本和超链接，使得信息的更新速度越来越快，为了在网络上获得有意义的信息，相关工作人员必须掌握检索等技术。相比传统的商业活动其对人才知识和技能的要求更高。

第四，商务礼仪上的区别。在面对面的商业活动中，不可避免地会有很多特定的礼仪要求，有一套约定俗成的商务礼仪要遵守。然而在网络商业活动中，买卖双方都是在网络上完成交易，双方无须见面，因此一些传统的商务礼仪得以省略，参与者只需遵循基本的商业规则和虚拟社区规则，双方信誉和实力成为成功交易的基础。[①]

**（三）网络商业信息管理**

在当今这样一个信息爆炸的社会，包括商业信息在内的任何网络信息都已呈泛滥之势，无论对个人还是企业，都有必要对纷繁复杂的网络商业信息进行管理。

（1）需要将网络上对自己有用的商业信息进行采集。为了避免网络信息资源采集的随意性、无计划性和盲目性，对信息的采集必须执行统一标准，主要包括以下五个原则：

第一，全面性原则。是指信息的来源要全面，在搜索引擎方面，不仅要会使用百度、雅虎、新浪等常用综合搜索引擎，还要会使用和讯财经搜索、中贸网、中国化工在线搜索、中国工程机械信息网等专业搜索引擎；在浏览网络商业信息资源库时，不仅要会浏览中国政府网、中国经济信息网、国务院发展研究中心信息网等综合性商务信息网，而且要会使用地区性和行业性商务信息网站，如北京经济信息网、上海经济信息网、中国价格信息网、中国制造网、中国经贸网等。同时还要学会使用网络数据库和网上电子报刊资源，比如万方数据资源系统和中国期刊网。

第二，针对性原则。由于商业信息的采集有很强的服务性，由于服务对象

---

① 谭云明. 网络商务信息采集 [M]. 北京：中国经济出版社，2008：3~4.

不同，所需要的信息也就不同。如果毫无针对性，就会造成信息膨胀。堵塞或者影响有效信息的传递，影响整个网络商业信息的采集。

第三，准确性原则。很多盲目决策都是由于决策者采用了不准确的信息所致，所以，采集网络信息一定要坚持准确性原则，既要准确真实，又要反映事物的本质。网络信息工作者经常因网络上充斥劣质信息，倍感"劣币驱逐良币"的威胁。为保证这一原则，就应该选择著名品牌的网站，并且评估优质网站和网络商业信息。

第四，及时性原则。商业信息一般都具有很强的时效性，因此信息采集一定要快，快和信息的效益紧密相连。在现代社会，谁最先掌握了最新、最准确的信息，谁就掌握了商机。而时机的延误往往会使信息的价值衰减或者消失，甚至出现负面效应。

第五，经济性原则。任何信息采集都应遵循经济性原则，必须注意方式和方法，必须注意节约人力、物力、财力，取得最大的调查结果。[①]

（2）完成信息采集之后，如有需要可以对信息进行分析处理，得出更加准确精简的情报。

（3）对这些信息情报进行保存，具体要求类同于对非网络商业信息的保存，只是保存介质有所差别。

# 第二节 商业信息的分类及商业情报

## 一、商业信息的分类

企业信息是由各种类型的信息构成的，对于这些信息的分类有多种不同的方法，下面主要介绍三种。

### （一）按照国家信息化评测中心的报告分类

按照国家信息化评测中心的报告，企业信息可分为三类：

第一，企业内在结构状态信息，包括企业结构信息、企业产品市场占有率、主业与副业的比例关系、资源资产增量结构信息、资源（人力、物力、财力）资产存量构成信息、企业知识（技术）结构信息、企业演进过程信息、企

---

① 谭云明. 网络商务信息采集 [M]. 北京：中国经济出版社，2008：35~40.

业营运过程及其效果信息、有关企业下一步发展计划的信息、新产品研究开发类信息、企业运营环境信息、资金财务运行状态信息等。

第二，客户群信息，包括社会需求信息、需求状态信息、客户群的消费还贷期与客户购买选择意向、需求结构性和层次信息、基本需求与多样化需求信息、需求知识结构信息、支付能力信息、消费示范效应信息、国家有关企业收入分配的指导性政策信息、需求变化趋势信息等。

第三，竞争对手信息，包括竞争状态信息、竞争形态是攻是守、稳健型还是保守型、竞争实力状况、竞争对手采取行动的信息、竞争精神信息、竞争环境信息、竞争结构信息、竞争对手的历史性演变信息、产品更新换代周期长度的变化信息、行业内市场结构的变化与发展趋势信息等。[①]

### （二）按照信息时间分类

如果信息中涉及时间或者时间是其中的重要因素，如企业史料、重大活动和大事记，以及政策法令法规的不断补充更新，都采用这类方法。因为从时间上可以直观地看出事态的演进与发展，有时候是最有说服力的证据。

### （三）按照信息密级分类

对企业来说，很大部分的商业信息是必须划入保密范围的，尤其是那些会给企业带来商业价值，或者企业本身花费了大量人力、物力获得的信息。分类主要划分为绝密、机密、秘密、内部资料、公开资料五种类别。具体划分标准因企业而异，也有企业只划分为机密和非机密两种类别，这样简单的分类操作对中小企业比较适合。除非企业有特殊需要，分类以简单为好，因为在具体操作中，密级越多越难界定。

## 二、商业竞争情报

### （一）商业竞争情报

商业情报大师富尔德在《商业情报密码》一书中总结道，商业情报就是通过信息分析以提供市场洞察力，并为你带来竞争优势。情报是可以传授的，公司中的全体人员（从销售到从事研发的科学家）都能够通过学习和应用商业情报来提高公司的市场地位并带来实际的成效。

商业情报和竞争情报都是指对于企业有益的、可以带来竞争优势的商业信息，二者没有本质的区别，因此在本书中对商业情报、竞争情报以及商业竞争情报不加区别地使用。

---

① 秦铁辉. 企业信息资源管理 [M]. 北京：北京大学出版社，2006：46~48.

富尔德把竞争情报建立于两个基础构件之上：第一个构件，找到正确的竞争信息；第二个构件，也是最关键的构件，就是看清市场的混乱，不带感情色彩地分析各个事件。

在当今的商业活动中，大多数经理面对的最大挑战就是被烟幕、谣言和失真所包围，一旦在烟幕中耽搁，机会就将消失或者风险将会增加。富尔德列出了在当今商业情报世界中需要了解的五个事实。

（1）艺术形式。商业情报并不是完全理性和结构化的技术，而是通过人的创造性思维从大量离散的数据中构建出的有意义的信息。情报的艺术就是鉴赏所拥有的任何形式的信息，可能是一张照片、一次谈话或一份电子数据表。情报的艺术意味着除非有明确的理由、合乎逻辑的论据、一套体系和某些准则，否则就要先验再判断再做，不放过手中的任何资料。

（2）心理迷障。在分析和接收关键信息时，心理因素会带来很大的干扰，如简单否定、自我合理化、群体思维等。美国政府在 2003 年攻打伊拉克的决定就是一个由群体思维导致情报失真的生动例子。

打破心理迷障的最可靠办法就是把各种想法搬到一个信息实验室中去，比如，在一个大会议室里建立情报室，会议室墙上贴满广告、营销数据和报告，室内坐满了来自采购、市场、销售和生产部门的专家。任何人不得隐藏他们的观点，每个人都说出自己的想法，在主管面前争辩。实地进行分析，在快节奏和情报丰富的环境中群体思维没有任何机会。

（3）正确的框架造就火眼金睛。框架可以让我们强化对信息的选择、有效地洞悉市场的干扰和噪声信息、澄清竞争本质。我们需要知道用哪种框架来进行不同类型的情报分析是最合适的，如果没有框架，信息往往会埋没在争论、推测和无知中。

（4）互联网有自己的秘密语言。虽然互联网信息很容易获得，但网络本身掺杂着太多的混乱信息。很多人认为互联网就是情报的同义词，但事实却不是那样，因为互联网上提供的是信息，而只有有意义的信息才能称为情报。因此在使用互联网时，需要的是洞察而不是简单进入。

任何一个人都可以通过学习掌握专业分析人员多年来使用的窍门，了解这些会帮助我们把大量的信息缩减成有用的情报，在竞争中取得优势。

（5）利用情报的榜样确实存在，他们是这门艺术的老师。要寻找利用情报的榜样，这些头脑机智的个人可能在公司的任何地方。这些资深情报人员形成了简单的、毕生都遵循的习惯，他们知道如何利用会议获取信息，擅长在基层收集信息，知道哪些信息是有用的、哪些信息是没有用的以及如何建立情报网。我们应该向这样的人学习情报技术，学习如何获取和使用情报，创造

11

出最大价值。①

### （二）商业竞争情报的意义

商业情报是一种商战利器，一种明察秋毫和料敌先机的手段，那些充分利用情报的人们越来越深谙情报之道，并将其发展成为一种有力的武器。

商业竞争情报帮助管理者分析对手、供应商和环境，以降低风险。商业竞争情报使管理者能够预测商业关系的变化、把握市场机会、预测对手战略、发现新的或潜在的竞争对手、学习他人成功或失败的经验、洞悉对公司产生影响的技术动向、了解政府政策对自身和竞争者可能产生的影响、最后做出正确的决策。

企业不可避免地会遇到竞争，竞争并不可怕，可怕的是企业已经置身激烈的竞争之中而不自知。市场环境如何？竞争对手是谁、性情如何？市场竞争的参与者战略意图怎样，在市场要素变化时会怎样反应？技术发展到什么程度了？这些信息都是参与市场竞争的企业不得不掌握的情报。这方面信息收集起来不是多么困难，但是真正能做到有效检测、及时收集的并不多，获取、分析和判断信息背后隐藏的情报是很难做到的。②

由此，企业获取商业竞争情报的能力成为现代企业必不可少的能力之一，谁能快速、准确地获取竞争情报，据此做出行之有效的战略决策，并付诸实施，谁就有机会在激烈的市场竞争中胜出。

20世纪90年代初，IBM公司亏损严重，在全球电脑市场销售排名下滑至第3位，形势十分严峻。1993年，郭士纳出任首席执行官后，审时度势地提出"立即加强对竞争对手的研究"、"建立一个协调统一的竞争情报运作机制"，并组成专业竞争情报核心小组，负责计划及实施。分布在整个公司的竞争情报工作组每天的工作就是对竞争对手的情况进行全面的分析，获取竞争情报的理念逐步融入IBM的企业文化。短短几年之后，这个"蓝色巨人"就重新站了起来。

## 三、从商业信息到商业情报

商业信息与商业情报都是跟商业有关的信息，有一些相似的地方。一般而言，信息是情报处理的原材料，是一种未予以评估和分析的数据资料；而情报是一种特殊的信息，是由信息转化和加工提炼出来的。两者在特性、获取过程和作用方面是有区别的，其中最显著、最重要的区别在于，商业情报能给企业

---

①② ［美］伦纳德 M. 福尔德. 商业情报密码 ［M］.陈永强，陈飔 译.北京：机械工业出版社，2007：
4~12（序言）.

带来竞争上的优势。从商业情报的特征中可以进一步看出二者的差异。

**（一）商业情报的特征**

（1）对抗性。因为企业离不开竞争，而竞争本身就意味着对抗。商业情报是企业竞争的必然产物，没有市场竞争就不会有商业竞争情报。商业情报不可能是竞争对手主动给予的，反而往往是在对手百般阻挠的情况下通过各种渠道获得的。

商业情报是要收集、获取和分析对方的敏感情报，而同时对方要采取保护商业情报的措施来防范竞争对手的情报刺探、避免自身情报外泄，尤其是被竞争对手获得。双方你来我往，有攻有守，这也体现了竞争情报的对抗性。

（2）高智慧性。情报的英文是"intelligence"，本身就含有"智慧"的意思，也表明对商业情报的分析研究工作才是整个情报过程的关键环节。商业情报的价值不来源于简单的信息收集和加工，而来源于对收集到的信息进行深入分析和研究，透过表象看清其实质，从而把握竞争对手的优势与劣势，明晰竞争环境的机会与威胁，并有效加以应用。

在对情报分析过程中，情报人员要付出大量的智力劳动，包括去伪存真、分析推理、审时度势、战略分析等，体现出明显的高智慧性。

（3）情报工作的隐蔽性。在对主要竞争对手和其他竞争者的信息收集和情报研究中，情报收集人员主要是关注经济、技术、产品等相互敏感和相互保密的信息。而经济利益的冲突决定了本企业与各竞争对手之间是互不协作、互相封锁、相互隐蔽的。所以，对竞争者的信息收集和情报分析研究必须在隐蔽的条件下进行。一旦公开，只能导致两个结果：一是促使对方加强防范，增加情报获取的难度；二是增加对方的敌意，可能导致对方的报复性举动。

（4）合法性。竞争情报活动必须是合法的、正当的，手段不正当的情报活动不属于商业竞争情报的范围。英国一家信息咨询公司的老板说："如今企业虽都严守各自的秘密，但是95%的资料还是公开的，只不过比较零散，就看你如何搜集、分类、提炼、合成。"因此，只要分析研究得当，通过合法的途径是可以满足企业竞争所需情报的。

当然，在竞争情报开展的过程中，一定程度的"打擦边球"行为（所谓"灰色地带"——虽不违犯现行法律规定但却可能有悖于日常社会道德）在特殊情况下也是可以理解的，无法完全避免的。比如从竞争对手丢弃的垃圾中获取情报和"反求工程"（又称"逆向技术"或"逆向工程分解"），但这些绝不能成为企业在获取商业情报过程中随意越界、无视法律规范的借口而加以滥用。

（5）预见性与增值性。对企业来说，利用商业情报的目的是为企业决策服务的。所以，要求商业情报必须具有较强的预见性。由于商业信息具有很强的时效性，落后于决策的情报成果对于决策毫无用处。[①]

与传统的信息积累相比，商业情报的分析还是一个智力增值的过程。通常需要对信息原料进行深度加工和提炼来获得情报，产生增值，为决策者提供决策产品或半成品。世界500强企业争相设置相应的情报部门，其中最主要的原因之一就在于商业竞争情报成果能带来增值效益。

### （二）获取商业情报的方法

如何从纷繁复杂的商业信息中得到企业想要的商业情报已经成为所有企业都要面临的重大问题。下面简单介绍商业信息成为商业情报的步骤和方法。

在这样一个信息满天飞的世界，把信息变为商业情报要通过以下三个步骤：

（1）要规划与定向，也就是确立目标。包括三个方面的内容：需要什么？为什么需要这些，即需要这些干什么？知道之后，要实行什么决策、采取什么行动？

（2）信息收集。这个步骤耗费的时间和资源最多，这一阶段要解决的问题主要有：在哪些地方收集信息，用什么方法收集。在收集过程中还应该注意两个方面：一方面要保证信息的连续性；另一方面必须保证信息的系统性。因为有很多信息，如果单独割裂并看不出有什么价值，但是如果将它们集中起来观察，往往能发现重要的线索。

（3）信息的加工。没有经过分析和加工的信息，可以说是毫无价值的。因为从公开渠道收集到的信息，往往精度不高、相互交错、真伪难辨，如果不经过一个初步鉴别、验证、整理、优化的步骤，是不可能帮助企业获取竞争优势的。

明确了企业把信息变为情报的步骤之后，就要弄清楚用什么方法把收集的信息变成有用的商业情报。

（1）从公开文献中提炼合成。通过对公开文献的收集整理、提炼合成，得到自己需要的情报。因为企业作为市场的主体，不可避免地与社会各方面有着千丝万缕的联系，在从事商品交流的同时也进行着大量的文献交流。在这些动态的、繁多的文献交流中，往往就隐含着商业秘密，比如上级行业主管部门的综述报告，工商税务、新闻出版物的广告报道，行政部门的统计报表以及各种形式的宣传品等。从这些零散的、庞杂的文献中，如果能采用一种系统化、科学化、定量化的方法来对其进行分析，集中商业竞争活动所需要的特定内容，就有利于发现竞争情报。

① 周九常. 竞争情报及其作用研究 [J]. 河南科技，2011 (3).

（2）细心研究企业案例。在相关部门组织的各类企业案例研讨会中，通常会有本行业的专家参加，学术气氛比较浓厚，允许学术研究人员对其经营进行案例研究。这种研究虽然不会透露出竞争对手的战略计划，但会提供竞争对手在经营方面的许多事实和数据，显露出竞争对手目前正在研究的问题及提高竞争力的相关措施。如果细心研究和分析，就会发现一些有用的商业情报。

（3）反向工程。所谓"反向工程"是指企业通过合法手段得到竞争对手的产品，然后对其进行解剖研究。即通过拆卸、检查、分析竞争对手的产品，得出其具体的材料和工艺技术方案的过程。它与通常从实施方案到产品研制的顺序相反，所以称为"反向工程"。可以通过了解竞争对手的仓库而获得所需产品，因为在仓库里，正是竞争对手已经上市和即将上市的产品。通过对竞争对手仓储库存的产品数量和产品品种的了解，就可以进一步了解到竞争对手的产品生产能力、市场规模、市场占有率等商业秘密。

由于反向工程的产品来源是合法的，在体现"商业秘密"的产品出售后，产品所有权人的权利用尽，对产品失去控制权，即产品所有人只能对无形的商业秘密拥有所有权，但对有形的产品市场流通权无权限制。因此通过"反向工程"去获取商业秘密在法律上是合法的。但为安全起见，在施行"反向工程"时，须注意以下事项：

①保存好取得产品合法证据：产品发票、供货合同。

②对施行反向工程的过程作详细记录。

③对施以反向工程的成果妥善保存。日后一旦出现法律诉讼，可摆脱被动局面。

值得一提的是，从竞争对手的仓库中除了可以进行反向研究，还能了解其原材料，进而了解竞争对手企业采购原材料的渠道。一些企业为保护自己的商业秘密往往对自己产品的配方和工艺流程等严加保护，不允许有丝毫泄露，但是对于一些原材料采购渠道的保密却不以为然。实际上一旦了解了原材料，也就相当于了解产品50%的配方。内行人只要了解竞争对手产品的原材料，然后把这些原材料进行科学合理的调配，产品配方也就昭然若揭了。

（4）对专利文献的分析研究。有时，竞争对手企业往往通过申请专利的方式来保护自己的商业秘密和利益，但其他企业可以查阅到这方面的信息。他们通过对竞争对手专利文献的分析，不仅可以确定谁是竞争者，还可初步得出竞争对手的特点，评价其实力、了解其可能的动向。同时，企业对专利文献的分析，还可以用来评价某一技术的发展前景，发现新的技术增长点，并有助于评估今后技术发展的动向，更有可能在竞争中取胜。

（5）实地考察、调查访问。有些商业情报是很难通过对公开文献进行分析而获得的，但可以采取以下措施去获取：

①访问、咨询与企业竞争对手有关的人员（企业的职工、客户、上级主管、合作伙伴等）。在不违反相关法律规定和企业合同的前提下，对这些人员的访问调查往往会有意想不到的效果，甚至可以获得大量的信息或直接的商业情报。

②调查人员深入竞争对手企业内部，对竞争对手企业进行实地调查，也能获得大量直观的情报。如日本企业的情报人员有时就是直接通过对竞争对手车间厂房、机器、工人数量、进出工厂车辆进行实地调查观察，得出了有关竞争对手的生产规模、自动化程度等方面的情报，从而取得竞争优势。

（6）法律诉讼和法律调查。企业之间不可避免地会出现一些因合同纠纷、损害赔偿、雇佣歧视和侵权而需诉诸法律的现象。在法庭审理的过程中，往往会使企业的商业秘密公开化。比如对于一项合同，企业间在执行时如果产生分歧，从而导致一方采取针对另一方的措施，那么在这些措施里就隐藏着企业的技术秘密或营销策略。一旦法庭对其进行公开审理，这些技术秘密或营销策略就会公诸于众。另外，各种由政府进行的法律调查，其调查结果通常都会公开。我们也可以从中获取竞争对手的相关情报。[①]

还有很多其他的途径也能获得我们需要的商业情报，这里只是列举其中几种比较常见的，其他的如购买其他国家先进技术，通过以往招标、投标的情况分析标底，从对手发行的产品资料中获取以及聘用以前在竞争对手的公司就职的人员等，也都是一些有效、可行的办法。

# 第三节  商业信息的价值和作用

当今社会，商业信息越来越成为企业生存竞争的重要前提，并且日益发挥着越来越重要的影响。对商业信息的及时收集和处理对企业和个人都起着十分重要的作用，也关系到整个社会经济的运转。

## 一、商业信息的统计研究价值

商业信息的统计研究是指通过收集、汇总、计算和分析商业数据等信息来

---

① 刁松龄. 企业商业情报合法获取十八法 [J]. 山东图书馆季刊，2011，3 (1).

反映其本质属性与发展规律的。

《统计法》规定："统计的基本任务是对经济社会发展情况进行统计调查、统计分析，提供统计资料和统计咨询意见，实行统计监督。"① 这就明确了统计担负着对国民经济和社会发展情况进行统计调查、统计分析、提供统计资料、实行统计监督的职能。

统计信息具有两大特点：第一，数量性，是通过数字来揭示事物在特定时间、特定方面的数量特征，可以帮助我们对事物进行定量乃至定性分析从而作出正确的决定。第二，总体性，从哲学上看，所有事物都是普遍联系的，统计信息从整体上看，不仅涉及国民经济的各行各业、社会、文化、科技等各个领域，也关系到人民生活的每个方面。正是由于统计信息的这些特点，使其可以对事物进行定性和定量的分析，并可以通过综合性分析把看似不同的各种事物有机地联系起来，从而得到对自身有益的结果。

作为统计的一种，商业信息的统计研究同样也担负着这样的职能，具备这样的特点。

在充满商业竞争的现代社会，能否及时获取自身需要的商业信息，并对其进行加工、分析和统计，使其成为有用的情报，不仅成为企业竞争生存的必要前提，也成为个人能否在工作中获取成功的重要保证，很多时候甚至会对整个社会经济的发展起到至关重要的作用。

## 二、商业信息与经济运转

商业信息由于涉及成千上万人的切身利益，在这方面的报道特别要严格掌握、谨慎从事，稍有不慎，就会引起社会的波动，影响社会稳定和经济发展。

商业信息对社会经济的影响主要表现在信息的传播上，普通人能普遍接触到的商业信息的传播则主要集中在媒体的新闻报道和商业广告上。因此与企业、商业信息相关的媒体活动对于社会经济的运转发挥着重要作用。

商业信息本身并不能对经济运转产生太多影响，之所以在实际生活中与社会经济联系紧密，是因为相关主体，比如媒体和企业，对其进行了有目的性、有选择性和渲染性的传播和使用。如果使用者出于良好的目的宣传自身的企业，就能收到很好的效果，既有利于企业和消费者双方利益的实现，也能促进社会经济的和谐运转；如果使用者动机不纯，为了恶性的目的对商业信息进行虚假传播，就会损害消费者利益，危及自身发展，最终对经济运行产生负面的

---

① 《中华人民共和国统计法》，2009 年修订第一章第二条。

影响。

### (一) 商业信息传播对经济运转的积极作用

对于与商业有关的一切社会隐患，媒体如果能在调查研究的基础上及时进行宣传报道，使之具有前瞻性，而不是等问题发生了、严重了再进行报道，就会成为经济发展中不和谐的因素。

如大城市空调室外挂机，其支架相当多的已超期服役，危险随时可能发生。上海媒体通过及早提出问题，引起有关部门和市民重视，上海市建设交通委、市质量技术监督局等七大部门联合整治空调外挂机隐患。媒体对这方面商业信息的连续报道与促进，提出了讨论支架安装标准和更换支架是否可由业主、政府、大卖场共同埋单等问题。这种宣传报道，既体现了媒体的社会责任感，又沟通了社会各管理部门和商业消费者、市民消费者之间的信息，不是相互推诿、互相埋怨，而是共同努力，促进复杂问题的妥善解决，使社会更趋和谐，经济更良性地运转。

商业广告也对社会经济的和谐运转发挥着重要作用，广告全方位、全天候地影响着社会各类人群，帮助人们沟通信息、抓住机遇、采取行动、获取利益，它对推动社会经济发展起着积极的作用。[①]

因此媒体一定要以积极主动的姿态介入社会商业各种问题，在构建和谐社会的大工程中，媒体的主动介入、穿针引线、讨论策划、正确引导起着非常重要的作用。媒体的客观性、公正性、权威性，加上媒体与社会各方面的联系，使它在解决某些复杂的社会问题时能起到独特的、不可替代的作用。

市场经济的有序运作、社会的和谐发展，很大程度上有赖于主流媒体的正确导向，因此新闻工作者对于任何信息，尤其是商业信息，要透过现象看到本质，比一般人站得高一些、看得远一些，要时时处处从最广大消费者以及整个经济运转的角度出发，来分析事物、恰当报道。不要自觉或者不自觉地把自己变成企业的"吹鼓手"、"传声筒"，不要为了眼前的一点利益驱动就从根本上丧失自我，也给整个经济运行带来危害。

### (二) 商业信息传播对经济运转的负面影响

2005年4月，我国媒体对"国外研究发现部分牙膏、洗手液、洗面奶等抗菌清洁用品因含有化学物质三氯生可能致癌"的消息炸开了锅，在社会上引起了轩然大波。后新华社的消息虽引用了研究者的原话作了澄清，但人们仍不免心有余悸，不敢买高露洁牙膏，有关生产企业、销售商大受损失，人们心理上

---

① 李志强，吕继红. 商业广告与和谐社会 [J]//吕继红，周胜林. 商务传播与经济社会发展. 上海：复旦大学出版社，2009：14~20.

也受到不小的冲击。这样一项尚无定论的科学研究，演变成一场社会风波，主要是少数媒体片面放大部分信息、扭曲事实的结果。[①]

另外，商业广告在为经济发展带来诸多益处的同时，也会由于其量多面广，而常有策划不力、制作粗糙的现象，加上利益驱动下的商业化运作和广告制作者素养缺乏等原因，所产生的负面影响也不容忽视。这种负面影响，有时不利于和谐社会的构建以及社会经济的发展。

## 三、商业信息与企业决策

有相关专家认为，信息情报已成为继商品、资金、人力资源之后的第四个管理要素，与企业决策的关系密不可分。

一方面，商业信息情报是企业决策成功的重要依据，比尔·盖茨在《未来时速》中提道：区别并领先竞争对手最有意义、最好的方法，就是积极利用竞争情报。由此可见，商业竞争情报可以为企业科学决策提供强大的支持。另一方面，作为企业重要战略资源的商业信息情报，其价值直接通过企业的收益来体现。在企业价值体系中，情报价值链与企业价值链交织融合在一起，通过为企业管理决策提供支撑来实现其价值。

### （一）信息情报是企业科学决策的前提

西蒙认为，企业管理活动的中心是决策。决策的成败直接关系着企业的存亡，而决策又必须是以可靠的信息情报为依据的。

信息情报可以为企业领导者的决策提供科学依据。企业领导者作为企业命运的掌舵人，如果仅凭借个人经验和直觉进行重大决策，极有可能使企业遭受巨大损失。为了保证决策的科学性和合理性，必须以必要的信息和对信息合理的分析作为前提。如此，才能使种种不确定因素减少到最低程度，从而做出正确的决策。

信息情报为企业决策提供智力支持。商业信息不仅为企业提供情报，而且通过对各类信息的分析处理，将其转化为准确、适用的情报、最大程度地减少由于环境导致的不确定性。企业依靠准确的、有预见性的情报作出正确的判断，从而使决策科学化，并实现预期目标。离开了大量的商业信息情报的支持，科学准确的决策是难以形成的。[②]

第二次世界大战后，日本之所以能在废墟上迅速崛起，除了依靠其自身自

19

---

① 吕继红，周胜林.商业新闻与和谐社会 [J]//吕继红，周胜林主编.商务传播与经济社会发展.上海：复旦大学出版社，2009：8~13.

② 任福兵.企业决策中竞争情报价值实现路径研究 [J].情报杂志，2008（10）.

强不息的精神和美国的援助外，及时地获取大量具有实用价值的信息情报也是重要原因之一。

20 世纪 70 年代初，日本汽车制造业根据海外信息网收集到的信息，预测到可能会爆发两伊之战，从而会出现石油危机，导致汽油价格上涨，因而先于其他竞争对手及时开发出质量可靠的节能型汽车，受到欧美消费者的青睐，很快占领了世界市场。

### (二) 信息情报的价值取决于企业决策

商业情报的目的是为企业决策提供信息服务，使企业获得竞争优势。企业决策是商业信息情报增值功能实现的起点，也是最关键的一步，情报要实现价值就必须依附于企业管理决策活动。因此，商业情报必须首先服务、支持并融合于企业决策，发挥情报的保障作用，才能转化为决策行动和实现决策价值，进而实现自身增值。

商业信息情报作为一种有序的、系统的、连续的信息流和一个过程，生产的是有利于决策的、具有预见性和增值性的情报，能使决策者清楚地了解竞争对手的地位、绩效、能力和动机，从而服务于企业决策目标、决策分析、决策选择、决策实施等环节，实现对企业决策的支持作用，进而提高企业的市场竞争力，实现商业情报自身的智力增值。[①]

商业信息情报与企业决策是相互关系的，企业决策要以信息情报为依据和前提，同时信息情报价值也要通过企业决策来体现，二者无论缺少了哪一个，另外一个都无法实现自身价值。

### 本章案例

#### 本田的眼光

在现代社会中，影响企业发展的各种因素越来越多，能否及时发现和识别与组织发展相关的公众对象，意义十分重大。按照传统观念，美国的环保运动与日本的工业是没有什么关系的，因此，1975 年有几个美国环保主义者到日本去谈论汽车废气问题时，就受到了日产、丰田这些大汽车公司的冷落。但是，直到 1963 年才开始生产第一批汽车的本田公司，其总裁却独具慧眼，他从这些人的活动中发现了有用的信息。为此，该公司派人把这批人请到公司，热情款待，奉为上宾，并请他们给设计人员讲解环保主义者的要求以及美国国会

---

① 任福兵. 企业决策中竞争情报价值实现路径研究 [J]. 情报杂志，2008 (10).

1970年通过的净化空气法案的内容。在这一基础上，本田公司开始了新型汽车的设计，确定的设计目标要突出"减少排废"和"节省汽油"这样两个优势。在本田的新产品——主汽缸旁有一辅助汽缸的"复合可控旋涡式燃烧"汽车面世一个月后，就遇上了第一次石油危机。本田汽车凭借排废少、省汽油的优势，一举打进美国市场，公司总裁因此赢得了"日本福特"的声誉。

今天，信息、物质和能源已经被喻为现代经济和社会发展的三大支柱。把信息作为资源来认识，是企业取得巨大发展和成功的基本要素。本田公司的成功其中重要的一点就是注重信息的多维性和全面性。社会公众是多维的、有机的，即企业的公众不仅包括与企业发生直接的业务往来的团体和个人，而且包括与企业并行的竞争者、与企业进行经营活动居于同一空间的社区公众，超然于企业之外或之上的政府部门以及进行整个社会的传播活动的大众媒介机构——新闻单位等。社会公众相互作用、相互制约，共同构成企业的经营环境。因此，社会公众对企业的影响，不仅是直接的影响，而且是通过作用于其他社会公众进而作用于企业的间接影响。所以企业的信息采集是多维的和全面的。本田公司设计生产"减少排废"、"节省汽油"的新型汽车的决策，就是在综合本田汽车消费者信息、立法信息以及能源信息三方面信息而做出的。

资料来源：佚名. 本田的眼光 [DB/OL]. 百度文库，2004-05-10.

➡ 问题：

1. 商业信息对企业兴衰成败有何重要意义？
2. 企业应收集哪些商业信息？

# 本章小结

★★★★

通过本章的学习，学习者应该对商业信息有一个总体和初步的了解与认识，知道商业信息及其处理的含义，理解商业信息处理的基本要求；并且能正确认识商业信息的类型和基本特点，正确了解商业信息发展的历史过程，对互联网时代的商业信息产生一定的认识并了解其特点。

同时还应该对商业竞争情报形成一个基本的认识，能够在一定程度上把握商业信息与商业竞争情报间的联系和区别，并能够理解和掌握如何才能从商业信息发展成为商业竞争情报。

要掌握商业信息的重要价值和作用，包括商业信息的统计研究价值、商业信息对社会经济的重要影响，以及商业信息与企业决策的相互作用。

# 本章复习题

1. 商业信息的特点是什么，有哪些类型？

2. 商业信息处理的含义以及基本要求是什么？

3. 互联网时代的商业信息有哪些特点？

4. 什么是商业竞争情报，它与商业信息的区别是什么，有什么联系，如何从商业信息发展成为商业情报？

5. 商业信息的统计研究价值有哪些？

6. 商业信息对社会经济运行有什么作用？

7. 商业信息与企业决策的关系如何？

# 第二章

# 商业信息处理与商业信息系统

## 学习目的
★★★★

**知识要求**　通过本章的学习，掌握：

- 商业信息处理的方法和技术
- 信息处理的意义
- 商业信息、市场营销和商业决策之间的关系
- 商业信息在市场营销中的地位和作用
- 商业信息系统的构建及运转

**技能要求**　通过本章的学习，能够：

- 掌握信息处理技术
- 掌握信息分析方法
- 理解市场营销信息系统应用的要求，知道系统的结构与功能
- 掌握商业信息在市场营销中的应用方法
- 掌握市场营销信息系统实施的步骤与方法

## 学习指导
★★★★

1. 本章内容包括：商业信息处理的意义；商业信息处理的方法；商业信息与市场营销和商业决策的关系；商业信息系统的构成及运转；商业信息的应用开发。

2. 学习方法：阅读教材，掌握概念，把握概念、术语之间内在联系和区别；培养信息情报意识，熟悉商业信息系统的运作流程和应用领域。

3. 建议学时：8 学时。

## 引导案例

### 陕西电信经营模式的转变

为了在市场竞争中占有更大的主动权，陕西电信经营部门转变观念，改变原来"坐等上门"的经营模式，通过积极组织市场营销队伍，采取多种营销策略，加强服务管理等措施，使陕西电信经营工作适应新形势，跨上新台阶。

#### 一、建立专业营销队伍

经济的相对落后使得陕西省的电话普及率仅仅为 8.1%。因此，普及电话、发展电话用户成为陕西电信今后工作中的当务之急。要发展用户，就要做好市场营销；要做好市场营销，就必须有一支过硬的营销队伍。陕西省电管局要求各地市电信局今年都必须建立起一支专业营销队伍，不但要建立一支电信业务零售营销队伍，还要建立一支大用户营销队伍。从社会上招聘一些交际广、能力强、素质高的人员组成电信业务零售队伍，利用他们社会信息灵通、工作方式灵活、交际范围广的优势发展电信用户。渭南市正是组建了这样一支电信业务零售队伍，1999 年取得了业务收入和本地电话放号全省第二、地（市）局第一的好成绩。同时，各地市电信局以原有的大户服务部门为基础，又从运营、维护部门抽调一些本科以上学历、素质高、业务精通的人员，组建大户营销队伍。陕西电信 2000 年将在全省一些地市进行营销中心的试点工作，在市场经营部下成立营销中心，在业务发展和号线方面给予一定的买断权或代办权，在费用、用工制度方面采用灵活的形式，从根本上解决发展的动力问题，变坐等用户上门的被动服务为出门找用户的主动服务。

#### 二、以多种营销方式，发展用户，促销话务量

陕西电信市场经营部门采取多种营销策略引导市场，采取多种营销方式开拓市场，发展用户，服务用户，把用户留在中国电信。

1. 大力抓用户发展，向市场要效益

1999 年，陕西电信市场经营部门转变观念，加强管理，大胆经营，使得主要用户持续快速增长，当年累计完成本地电话服务放号 50 万户，新增数据通信用户 42166 户，尤其是 IC 卡公话发展迅速，在全国名列前茅，全年共安装 IC 公话 25164 部。这一年，市场经营部门在市场开拓中积累了丰富的经验。在此基础上他们提出了 2000 年电话放号 100 万、发展数据用户 202750 户、一线通用户 5000 户的目标。

为完成全省电话放号 100 万户的计划目标，各地市场经营部门采取多种

营销策略。首先，积极做好市场调查，准确地向计划部门提供建设目标，做到生产能力满足市场的需求，尽量消除存在的装机盲区和死角。同时，省局为继续加快本地电话的发展，出台激励措施，对地、市、县局每发展一户本地电话，省局补贴 200 元建设资金。其次，通过开展"抓营销，促发展，放号一百劳动竞赛"，对超计划放号部分每部奖励 10 元。这些政策大大激励了各地市发展本地电话的积极性。此外，充分利用价格营销策略启动市场，刺激用户需求，使潜在市场变为现实市场。如西安市电信局，利用价格优势，大力发展无线便携式电话，2000 年将发展 20 万户；商洛电信局在农话发展上采取代发展、代装机、代维护、代收费的"四代合一"策略，促进了当地的农话大发展。

重视 IC 卡公用电话的发展。1999 年，陕西电信出台了种种鼓励政策，各地电信局也以灵活的经营方式，大力发展 IC 卡公用电话，取得了经济效益和社会效益的双丰收。如咸阳局利用全省第十三届中专校运动会在本市召开的大好时机，宣传 IC 卡公话的好处，会后一些学校主动要求在校园内安装 IC 卡公话；宝鸡市电信局把 IC 卡电话作为拳头产品，与金融机构联合发展，使 IC 卡公话率先进入金融营业厅。2000 年，陕西电信依旧重视 IC 卡电话的发展，维持 1999 年 IC 卡公话发展激励措施不变。根据"先发展、后替代，先补空、后充实，由人值守电话、磁卡电话、投币电话向 IC 卡公话过渡"的策略，2000 年重点向农村、大集镇、中小学、医院、商场等地方延伸，2000 年年底陕西电信 IC 卡公话总数将达到 5 万部，可实现业务收入近 2 亿元。

积极开拓市场，大力发展数据和多媒体用户。数据通信是电信发展的新的业务增长点，发挥电信网络优势，巩固扩大集团用户，大力发展分组和 DDN 等基础业务用户，是陕西电信市场运营部门 2000 年开展数据业务的重点。他们一手抓信息源建设，一手抓终端用户多样化，推进政府上网、企业上网、家庭上网。省局经营部 2000 年与省教委联合为 30 所中、小学免费提供 DDN 专线和一些设备，建立互联网电教室，培养学生从小上网学习的习惯。同时，西安电信局开展培养 10 万网民的活动，培育新业务市场，并针对零散上网用户，如大学生、临时住西安的客户，推出上网卡。

2. 树立话务量经营观念，大力营销话务量，向电话要效益

装机放号只是营销的开始，发展话务量才是营销的主要内容。陕西电信市场经营部门树立话务量营销观念，大力开发电话二次市场。一是积极销售各种预付费电话卡。陕西电信现有 201、300、IP 电话卡、磁卡、IC 卡共 5 种预付费电话卡。2000 年计划电话卡销售 1.9 亿元。通过大力发展电话卡的代办、批

发业务，以及利用社会零售销售电话卡。陕西电信 2000 年将推出 200 电话卡，在试运营期间，由于采用低面值与高面值合理搭配的营销策略，初期发行的 30 万张卡一售而空。二是加快全省 160/168 信息台的联网，丰富本地信息、实用信息和娱乐信息。鼓励并支持开办交互式会议电话、热线电话和专业语音信息台。三是在全省开通固定电话来电显示业务。通过大力向新用户宣传，引导用户使用之外，还采用赠送简易终端设备或话机的促销方式，加大这一业务的发展。

### 三、加强服务质量管理

服务是中国电信的关键所在。陕西电信市场经营服务部门把改善电信服务摆在突出位置，加快服务规模化、形象化建设。以西安市电信局为试点局，加大服务质量管理工作力度，力争通过 ISO9004-2 体系认证，使服务质量管理工作与国际接轨，并在此基础上总结经验，2001 年在全省推广。

重视大用户，服务大用户，保住大用户，是陕西电信经营部门的营销重点。为做好这项重点工作，省局在互联互通上加大工作力度，从 2000 年开始对电信运营商大用户实行"一站式服务"，即一点受理，一点结算，一点收费。同时，在全省全面实行大用户客户经理制。对省会局前 100 名和地市局前 50 名大用户，安排专职客户经理负责服务与营销，并要求大客户经理在服务好大客户的基础上搞好营销工作，以服务促发展；对全省前 10 名大用户实行派驻制，实施专门服务。要求客户经理每周必须走访两次客户；为大用户建立"长途直通车"和"绿色通道"，如对宾馆、饭店大的专用网等长途业务量较大的客户，以通过专线的方式将其直接连接到国内长途交换机上，建立"长途直通车"，为大用户提供优质的通信服务。建立电信企业内部为大用户服务的"绿色通道"，确保一点服务，优先办理，满足其需求。

资料来源：世界大学城，http://www.worlduc.com/blog2012.aspx?bid=2899535.

➡ **问题：**

1. 为适应新的形势，陕西电信在经营观念上有何实质性转变？

2. 陕西电信经营部门在提高顾客让渡价值，达到顾客满意，从而保持和吸引顾客方面是如何做的？

# 第一节　商业信息处理

　　人类社会发展至今，已经积累了丰富的知识信息，对信息的开发与有效处理已逐渐成为衡量一个国家文明程度的重要标志之一。当今，我们生活在一个知识老化，周期变短，产品换代加速的知识经济社会，信息爆炸使商业信息的有效处理也显得尤为重要。

## 一、商业信息处理的意义

　　在人们所有的商业活动之中，商业信息是商业活动的基础，同时商业活动势必会催生新的商业信息。无论是国家、企业还是个人乃至国际上，所有的商业活动的开展都离不开商业信息。由此可见，商业信息的处理对商业活动的开展具有举足轻重的意义。

### （一）提供决策依据，提高决策效益

　　现代管理学认为，决策是对企业管理的未来行为目标做出决定，是在两个或两个以上的可行性方案之中选择一个较为满意方案的过程。决策过程的任何一个环节都与信息的处理有着密切关联。信息处理能够帮助人们减少决策时所面对的潜在威胁和不确定性，降低因缺乏足够的准备而造成的商业损失。随着社会商业活动的日益复杂，商业决策的难度和风险也随之日益加大，大部分决策是在面临多重可能性之中做出的抉择，这就需要更为全面、正确的商业信息作为决策支持。

### （二）保障有效控制与系统秩序平稳

　　企业控制管理是有力保障企业高效地获得与利用其商业资源的监控及调节其商业行为的过程。企业控制管理的整个过程离不开商业信息，商业信息的正确处理是实现企业有效控制的"灵魂"。尤其是信息化水平飞速提高的今天，企业只有在商业信息交流通畅的情况下才能紧跟时代的步伐，在对所获得的准确信息进行及时高效处理之后对企业内部系统进一步优化以使自己的商业活动有序进行，从而获得最大的经济效益。

### （三）发挥参考作用，推动经营模式的创新

　　商业信息作为与商业活动息息相关的并对其产生深远影响的信息，更是在企业的商业活动中发挥着支柱和基础的作用。商业信息是企业创新发展的催化剂，其中包含了大量的企业实践活动成果和教训。所以，对企业信息进行处

理、总结失败教训、汲取成功经验是一个企业发展方向的重要参照系，为推动企业经营模式改革提供建设性的参考思路。目前，为使企业信息收集和处理能力得到加强，很多企业已经建立了信息收集和处理的岗位以及职能部门和机构。

## 二、商业信息处理

对于来源繁多的信息资料，专业人士根据信息的格式加以划分，分为结构化、非结构化两种。

结构化信息是指信息经过分析后可分解成多个互相关联的组成部分，各组成部分间有明确的层次结构，其使用和维护通过数据库进行管理，并有一定的操作规范。我们通常接触的数据库所管理的信息，包括生产、业务、交易、客户信息等方面的记录都属于结构化信息。

非结构化信息，就是以专业术语为内容，所涵盖的信息更为广泛，可分为：营运内容（Operational Content），如合约、发票、书信与采购记录；部门内容（Work Group Content），如文书处理、电子表格、简报档案与电子邮件；Web内容，如HTML与XML等格式的信息；多媒体内容（Rich Media Content），如声音、影片、图形等。无法完全数字化的信息称为非结构化信息。这些资源中拥有大量有价值的信息。现在这类非结构化信息正以成倍的速度增长。

企业信息资源意义的实现以及企业环境的变化使得商业信息处理的实施尤为必要。信息的处理与分析方法便是我们以下讨论的重点。

### （一）信息的处理技术

商业信息是直接服务企业决策的战略性信息，需要高效、快速、准确、全面地进行加工处理，而处理过程必然要依赖于现代信息处理技术。在商业信息领域，常用到的信息处理技术有数据挖掘技术、联机分析处理技术、信息融合技术和基于案例的推理技术等。[1] 对商业信息的处理也是主要依据以上技术进行的。

#### 1. 数据挖掘技术

数据挖掘（Datamining）是从大量的、不完全的、有噪声的、模糊的和随机的原始数据中提取隐含在其中的、人们事先不知道的、具有潜在使用价值信息的方法。在商业信息中，无论是研究竞争对手的信息，还是分析企业自身的信息，都会面对庞大的信息量，这些信息并不是都是对企业有用的，而且大部

---

[1] 司有和. 企业信息管理学 [M]. 北京：科学出版社，2007：176~179.

分是没有用的，这就需要我们从这大量的无用信息中发现有使用价值的信息。数据挖掘技术正好可以满足这一要求。

数据挖掘技术是近几年发展起来的一门新兴的数据库技术。它汇集了数据库、人工智能、机器学习、统计学、可视化技术、并行计算机等不同学科和领域的最新成果。它利用数据库技术对数据进行前端处理，应用机器学习方法和处理后的数据中提取有使用价值的知识，并对数据背后隐藏的特征和趋势进行分析，最终给出关于数据的总体特征和发展趋势。在运用可视化技术将人的智力和观察力融入系统，用直观图形将信息模式、数据的关联或趋势呈现给决策者，使用户能够交互使用数据。

2. 联机分析处理技术

联机分析处理技术（On-Line Analysis Processing，OLAP）是针对特定问题进行的联机数据访问和分析。通过使用这类软件技术，对商业信息以多种可能的观察形式进行快速、稳定、一致和交互性的存取，使企业管理者和商业信息分析人员能够及时地获取并分析所需要的市场、产品、客户、竞争对手和供应商的各种信息。

此办法是关系数据库之父科德（E.F.Codd）于 1993 年为满足决策管理的需求而提出来的。它的设计专门用于支持复杂的分析操作，侧重于对决策人员和高层管理者的决策支持，可以应分析人的要求，快速、便捷地对庞大的数据量进行复杂的查询处理，并以直观、简洁易懂的形式将查询结果提供给决策人员，以便他们能够准确掌握企业的经营状况，了解当前市场的需求，正确决策。

联机分析处理技术以"维"为核心概念，在该技术的数据模型之中，商业信息被抽象为一个由多维构成的立方体。考虑问题的属性时，属性的结合便构成了一"维"，如时间维等。系统能够对商业信息数据进行多维视图和分析，包括层次维和多重层次维的完全支持。所以，我们往往认为多维分析是联机分析处理技术的关键属性。

3. 商业信息融合技术

商业信息融合是以计算机技术为技术支撑，以按照时序获得的多元观测商业信息为信息加工对象，在一定的标准下对获取的商业信息加以自动分析、综合，完成所需要的决策和估计任务的商业信息处理过程。该技术会把多余的商业信息在时间上和空间上的冗余或互补，依据某种规则进行组合，以获取被测对象或目标的一致性解释或描述。

商业信息融合的目标是通过对数据组合、协调和优化推导出更多的商业信息和最佳协同作用的结果，而不是出现在输入信息中的任何个别元素。作为 20

世纪 80 年代形成和发展起来的新兴技术，商业信息融合是为了解决企业管理者面对的多元商业信息时决策所遇到的困难而提出来的一种自动化信息综合处理技术。随着市场竞争日益激烈，企业获取商业信息的来源也日趋多元化，包括对手的有意干扰信息、迷惑乃至破坏。在如此庞大的商业信息源中筛选出对自己有价值的商业信息，屏蔽恶性的商业信息，以及解决在此情况下面临的决策问题便给了商业信息融合技术存在下去的理由。

4. 基于案例的推理技术

基于案例的推理技术（Case-Based Reasoning，CBR）是一种类比推理方法。该方法通过访问知识库中过去类似问题的求解来获得当前问题的解决方案。一个问题的描述和求解策略可用一个案例来表示，案例库便模拟人脑记忆，存储了一些过去的相关经历，这些案例本身可以用语义网节点、规则、框架和对象来实现，并按照一定的模式组织在知识库中，以便需要的时候取出。

案例推理过程：①系统根据当前问题，在案例库中检索相应案例；②若被检出的案例与当前问题不一致，则对该候选案例的某些特征进行修改使之适合当前的问题；③再次检验修正后的案例是否符合实际；④若经检验不符合实际情况，需再做出修正，最后生成的新案例以一定的策略加入到案例库中。

该项技术的最大优势在于能够有效地解决知识表达困难或无法表达的领域问题，其所具有的自学功能可以使其自身的推理能力不断得到提升，是企业高效处理类似商业信息问题的重要手段。

**（二）信息分析方法**

1. 专家分析法

专家分析法，又称专家调查法。它是根据专家调查，凭借专家的知识和经验，直接或经过简单推算，对需要分析的信息进行综合分析研究，寻求该信息的实际使用价值的分析方法。

专家分析法的种类很多，在此只对头脑风暴法、德尔菲法和对演法加以介绍。

（1）头脑风暴法。这是一种以会议形式进行分析的方法，它通过大家共同分析与努力来寻求特定问题的最优解决方案。头脑风暴法是当今世界最负盛名、实用价值最高的创造性解决问题的方法。

一般认为，头脑风暴法是由奥斯本（Osborn）于 1953 年创造的。奥斯本认为，社会压力对个体自由表达思想观点具有抑制作用。为了克服这种现象，他设想了一种新型的结构化的会议形式，在这种会议上，每个人都可以自由地表达自己的观点，也不对他人的观点做任何评价，就是"暂缓评价"。① 这对于个体创造力的发挥具有积极的作用。头脑风暴法隐含着一个原则，就是推迟对观点做出评价，与会者中的任何人都有权利自由表达其思想，即使是即兴的、不成熟的、不完善的想法也允许当众表达。

（2）德尔菲法。头脑风暴法是群体成员面对面地相互激发的一种方法。② 德尔菲法则是群体成员背靠背的相互激发的方法。这是德尔菲法不同于头脑风暴法的主要特征。

德尔菲法是著名的美国兰德公司于 1964 年创造的。40 多年来，德尔菲法被广泛地应用于科学研究、企业管理、行政管理等领域。在企业管理领域，常常被用于制定企业的长远规划、战略规划等。

德尔菲法的运作，是在德尔菲法领导小组的主持下，通过匿名函询的方法，就某个问题向专家发出征询意见的调查表，请专家提出自己的看法和见解，由领导小组整理汇总后形成一个新的调查表，再次征询专家的意见，如此多次反复，按照最后收集到的意见做出最终决定。

（3）对演法。对演法和头脑风暴法都是群体成员面对面的相互激发的一种方法，其区别之处是：头脑风暴法采用"暂缓评价"原则，而对演法强调的就是相互辩论，互相攻击对方的短处。对演法与德尔菲法的不同之处是，德尔菲法是群体成员背靠背的相互激发，而对演法则强调面对面的激发。

对演法要求制定不同方案的小组展开面对面的激烈全面辩论，互相攻击对方的短处，以充分暴露其中的不足。或对方案进行预演，尽可能地考虑到将要发生的问题，使方案趋于完善。此法在竞争性决策中尤为重要。

2. 内容分析法

内容分析法是对公开的商业信息资料通过系统、客观、定量的分析，发现信息资料中隐蔽的有用信息的一种专门研究方法。

此法始于拉斯韦尔的军政情报分析。早在第二次世界大战期间，著名的传播学家拉斯韦尔（H.D.Lasswel）等就在美国国会图书馆组织的"战时通信研究"，以纳粹德国公开出版的报纸为研究对象，获取报纸信息中隐蔽的德国军政方面的许多机密信息，获得成功。在这项分析工作基础上，拉斯韦尔在方法上形成了一套模式，为第二次世界大战后内容分析法的发展奠定了基础。③

内容分析法的优点是：节省时间和经费，不需要大量的研究人员和特别的

---

① 司有和. 企业信息管理学 ［M］. 北京：科学出版社，2007：298.
② 同①，299.
③ 同①，302.

设备；保险系数较大，可以方便地重复研究和弥补过失；可以在较长的时间内跟踪而不打扰研究对象，不至于使其发现其不愿外泄、甚至尚未意识到的重要信息。

但是缺点是：它只适用于那些能够从中抽取出便于统计的、具有单义特征的分析单元，具有足够数量同类信息的文献集合；只限于已有的文献资料，不适用于需要发挥想象的开放式问题或变化迅速的新兴领域。且要达到一定的深度，实际工作量很大，尤其是那些长期跟踪或大范围扫描的内容分析则需要建立计算机数据库和内容分析系统。

### 3. SWOT 分析法

SWOT 分析法是以组织内外部环境分析的结果为基础来寻求和制定企业竞争战略的方法。它是由美国旧金山的管理学教授韦里克（H.Weihrich）在 20 世纪 80 年代初提出来的。

此法将与组织密切相关的各种内部优势、劣势和外部机会、威胁等要素，依照一定的顺序按矩阵形式排列起来，然后运用系统分析的思想进行分析，将各要素进行自由组合得出相应的竞争战略对策方案，以充分发挥内部优势，利用外部机会，回避内部劣势，减轻乃至规避外部威胁。[①] 它的本质在于通过对这些信息的综合分析加工，得出指导企业下一步行动的、可以提高企业竞争力的战略情报信息。

SWOT 分析法中，最常用的组合有：①SO 战略，即优势和机会的组合，着重考虑优势因素和机会因素，使这些因素对组织的效果最大化。②WO 战略，即劣势和机会的组合，着重考虑劣势因素和机会因素，使组织充分利用机会，克服劣势。③ST 战略，即威胁和优势的组合，着重考虑优势因素和威胁因素，使企业能够充分发挥优势，化解威胁。④WT 战略，即着重考虑劣势因素和威胁因素，使企业努力弥补劣势，避免威胁。

有学者认为，组合不应该受限制，除此之外还可有 SWO、SWT、WOT 等其他组合，一共有 15 种。

### 4. 层次分析法

层次分析法（Analytic Hierarchy Process，AHP）是美国运筹学家 Satty 教授于 1977 年提出的一种实用的、多方案或多目标的决策方法。

其主要特征是能够合理地将定性与定量的决策结合起来，按照思维、心理的规律把决策过程层次化、数量化。其基本思路为先分解再综合。

首先，将要分析的问题层次化，根据问题的特点和分析目标将问题进行细

---

① 司有和. 企业信息管理学 ［M］. 北京：科学出版社，2007：306.

化深入，直到可以得出具体的数据指标。而后，根据一定的关系形成一个多层次的分析结构模型。

其次，计算每个指标的分值，对单层次的指标构造判断矩阵，以得出单层次排序，并进行一致性检验。

最后，为了计算层次总排序，采用逐层叠加的方法，从最高层开始，由高到低逐层进行计算，推算出所有层次对最高层的层次总排序值。对每一层的递推都必须作相应的层次总排序的一致性检验。

在累加分值过程中，同一层次的不同指标不是简单地将相对分值相加，而是分析其相对重要程度，给出每个要求指标的权重。

层次分析是对人的主观定性判断做定量描述的一种方法。由于该方法将定性分析与定量分析相结合，因此尤其适用于多目标的定性为主的决策分析。

现实生活中，很多决策受很多因素的影响，因这些因素性质不同，不能通过简单的加减来集中考虑多个因素的重要程度及其对策的影响程度不同，所以决策时还必须考虑到各因素之间的可比性等。层次分析法是用于解决这一类问题非常好的方法。

5. 统计分析法

统计分析法属于统计学的范畴。它运用特有的手段，对客观存在的社会经济现象及与之相关资料进行分析研究，透过现象的数量表现来认识事物本质及发展变化规律性，从而揭示矛盾，找出原因，提出解决问题的措施和方法。

统计分析法被广泛地应用于各个领域，起着信息功能、咨询功能、监督功能、辅助决策功能的作用。各个部门要做出决策、执行计划、检查监督、宏观调控等都需要以充分、灵活、可靠的统计资料为基础。

6. 回归分析法

回归分析法是从事物变化的因果关系出发来进行的一种预测分析方法。在回归分析法中，不仅剔除了不相关因素，并且对相关的紧密程度加以综合考虑，提高了预测的可靠性。

回归分析法的步骤是：定性分析，确定可能的相关因素；收集这些因素的统计资料；求出各因素间的相关系数和回归方程，根据这个方程做出预测。

# 第二节 商业信息与市场营销、商业决策

## 一、商业信息与市场营销价值链

### （一）价值链

价值链是组织在一个特定产业内的各种业务活动的组合。这些价值创造活动可以分为基本活动和辅助活动两大类。基本活动涉及产品实体的生产、销售、提供售后服务等活动。而辅助活动是为基本活动服务的活动，包括以提供投入、技术、人力资源以及公司范围内的各种职能等来支持企业的基础活动。

几乎所有企业的基本活动都由以下五种类型构成：

（1）内部后勤。它包括在组织内收货、储存、原材料整理、发放材料、内部车辆运输及其相关活动等。

（2）生产。指将生产要素投入转变成最终产品的活动，如加工、装配、包装、维修、检验等活动。

（3）外部后勤。指有关采购、存储和将产品运输发送给客户等活动。

（4）市场营销。为顾客提供购买本企业产品的途径或方式并促使其购买的各种活动，如广告、促销、销售团体建设、分销渠道的选择、公共关系、定价策略等。

（5）服务。提供各种服务以提高或保持产品使用过程正常发挥其价值的活动，如安装、维修、培训、零配件供应以及产品的调试等。

### （二）商业信息在价值链中的重要作用

"价值链"理论的基本观点是，在一个企业众多的"价值活动"中，并不是每一个环节都创造价值。企业所创造的价值，实际上来自企业价值链上的某些特定的价值活动。这些真正创造价值的经营活动，就是企业价值链的"战略环节"。企业在竞争中的优势，尤其是能够长期保持的优势，说到底，是企业在价值链某些特定的战略价值环节上的优势。而行业的垄断优势来自该行业的某些特定环节的垄断优势，抓住了这些关键环节，也就抓住了整个价值链。这些决定企业经营成败和效益的战略环节可以是产品开发、工艺设计，也可以是市场营销、信息技术，或者知识管理等，视不同的行业而异。

由此可知，高附加值的信息是企业发展、政府主动、国家富强、社会进步的关键因素之一，但浩如烟海的信息，只有经过有效获取、科学加工、合理利

用和有序管理，才能成为可利用的资源。信息作为一种资源，从管理学观点来看，其管理职能包括战略规划（决策）、计划、组织、领导和控制，其中计划是组织、领导和控制职能的龙头，是决策的组织落实过程。计划普遍存在于组织的每一层次、每个部门、每个环节，是为了保证战略规划制定的目标能够得以实现而制定的行动纲领和依据，为组织目标的实现提供强有力的保证。

## 二、市场营销研究

市场营销研究的过程由四部分组成：确认问题和研究目标、制定研究计划、执行研究计划，以及解释和报告研究结果。

### （一）确认问题和研究目标

市场营销的管理者和研究人员必须密切合作去确认问题并提出研究目标，管理者需要认清存在的问题，研究人员需要明确研究的内容，并知晓到何处去获得信息。

管理者必须对市场研究有足够的了解，能够帮助制定研究计划和解释研究的结果。如果他们不怎么懂市场研究，就可能接受错误的信息并得出错误的结论。有经验的市场研究人员明白管理者面对的问题，他们能够帮助管理者确认问题并提出好的研究方法，帮助管理者做出决策。

市场研究项目的目标可能有三种：开拓性研究（Exploratory Research），即收集一些初步的信息，这些信息能够帮助确认问题和提出假设；描述性研究（Descriptive Research），即描述一些情况，比如产品的潜在市场、人口情况，或消费者对某种产品的态度等；因果研究（Casual Research），即测试对因果关系的假设，管理者一般从开拓性研究开始，然后依次去做比较性研究和因果研究。

### （二）制定研究计划

市场研究过程中的第二步是确定哪些信息是必要的，并制定一个计划去收集信息，报研究管理机构批准。计划要写明数据的来源、研究的具体方法、取得数据的手段、样本计划和所需设备等。

1. 详细确认所需信息

研究目标必须用那些专门信息来解释。

2. 收集间接信息

由于管理者对信息的需求不同，研究人员可以收集直接数据、间接数据或二者兼顾。间接数据（Secondary Data）表示的信息是已经发生了的，这些信息已经被人收集，收集时是为了其他目的。直接数据表示的是为特别目的所收集的信息。

　　研究人员通常从收集间接数据开始。数据来源包括内部来源和外部来源。比起直接数据，间接数据一般可以较迅速地获得，成本也较低。间接数据有时能提供某个公司内找不到的信息，这些信息不能直接找到或找起来要花费大笔资金。比如坎贝尔公司自己连续追踪零售店的情况，以便监视市场份额、价格、竞争者不同品牌产品的陈列情况，这样做的结果是信息成本很高，解决它的办法是可以购买尼尔森信息公司（Nielson Scantrack）的信息，这家公司提供从美国 50 个州的 3000 个定点监视超级市场得来的信息。

　　3. 安排收集直接数据

　　好的决策要求有准确的数据，如同研究人员需要仔细评估间接数据一样，他们必须仔细地去收集直接数据（Primary Data），以保证这些数据的相关性、准确性、及时性和无偏性。

　　（1）研究方法。①观察法（Observational Research）通过观察有关的人、动作或情况来收集直接数据。观察法也能用来获得人们不愿或不能提供的信息。在一些情况下，观察是唯一获得所需信息的方法。然而，有些信息是不能通过观察得到的，研究人员常常同时使用观察法和其他数据收集方法。②调查法（Survey Research）最适合于收集描述性信息。公司需要知道客户对产品的了解程度、态度、偏好或购买行为时，常常采用直接询问个人的方法。调查法是收集直接数据时最常用的方法，有时也是研究工作可使用的唯一方法。不过，调查法也会带来问题。因此，观察法适合于开拓性研究，调查法适于比较性研究，而实验法（Experimental Research）则适于收集偶然信息。③实验法首先要选择合适的被试者，然后给予不同的条件，控制不相关的因素和检验不同组被试者的反应。实验性研究试图解释因果关系，因此，在实验性研究中，观察法和调查法可以用来收集信息。

　　（2）访问方法。信息可以通过信函、电话或个人采访来获得。当信息量较大时，一般使用邮寄问卷，这种方法花在每个答卷人身上的成本较低。不过，邮寄问卷不大灵活，大家回答问题时都是一种格式，研究人员也不可能根据前面的回答来调整问卷。信函调查通常需要较长时间完成，回收率也很低。研究人员不能控制信函问卷的样本，即使有了邮寄目录，也说不准谁会填写问卷。

　　（3）抽样计划。市场营销研究人员通过抽样得出对统计总体的估计。一个样本（Sample）是从总体中选出并代表总体的，理想的样本能够代表并解释总体的情况，从而帮助研究人员对人们的想法或行为做出准确的估计。

　　设计样本需要确定三个问题：①调查谁（样本单位）？这个问题的答案时常并不清楚。②调查多少人（样本规模）？③怎样确定样本中的人选（抽样过程）？

使用随机样本，每个总体成员都有机会进入样本，研究人员可以确定样本误差的区间。但是，如果随机样本所需成本太大或所需时间太长，研究人员时常也会使用非随机样本，即使样本误差无法测量。各种抽样方法所需成本不同，时间限制也不一样，因而准确性和统计性能也有差别。究竟哪种好，要看研究的需要。

（4）研究手段。在收集直接数据时，研究人员有两个主要手段：问卷和仪器。问卷一直是最普遍的手段，很灵活，可有多种方法来提出问题。问卷必须仔细设计，大规模使用前要作测试。马虎的问卷会有许多问题。

设计问卷时，研究人员必须首先决定提什么样的问题。问卷时常遗漏一些本应回答的问题，同时又出现一些不能回答、不会回答或不需回答的问题。这里的关键是检查每个问题对研究目标是否有益。

研究人员必须注意问题的用词和层次，应该运用简单、明了、无偏差的词语。可能的话，第一个问题就要引起兴趣，难题或私人问题应放在最后，这样不会引起被访问人的戒备心理。

问卷的运用很普遍，仪器设备的使用也是有的，人员计数器和超级市场扫描仪就是例子。还有一类仪器可用来测量物体的物理反应，例如，电流计可用来测量广告或图片引起人们兴趣或感情的强烈程度。电光装置将广告某部分暴露几秒或不到百分之一秒，此时电流计可测量出因感情被唤起后出汗情况的变化，然后由被测试人描述他们所记住的东西。目光记录仪可用来记录被调查人的眼睛变化情况，从而确定他们的眼睛在注意什么、注意多久。

（5）提出研究计划。在这个阶段，市场营销研究人员应该提出书面研究提案，当研究计划又大又复杂，或是要用另外的公司去实施时，书面提案就更为重要。提案中要包括管理中的问题、研究目标、所需信息、间接信息来源、直接信息的收集方法以及研究结果对管理决策的作用，此外还要写明研究费用。一个书面的研究计划或提案能够保证销售经理和研究人员全面考虑问题，从而对为什么研究和如何进行这项研究有一致的意见。

**（三）执行研究计划**

下一步就是研究人员去实施计划，这包括收集、处理和分析信息。数据收集可由公司自己的研究人员进行或由其他公司代办。内部人员做时，公司对收集数据的过程及数据质量的控制会好一些；请专业公司承担时，工作进行得快，成本也低。

一般来说，数据收集阶段在研究过程中所花经费最多，也最易出错。研究人员必须加强监督，保证计划正确执行，避免访问中的问题，避免被访问者拒绝合作或提供有偏差的信息，避免访问人员出错。

研究人员必须分析所收集的数据，并从中提炼出有价值的内容。他们要检查问卷中的数据，看是否准确和完整，并转成可用计算机分析的形式。最后，研究人员要把结果做成表格，并计算出平均值等统计数值。

**(四) 解释和报告研究成果**

研究人员需要解释自己的发现，提出结论，并向管理部门报告。研究人员不应有用数值和复杂的统计方法难倒管理人员的打算，而应将有用的研究结果摆出来，帮助管理部门决策。

光是研究人员懂得研究结果是不行的，虽然他们可能是调研和统计的专家。销售经理可能了解更多的问题，并要做出决策。许多时候，研究结果可通过多种途径来解释，研究人员和管理人员一起讨论会使问题更清楚。管理人员也需要了解研究计划执行得是否正确，是否做了必要的分析。管理人员看了研究结果后，可能还会提出一些其他问题，这些问题或许需要重新筛选数据才能找到答案。管理人员是最后决定是否使用研究结果的人，研究人员甚至可以将数据直接传输给市场部门经理，他们自己会进行分析和检验这些数据的关系。

解释研究结果是市场营销过程中的重要一步，如果管理人员听信研究人员的错误解释，再好的研究也没有意义。同样，管理人员也会做出有偏差的解释，他们期待和他们想法一致的研究结果，拒绝与他们期望不一致的研究结果。因此，管理人员和研究人员必须一起研讨研究结果，双方要对研究过程和相应的决策负责。

## 三、商业信息与商业决策

案例一：1929 年：乐天派梅里尔大萧条来临前卖掉手中的股票。[①]

美国美林证券公司的创始人查尔斯·梅里尔被人们称为乐天派，虽然他出身贫穷，却靠个人奋斗跻身华尔街。梅里尔对股票投资有着惊人的洞察力，在 1929 年美国大萧条来临之前他预测到股市将会遭受重创，因此早在 1928 年梅里尔就开始提醒他的顾客出售手中的股票，几乎所有的人都对他的意见嗤之以鼻。但是梅里尔相信自己的判断，及时将公司的大部分股票兑成现款，从而让美林证券公司逃过了那场大劫难，梅里尔也将由于这一明智之举而永载美国金融界史册。

梅里尔还最先提出股票和债券并不只是投机者的股掌玩物，它们还是美国普通大众的有效生财之道。他努力将小投资者造就为现代市场的基础，1945 年，美国只有 16% 的家庭投资于股票，而如今这一比例已高达 50%。

---

案例二：1975 年：沃尔特·里斯顿批准自动柜员机计划。①

虽然不知道为什么，但是约翰·里德知道他是对的。所幸的是他的老板——花旗集团董事长沃尔特·里斯顿与他有相同的信念：技术能够与银行业相结合。因此在 1975 年，里斯顿同意了里德的计划。两年之后，花旗银行上市了，接着几乎一夜之间，花旗建成了拥有 400 多台自动柜员机的网络。

新技术的采用受到了客户的认可，自动柜员机的使用量迅速攀升，一句妙语在当时流传开来："花旗从来不睡眠。"到 1981 年之前，花旗在纽约所占的存款份额已经增长了一倍。竞争对手这才意识到问题的严重性，它们停止嘲笑花旗"没有灵魂的机器"，开始跟进自动柜员机的设置计划。

由以上案例可以看出，商业信息的处理在商业决策过程中起到了至关重要的作用。对商业信息的忽视只能导致企业走向衰退。

1. 战略商业竞争信息在企业决策中的导向作用

商业信息为企业商业决策可以提供较为丰富的决策思路，但是有些企业在决策过程中往往容易忽视某些商业信息，结果出现了偏差还不知其原因。企业的决策依赖于战略分析。战略商业竞争信息通过产品特征，包括产品本身的特点、优势、社会意义的信息透视，使企业能够做出肯定性的结论，这种结论快速、准确，来源于战略商业竞争信息。

国外的有关专家警告说"那些不以竞争为导向的企业，其生存的机会必定渺小。"并进一步指出："战略竞争导向"的时代已经来临。战争商业竞争信息是对竞争对手而言。一个企业要对其主要对手过去的成就、现在的活动状况及将来的计划等各方面的信息进行收集、分析、评价，从而判别自身的优势和劣势，制定新的战略。

日趋激烈的市场竞争，使越来越多的企业认识到战略商业竞争信息在企业决策过程中的导向作用。企业信息化的程度，首先要看企业对社会信息的广泛吸纳能力和渗透能力。然而，由于传统观念和惯性思维的作用，许多企业仍然忽视战略商业竞争信息的导向作用，这在一定程度上制约了企业信息化的战斗力。以何种经营理念认识和发挥战略商业竞争信息的导向作用，不仅表现出企业素质的差异，而且对竞争结果往往也产生直接影响。战略商业竞争信息的导向作用正迫使企业把它作为制定营销计划和经营策略的重要内容和依据。

2. 市场商业竞争信息在企业决策中的带头作用

在现代社会中，企业获得了市场才能获得发展壮大的机会。若失去了市

---

① http://info.china.alibaba.com/news/detail/v0-d5579539-p3.html#newsdetail-content。

场,企业就失去了发展乃至生存的可能。许多企业在经历了价格竞争、质量竞争、服务竞争、品牌竞争后,越来越开始意识到,市场商业竞争信息在企业决策中具有不可替代的带头作用。企业的生产经营以市场需求为目标,市场需求是客观的,是不以人的意志为转移的物质力量。企业的生产行为围绕市场需求转变,从而决定了企业决策对市场商业竞争信息的供给。

谁掌握了市场需求,谁才会满足市场,才会赢得市场,谁认识并发挥了市场商业竞争信息的带头作用,谁才会立于不败之地,企业通过对竞争对手信息的分析,明确其竞争地位之后,就可以制定具有针对性的竞争举措。

企业战略决策的深入必将推进产品信息、销售信息、竞争能力信息的收集、分析、研究。这就要求企业不断掌握产品生产量、增长和衰减的可能范围、产品的营销范围、外销的可能性。企业在收集市场商业竞争信息时,要注重了解竞争对手的市场占有量、目标市场计划以及在各地区市场受到的相对吸引力等。

3. 技术商业竞争信息在企业信息化中的重心作用

企业产品生产必须达到计划设计的性质、质量、功能、样式等要求,并从产品的最初模型到日趋完善,都需要在企业决策过程中发挥技术商业竞争信息的作用。企业是以产品完善为目的的,技术商业竞争信息可以给企业带来巨大的经济利益,率先发明或应用的企业所产生的利益效应,会在技术商业竞争信息的传播过程中引发其他企业对该项技术的渴求。如果一个企业具备了应用该技术的能力和经济需求,就促使企业应用该技术商业竞争情报。这样,技术商业竞争情报将转化为技术优势,技术商业竞争信息在这里起到了重心作用。

竞争优胜劣汰的法则,使一些具有相当实力的企业得以并存。因此,其产品技术指标和性能往往相差无几。在此情况下,企业必须通过产品技术指标和性能价格比来提高企业的竞争力。使得企业必须通过获取技术商业竞争情报来推动产品的革新。技术商业竞争信息的应用,可以给企业带来巨大的经济利益。企业对技术商业竞争信息无休止的渴求,使技术商业竞争信息在企业决策过程中发挥了重心作用。产业发展的关键是靠技术商业竞争信息能够及时提供给企业,并能够支持企业采用技术的相关理论研究和产品开发工作,从而使企业在决策过程中不断掌握可供利用的技术商业竞争信息。

技术商业竞争信息的运用不仅能够开发新的产品,也可以避免由于技术变动而引致的市场风险。技术商业竞争信息还可以有效地检验企业产品对市场的适应程度,以便有效地调整产品的技术含量。在现代世界每时每刻都在产生新技术,对于新技术的了解,必然通过技术商业竞争信息才能实现。产业信息可提供产业的技术层次、技术种类、技术水平以及技术生产业之间的渗透与扩散状况，使企业进行产业技术定位，从而确定相应的技术竞争策略。

企业产品的竞争也就是技术商业竞争信息的竞争。企业要发展，企业要提高产品竞争能力，就要发挥技术商业竞争信息的重心作用。科技项目、企业科技活动的重点，也就是技术商业竞争信息服务的重点，技术商业竞争信息要紧紧围绕科技项目进行各种调研、咨询，并提供各种特殊服务。此外，还要对用户之外的那些正在进行中的科技项目信息进行调查、搜集、整理和研究，并及时提供给有关用户。技术商业竞争信息要及时为科技活动提供定性信息和定量信息服务，以克服企业科技活动中"想当然"所造成的失误。

# 第三节　市场营销信息系统

在企业的漫长历史中，管理者总是把它的大部分注意力集中在管理货币、材料、机器和人员上，而对公司的第五个重要资源——信息，却不够重视。许多经理对可利用的信息感到不满意。他们的抱怨包括他们不了解重要的信息存在于公司哪里；他们不能利用的信息太多而真正需要的信息太少；重要的信息来得太迟；很难估计信息的准确性。

案例：一位计算机销售员想为一位购买改进型计算机系统的顾客报价。该顾客在他的公司与另一主要竞争者之间选择卖方。然而，该销售员不能够确定计算机中某些部件的价格并且他发现某些价格互相矛盾。这个报价花了他三天的时间，而他的竞争对手只用了一天并与客户达成交易。

具有讽刺意义的是销售计算机信息系统的公司，自己本身不具有运行良好的计算机信息系统。

许多公司到了 20 世纪 90 年代还未能与现代经济中进行有效营销所必需的强化信息要求相适应。

## 一、市场营销信息系统

### (一) 市场营销信息系统的概念

每一个公司必须为营销经理组织营销信息流。许多公司在研究它们的经理所需要的信息和设计市场营销信息系统（MIS），以满足对信息的需要。有人对市场营销信息系统所作的定义如下：市场营销信息系统由人、机器和程序组成，它为营销决策者收集、挑选、分析、评估和分配需要的、及时的和准确的信息。①

营销经理为了实施他们的分析、计划、执行和控制的责任，需要营销环境的开发信息。市场营销信息系统的作用是评估经理的信息需要，收集所需要的信息，为营销经理适时分配信息。所需信息的收集通过公司内部报告、营销情报收集、营销调研和营销决策支持分析四方面工作进行。现在将对公司市场营销信息系统的四个主要子系统分别论述如图 2-1 所示。

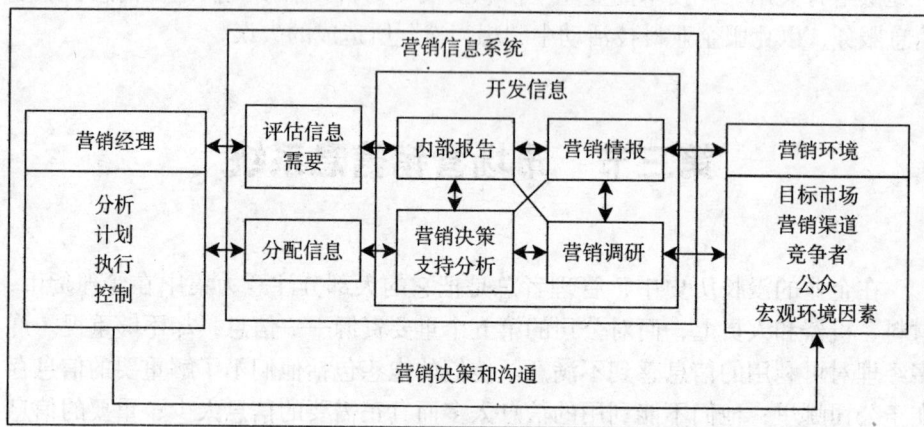

图 2-1　市场营销信息系统

## （二）市场营销信息系统的组成部分

### 1. 内部报告系统

市场营销经理使用的最基本的信息系统是内部报告系统。这是一个包括报告订单、销售额、价格、存货水平、应收账款、应付账款等的系统。通过分析这些信息，营销经理能够发现重要的机会和问题。

（1）订单—收款系统。内部报告系统的核心是订单—收款系统。销售代表、经销商和顾客将订单送交公司。订货部门准备数份发票副本，分送各有关部门。存货不足的项目留待以后交付；需装运的项目则附上运单和账单，同时还要复印多份分送各有关部门。

（2）销售报告系统。营销经理需要他们当前销售的最新报告。在消费包装公司收到的零售报告往往两个月一次。在汽车公司，经理们每隔 10 天才能收到一份销售报告。许多营销经理抱怨在他们的公司里不能尽快地收到销售报告。

_____

① [美] 菲利普·科特勒. 营销管理分析、计划、执行和控制（第 8 版）[M]. 梅汝，梅清豪，张桁译. 上海：上海人民出版社，1997：179.

**2. 市场营销情报系统**

内部报告系统为管理人员提供结果数据，而市场营销情报系统则为管理人员提供正在发生的数据。我们对市场营销情报系统的定义是：市场营销情报系统是使公司经理用以获得日常的、关于市场营销环境发展的、恰当信息的一整套程序和来源。

经理用四种方法观察环境。

（1）无方向的观察：经理心中无特定目的，只是一般性地接触信息。

（2）有条件的观察：经理有目的地接触信息，但不准备主动寻找，只是或多或少地接触某一已经清楚认定的范围或某种类型的信息。

（3）非正式收集：为获得特定信息或某特定目的的信息而进行的一种比较有限的和无组织的努力。

（4）正式收集：为获得特定信息而进行的一种经周密思考的努力——通常按照一个事先制定的计划、程序或方法进行。

**3. 市场营销调研系统**

市场营销调研是系统地设计、收集、分析和提出数据资料以及提出跟公司所面临的特定营销状况有关的调查研究结果。①市场营销调研系统的正常运行首先要保证能够找到营销调研资料的供应者，这样才能确保调研工作接下来的步骤顺利实施。②确定营销调研的范围。目前市场营销调研活动和技术日益的复杂化，所以，调查范围要根据实际目的来确定。③营销调研的程序，如图2-2所示。

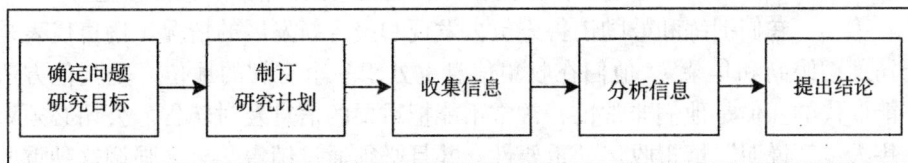

```
┌─────────┐   ┌─────────┐   ┌─────────┐   ┌─────────┐   ┌─────────┐
│ 确定问题 │→ │  制订   │→ │ 收集信息 │→ │ 分析信息 │→ │ 提出结论 │
│ 研究目标 │   │ 研究计划 │   │         │   │         │   │         │
└─────────┘   └─────────┘   └─────────┘   └─────────┘   └─────────┘
```

**图 2-2　营销调研的程序**

**4. 营销决策支持系统**

越来越多的组织为了帮助它们的营销经理，已增设了第四个信息服务项目——营销决策支持系统，李特尔的定义如下：

通过软件与硬件支持，协调数据收集、系统、工具和技术，一个组织能得到企业内部和外部环境的有关信息，并把它转化为营销活动的基础。图2-3示意了营销决策支持系统。

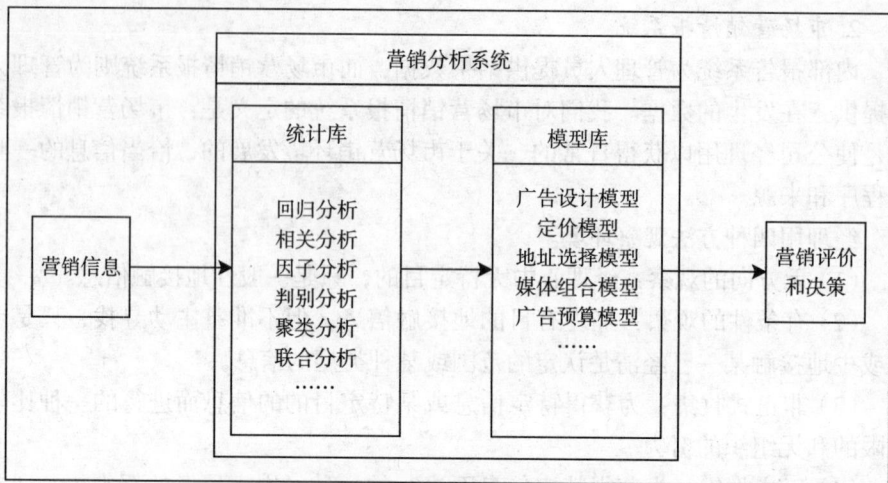

**图2-3 营销决策支持系统**

## 二、市场营销信息系统的信息源

营销经理大多数自行收集情报，他们常通过阅读书籍、报刊和同业公会的出版物，与顾客、供应商、分销商或其他外界人员交谈，同公司内部的其他经理和人员谈话来收集。但这种方法带有相当的偶然性，一些有价值的信息可能没有抓住或抓得太迟。经理们可能对一个竞争活动、一种新的顾客需求或某一经销商问题，知道得太晚而不能做出最好的反应。

经营灵活的公司会采取进一步的步骤改进其营销情报的质量和数量。

第一，它们训练和鼓励销售人员去发现和报告新发展的情况。销售代表是公司的"眼睛和耳朵"。他们在收集信息上处于一个有利的地位，是其他方法不能取代的。但是他们非常忙，常常不能把重要的信息及时转告。公司必须对销售人员"说明"情报收集的重要性，并且必须通过销售奖金来强调这种重要性。应为销售人员提供填写方便的报告。销售代表应该知道他们的公司哪一个经理需要哪一种信息。

第二，公司鼓励分销商、零售商和其他中间商把重要的情报报告公司。请看下面例子：

派克公司是一家流体动力产品的主要生产商，曾安排每位分销商递交一份包括他们产品在内的销售总发货单给派克公司营销调研部。派克公司分析这些单据以了解最终用户的特点和帮助分销商改进营销计划。

有些公司安排专业人员收集营销情报。它们派出"佯装购买者"来监视零售人员的表现。另外获得竞争者活动情况的许多方法中有：购买竞争者的产品；参加公开的商场和贸易展销会；阅读竞争者的出版刊物和出席股东会议；和竞争对手的前雇员、目前雇员、经销商、分销商、供应商、运输代理商交谈，收集竞争者的广告；阅读《华尔街日报》、《纽约时报》和商业公会的报道等。

第三，外界的情报供应商。这些调研公司收集事例与消费者数据比公司各自收集信息的成本要小得多。

第四，一些公司已经建立了信息中心以收集和传送营销情报。职能人员审阅较重要的出版物，摘录有关新闻，并制成新闻简报送给营销经理参阅。信息中心建立了一个有关信息的档案。职能人员协助经理们评估新的信息。这些服务大大改进了可供营销经理使用的信息质量。

第五，政府、期刊、文献等出版物。

商业期刊索引：月刊，广泛地列出了各种商业出版物的文章名称。

标准普尔行业调查：提供各行业最新的统计和分析。

穆迪手册：提供各主要公司的财务资料和经理名单。

协会百科全书：提供在美国每一个主要贸易和专业协会的信息。

营销杂志有《市场营销杂志》、《营销研究杂志》和《消费者研究杂志》。

有用的贸易杂志有《广告时代》、《连锁商店时代》、《进步的杂货商》、《销售和营销管理》、《商店》。

有用的一般商业杂志有《商业周刊》、《幸福》、《福布斯》和《哈佛商业评论》。

政府出版物主要有：

美国统计摘要：每年更新一次，提供地理、经济、社会和美国经济、社会上的其他方面的统计摘要。

县和城市资料记载：每三年更新一次，介绍各县、各城市和其他地理单位在人口、教育、就业、总计和平均收入、住宅、银行储蓄、零售等方面的统计信息。

美国工业前景：提供工业方面的行业生产活动的预测情况，它包括人口、销售、运输、就业等内容。

营销信息指南：每月提供关于营销信息的有注释的目录提要。

其他政府出版物包括：制造业年度调查；商业统计；制造业普查；人口普查；零售贸易、批发贸易和有选择的服务行业普查；运输业普查；联邦储备公报；劳工月报；现代商业概览和重要统计报告。

### 三、市场营销信息系统的构建和运转

一个营销信息系统（Marketing Information System）由人员、设备和信息处理过程组成。信息处理过程包括信息的收集、分类、分析、评价和传送几

45

部分。<sup>①</sup>这个过程结束时，有用、准确的信息被及时传给决策人员。首先，评估信息。其次，从公司记录、营销情报部门或市场研究中获得信息，然后通过信息分析使信息更加有用。最后，营销信息系统通过适当形式，并在适当的时间，将整理好的数据传给管理者，供他们决策时使用。

### （一）评估信息

一个好的营销信息系统能够提供适宜的信息给管理者。公司把询问管理者需要什么信息作为起点（见表 2-1），因为管理者不一定需要他们收集的所有信息，这些信息也不一定全能满足他们，此外，营销信息系统也不一定能提供管理者所需的全部信息。

有些管理者随便什么信息都收集，不管这些信息是不是真的有用，其实信息太多如同缺乏信息一样有害。另一些管理者舍去了他们应该知晓的信息，比如管理者应该了解他的竞争对手下一年度要推向市场的产品，但他们不想也不去问，这样做有时甚至会导致企业的破产。营销信息系统可以做到在监控市场营销环境的同时，向管理者提供他们最需要的信息。

由于营销信息系统的局限性，公司有时不能提供急需的信息。例如一个产品经理可能需要了解他的对手下一年度如何改变广告预算以及这种变化对市场份额的影响，但关于预算计划的信息可能没有，即便有的话，也许公司的营销信息系统不够先进，不足以预测市场份额的变化。表 2-1 就列举了 10 个关于评估的问题。

**表 2-1　有关评估信息的问题**

| 有关评估信息的问题 |
| --- |
| 1. 您常做什么样的决策？ |
| 2. 您做决策需要什么样的信息？ |
| 3. 您常获得哪种有用信息？ |
| 4. 您需要哪种尚未获得的信息？ |
| 5. 您所获得的信息中哪种是没必要获得的？ |
| 6. 您每日所需要的信息是哪些？每周、每月、每年呢？ |
| 7. 什么类型信息是您不断需要获得的？ |
| 8. 什么样的数据库对您最有用？ |
| 9. 您喜欢哪种信息分析软件？ |
| 10. 目前信息系统中最有帮助的四种改进是什么？ |

---

① ［美］Philip Kotler，Gary Armstrong. 市场营销原理（第 7 版）［M］. 赵平，戴贤远，曹俊喜译. 北京：清华大学出版社，1999：71~75.

最后，获得、处理、储存和传递信息的成本可以很快汇总出来，公司必须决定是否值得花这些成本去取得信息。信息的价值和成本有时很难估计，信息本身没有价值，但它的用处会给它带来价值。许多情况下，额外的信息很少影响管理者已做出的决策，也许信息成本还会超过未来收益，因此管理者不应总是假定多获取信息是否合算；相反，他们应该仔细衡量额外信息的成本和未来的收益。

### （二）信息开发

市场营销管理者需要的信息可从公司内部记录、市场营销情报或市场研究中获得，这些信息由信息分析系统处理后会更加适合管理者们的需要。

#### 1. 内部记录

许多营销经理有规律地使用内部记录，特别是在制定日常计划、执行方案和控制决策时。内部记录信息（Internal Record Information）由公司内部信息源得来，包括经营评价、市场问题与机会等。会计部门准备财务报表，记录销售、成本和现金流量；制造部门报告生产计划，运输和库存情况；销售人员报告中间商的反应和竞争对手的活动；销售部门会有一个数据库，记录顾客的人口、心理及购买行为；销售服务部门则会提供顾客是否满意或服务中的问题等信息。在一个部门研究得出的结论，有可能会帮助其他部门的工作，管理者能够运用从公司各方来的信息评价公司的经营、存在的问题或创造新的市场营销机会。

比起其他信息，内部记录通常可以迅速获得，并且花费较少，但也存在一些问题。由于内部信息是为其他目的而收集的，做决策时可能不全或有错误，例如销售和成本数据是会计部门用来做财务报表的，若用来评价产品、销售人员或分销渠道情况，就得调整。另外，一个大公司有大量数据，全部掌握是十分困难的，营销信息系统必须收集、组织、处理和编出索引，以便管理者可以方便迅速地找到信息。

#### 2. 市场营销情报

市场营销情报（Market Intelligence）是营销领域中商业信息每日情况发生变化的信息，市场营销的情报系统负责在全范围内进行相关检索，在此基础上决定哪种情报是有用的，并传送给管理者。

市场营销情报可从多方面获得。多数情报可从公司自己人员中获得，比如决策人员、工程设计人员和销售人员等，还可以从供应商、中间商和顾客处获取的情报。关于竞争者的情报可从竞争者的年度报告、讲话、新闻报道和广告得来。在商业出版物或销售展示中，他人对竞争者的描述也能帮助公司了解竞争者。公司甚至可以看看对手在做什么，购买、分析对手的产品，监视他们的销售，检查新的专利情况等。

公司也从其他方面购买情报。尼尔森市场研究（Nielsen Marketing Research）公司出售品牌份额、零售价格以及各商家储存的不同品牌产品的比例等数据。信息源（Information Resources）公司出售从全国 67000 家用户调查到的超级市场扫描仪购买情况数据，包括新购、重购、品牌声誉及购买者情况等。

通过交费，公司可以订阅联网了的 3000 多家信息服务单位提供的信息。例如爱德泰克信息库（Adtrack）为客户提供了 150 多种主要消费者刊物上规格为 1/4 页以上的广告的情况。公司可以利用这些信息去评价自己或竞争者的广告策略、广告份额、媒介使用及预算等。

电子黄页（Electronic Yellow Page）收集了全国 4800 册电话簿信息，这是目前能找到的最全的美国公司目录。一个好的联网信息库几乎可以提供全部所需的市场营销信息。

一些公司建立了专门部门去收集或传送情报，这些部门的人员博览主要出版物，总结重要消息，并把情况报送营销经理。部门工作人员设计了情报信息文件，帮助管理者审阅信息，这些服务对改进营销经理所获信息的质量是很有帮助的。

3. 市场营销研究

管理者不能总是等着从市场营销情报系统获取情报，对于专门的情况，他们需要具体的研究。比如说，东芝公司（Toshiba）需要知道有多少或什么样的公司和个人要买便携式计算机，伊利诺伊州湖林县的巴勒特学院（Barat College）需要知道未来可能的学生中有多少已经知道巴勒特学院，他们对巴勒特学院怎么看。在这些情况下，市场营销情报系统就不可能提供详细的信息，必须由管理者进行市场研究。

我们把市场营销研究（Marketing Research）定义为用信息把市场营销人员、消费者及公众联系起来的一种工作。市场营销研究能够确定营销机会和问题，设计、优化和评估营销活动，检查营销活动的业绩，促进对营销过程的理解。每个市场营销人员都需要做研究。市场营销研究人员涉足许多工作，包括市场前景及市场份额研究，消费者满意程度和购买行为评价，定价、产品、分销及促销研究等。

公司可以通过自己的市场研究部门进行市场研究或委托其他单位进行，具体做法取决于公司的研究能力和资源。几乎所有的大公司都有自己的市场研究部，只有特殊的项目才请其他专门公司来做，没有研究部的公司，只好请其他单位来做。

### 4. 信息分析

从公司情报部门或市场营销情报系统获得的信息需要进一步分析，有时管理者需要信息更加贴近于市场研究的问题或决策，这就需要进行统计分析，以便进一步了解数据间的关系和统计的可靠性，这些分析使管理者依靠数据的平均数和标准差来回答一些问题，例如：

（1）什么变量影响着销售额？每个变量的影响有多大？

（2）依据哪种因素来细分市场？共有多少子市场？

（3）预测消费者买我的品牌还是买竞争对手品牌的最好因素有哪些？

（4）如果我的价格提高 10%，广告支出增加 20%，销售额会怎样？

信息分析也需要数学模型来帮助管理者更好地进行决策。每个模型都代表一个实际中的系统、过程或结果。这些模型能够帮助回答诸如"如果……会怎样？"或"哪种最好？"之类的问题。过去的 20 年里，市场营销的科学工作者建立了大量的模型，以便帮助营销经理做出更好的综合决策，设计销售范围和价格计划，选择零售地点，确定理想的广告组合或预测新产品销售情况等。

### （三）信息的传送

管理者使用市场信息进行决策之前，信息是没有价值的。从市场营销的情报系统或市场研究中得来的信息，必须在适当的时间传送给销售经理。多数公司有集中控制的营销信息系统向经理传送经营情况、情报更新或研究结果。经理也需要这类常规报告来做计划、执行和控制决策，此外，销售经理也需要处理特殊情况或个别问题。例如，销售经理与一个大客户发生了问题后，他需要上一年的销售及利润的财务报告；一个零售店的经理发现热销产品脱销后，可能需要知道连锁系统中其他店的库存情况。

信息技术的发展引起信息传送的变革。有了先进的计算机、软件和通信技术，多数公司可以分解过去集中控制的营销信息中心。在许多公司，管理者可以通过计算机直接与信息网络接触，他们在任何地点都能收到公司内部或外界的信息，也能用统计软件和模型进行分析。文字处理机或桌面印刷系统能够帮他们完成报告，使用电子网络能够与他人进行交流。

先进的系统使管理者迅速直接地得到和使用必需的信息。随着技术的改进，当更多的管理者能够熟练使用这些系统时，这些系统会变得更加经济，也会有更多的公司使用这种分解了的营销信息系统。

# 第四节 商业信息的开发应用

## 一、从商业信息到商业情报

### (一) 商业信息与商业情报的区别和联系

在汉语里，情报和信息是两个不同的概念。我国情报学界，对"情报"有严格的定义。情报学认为，情报是那些对于用户有用、经过传递到达用户的知识或信息。因为知识是人类已经认识的、系统化的信息，所以，情报是一种特定的信息。但信息并不都是情报。那些对于用户没用的知识或信息、那些虽然对用户有用但还没有传递到用户的知识或信息，都还不是情报。

信息是相对于信息接收者来说的，情报是相对于用户来说的，在信息的传播过程之中，用户是特定的信息接收者，但信息接收者不一定都是用户。比如，电视上每天播出的股市行情信息，股票购买者看了，获得的就是情报，因为他们是用户；没有购买股票的看了，只是知道了有这样的事情，接收到了信息，但没有获得情报，因为他们是信息接收者，不是用户。

造成情报和信息相混淆，其原因就是英语单词 information，既译作信息，也译作情报。还可能与日文有关。在日语词汇中，没有"信息"这个汉字词，只有"情报"二字，所以日文都将 information 译为"情报"。而在中国香港、中国台湾，information 则常被译为"资讯"。在西方发达国家关于情报的概念是专一的，与"情报"一词对应的英文单词是 intelligence。它与信息的关系如下：情报是信息的一部分，是那些涉及双方利害关系、并且能够影响当前决策或行动的特定信息。

### (二) 由商业信息到商业情报

21 世纪企业活动已经进入了全面市场经济竞争时代，从企业的目标战略制定到产品开发，再到市场运行，都建立在商业情报的基础之上。企业的发展对商业情报信息的依赖程度不断增强，而情报能力的强弱，正逐步成为企业适应全球化市场竞争、创造和保持竞争优势的基本条件，这既给企业的发展带来了新的机遇，又对企业的信息管理能力和水平提出了更高的要求。在市场竞争日益激烈的情况下，环境信息、对手信息和策略信息等商业信息便构成了企业商业情报的主要框架。

### 1. 环境信息

由于企业所处的环境中各种因素相互影响，不断变化，而且其中任何变化都可能对企业的利益乃至生存产生重大影响。因此企业竞争环境是大范围、多角度、全方位的，企业的成败往往取决于能否了解和掌握周围环境的变化，并及时做出相应反应。竞争环境信息的需求主要包括：

（1）国际信息。即国际政局的稳定性及变化，贸易对象国的经济增长、收入分配、消费偏好、市场前景、金融汇率走势、关税及贸易体制变更等。

（2）国内信息。即政策法规、市场需求、国民收入及分配、物价指数、利息变动以及产品客户、供应商、中介商等。

（3）科技动态信息。即基础研究、技术开发、成果专利、标准和人才等各方面信息。

如果我们能充分利用信息情报资源，有效地了解和掌握竞争环境信息，能大大减少因环境变化给企业带来的不确定性，使企业准确把握自己与环境的关系，准确地估计未来竞争环境的变化，保证决策的正确性。所以，企业竞争环境信息是企业商业情报系统中的重要内容。

### 2. 对手信息

企业竞争对手信息渗透在产品设计、生产工艺、研究开发、扩展计划、产品价格、促销策略、知识产权、网络建设和使用等各个方面。竞争对手又可分为现实竞争对手和潜在竞争对手，现实竞争对手的信息表现为全方位的正面竞争态势，一般容易识别，可通过观察其是否在争夺与本企业相同的目标市场，是否采取某种方式排挤或报复本企业等方面的动态变化信息而获得；潜在竞争对手的信息往往呈"隐性"状态，最容易被忽视，在很多情况下对企业的潜在威胁相当大，不能放过任何蛛丝马迹的信息，收集的难度也大得多。确定竞争对手信息不是一件容易的事，只有通过竞争对手信息长期的监视跟踪，将收集获得的相关各类信息进行整理、分析研究，才能准确判断出竞争对手与企业竞争的态势情报，以满足建设企业竞争情报系统对竞争对手信息需求的要求。

### 3. 策略信息

由于企业竞争是一个正确了解竞争环境和竞争态势，双方依据对竞争对手的意图进行认识和预测，开展博弈互动的过程，而竞争行为的实施往往反过来又对竞争环境和竞争态势造成影响。因此，竞争策略信息是指竞争对手在把握其竞争环境和内部条件的基础之上，为在竞争中求得优势而做出的长期的、主动的和全局的战略行动后，对竞争环境和竞争态势产生影响所反映出来的信息。

这类信息的需求及其收集、分析，关系到企业在竞争中的策略和行动，具有较强的综合性、动态性和博弈性的特点，必须在对企业竞争环境信息和竞争对手信息进行长期深入收集、跟踪和分析预测后，才能得到比较准确的战略实施信息。通常竞争策略信息包括竞争对手的战略意图、行动计划、实施步骤、反馈机制等，以及实施竞争行为后竞争环境变化、其他竞争者反应和竞争态势的格局重组等方面的信息。

4. 企业自身测评

俗话说，"知己知彼，百战不殆"。企业要取得竞争的优势还得认清自己的实力，进行自身测评，主要包括企业在市场中的地位、产品的市场占有率、产品质量、技术水平、营销策略、资金实力、人员素质等。企业要进行与对手各个项目的对比研究，从中发现各自的优势和不足，要善于运用竞争情报，结合自身情况，进行市场细分，寻找市场缝隙，确定目标市场，突出本企业产品特色与市场形象，以增强企业的竞争能力。

（三）商业情报的传播技术

1. 商业信息传递新理念

以计算机网络技术为装备，加快信息传递速度与效率，提高信息精确度，提高企业市场反应能力，在国内外都获得了很大成功。这些商业企业有美国沃尔玛公司、西安国美公司、西安家世界公司、西安爱家公司、西安苏宁公司等。美国沃尔玛公司采用最新网络新型技术，安装专用卫星通信系统，统一采用自动销售技术、快速补货技术、条形码技术、先进的库存管理技术，以最低的成本、最优的服务、最快速的管理反应进行全球运作，取得了极大成功。2002 年销售额达 1900 亿美元，居世界 500 强首位。

2. 商业信息快速传递模式

在大中型商业企业内可按一个或几个商场为单位，设立销售收款通道，安装若干自动收款计算机，并将各单元计算机连接组成网络，成为自动销售系统，商场内设监视系统，与仓库管理系统、财务管理系统、决策管理系统、人力资源管理系统等共六大系统一并连接到信息管理中心即主机上，形成企业内联网。

企业内联网各系统又由若干子系统组成。如销售系统包括五个子系统：货物自动识别子系统、现金管理子系统、顾客订货子系统、查询库存子系统、配送货服务子系统。每一子系统由一项或若干项自动化信息技术组成。如货物自动识别子系统由条码技术与光电自动扫描器组成，可在 0.2 秒时间内将商品种类、品名、数量、价格等信息输入终端计算机，自动生成销售发票，可极大地提高销售结算效率，降低错误率，保证现金管理周全，避免收款舞弊等弊端。查询库存子系统可在销售现场查询库存货物的花色、规格、样式，当顾客对货架上商品的花色、规格、样式不满意时，可以通过查询库存子系统现场查询库存货物清单，以达到顾客满意。再如仓库管理系统，包括收货验货子系统、库存盘点子系统、自动补货子系统等。企业内联网信息传递模式：企业采用自动化内联网技术后，销售模式改变，由原先的封闭式柜台销售改为开放自助销售，除少数特殊商品仍采用柜台销售外，多数商品上架开放销售，仅需少量收银员和导购员，在顾客多、收款拥挤时可由人力管理系统调来备用人员，携带无线射频收款台支援。信息传递速度也大大加快，每天营业未结束时就可发现缺货的精确数字，要补充的货物当晚即可装车运往缺货商店，商店增强了快速适应市场变化的能力，满足了顾客需求。以中国台湾捷盟行销公司为例，采用自动化技术前，缺货率达 15%，物流费用率占商品进货成本的 7.8%；采用自动化技术后，缺货率不到 5%，物流费用率降为 4.8%，各项经营指标均有较大提高。

3. 传统商业信息化进程的推进

（1）以现代信息技术武装传统商业。传统商业的资金投入，除用于改善营业环境外，还应用于改善信息技术装备。有的商业企业将大量资金用于广告、公关、促销手段等，却不舍得在信息技术装备上花钱。在信息时代，商业企业最重要的事应当是充分利用现代信息技术，建立一个快捷、准确、灵活、高效的信息系统，充分发挥站在市场前沿信息丰富的优势，准确地定位市场信息传递的重要性，导入商业信息传递新理念，迅速采纳新型商业的成功经验，改变传统商业手工作业、劳动密集、效率低下、信息传递缓慢、市场反应慢的特征，转变为自动化销售、技术密集、效率极高、信息传递快速、市场反应快的新型商业。

（2）导入商业信息传递新理念。传统商业理念信息观念落后，导致企业竞争力减弱。新型商业崭新的理念带来了行动的创新，新型商业实际上处于不断创新的动态发展之中。其要点在于提高企业的信息素质、提高企业战略素质、提高企业诚信素质三个方面。这些观念对于传统商业都是大有益处的，使消费者消除"无商不奸"的观点。让商业人员认真学习，提高素质，真正认识到商业利润可以不依靠欺诈来取得。商业价值应表现在为消费者带来优质产品、节约时间、节约金钱及提供便利服务等方面，而不应表现为尔虞我诈、互相欺骗、互不信任等方面，传统商业导入商业新理念，不仅能改造旧的商业业态，也能促使社会的繁荣、进步、和谐。

（3）提高商业人员信息素质。信息素质是一个人的信息观念、信息能力及信息水平的集中反映。

## 二、商业信息与市场营销

现代市场营销不仅要求企业发展适销对路的产品，制定适应竞争需求的价格，选择具有强大行销能力的分销渠道，而且还要求企业努力控制和提高在市场上的形象、设计传播有关外观、颜色特征、购买便利条件，以及产品给目标顾客所带来的利益和好处等方面的信息，这就是所谓的沟通与促销活动。现代企业所管理的是一个复杂的市场营销沟通系统，企业运用其沟通组合来接洽中间商、消费者和广大公众，达到销售产品和实现企业营销目标的目的。

因此，商业信息处于整个市场营销系统中的一个很重要的核心地位。营销过程中，任何一项决策的制定与执行都要在对各方面信息进行汇总分析的基础上进行。所需要的商业信息主要可以分为以下四类。

### （一）营销环境信息

卓越的公司对它们的业务往往会采用从外向内的观念。它们认识到，营销环境在一直不断地创造机会和涌现威胁。这些公司认为，持续地监视和适应变化的环境对它们命运攸关。

然而，太多的公司并没有把环境变化作为机会。它们忽略或拒绝重要的变化，直至认识到已为时太晚。它们的战略、结构、体制和企业文化发展缓慢陈旧和内外失调。许多巨人公司，如通用汽车公司、国际商用机器公司和西尔斯百货公司，由于长期忽视宏观环境的变化而受到挫折。

营销宏观环境是公司必须在哪里着手寻找市场机会和可能受到威胁的场所，它由能影响公司操作和绩效的所有行动者和力量所组成。公司需要了解当前环境的趋势。

公司的宏观环境包括六种主要因素：人口统计、经济、自然、技术、政治和文化方面的因素。

（1）人口统计环境显示了：企业面临着世界范围的人口增长爆炸，变化着的年龄，民族性，教育组合，新家庭类型，人口地理迁移，大量市场分裂成微观市场。

（2）经济环境显示了：实际收入增长率在缓慢下降，低的储蓄和高的债务，消费者的开支方式发生着变化。

（3）自然环境显示了：某些原料短缺的日益逼近，能源成本的不稳定性，日益增长的"绿色"运动强调保护环境。

（4）技术环境显示了：技术变革的速度加快，技术发明有无限的机会，研究与开发费用的预算处于高水平，对小改革发明的重视胜过对重大技术发明的重视，对技术的变革作出更多的规定。

（5）政治环境显示了：现在有着大量的限制商业活动的法规，政府机构拥有更大的实施法规的权力和公共利益团体的增加。

（6）文化环境显示了：追求自我实现、及时行乐以及更世俗导向的趋势。

由此可见，以上人口统计、经济、自然、技术、政治和文化方面因素的商业信息是决定市场营销能否成功进行的基石。

### （二）消费者市场和购买行为信息

营销的目标是使目标顾客的需要和欲望得到满足。然而，"认识顾客"绝不是一件轻而易举的事情。顾客往往对他们的需要和欲望言行不一致。他们不会暴露他们的内心世界。他们对环境的反应在最后一刻会发生变化。

不管怎样，营销者必须研究他们目标顾客的欲望、知觉、偏好以及购买行为。这些研究将为开发新产品、生产特色产品、价格、渠道、信息和其他营销组合因素提供依据。

### （三）业务市场与业务购买行为信息

参与业务活动的组织不仅出售产品，同时，它们还买进大量的原材料、制造件、设备装置、辅助设备、供应品和业务用的服务。仅美国就有 1300 多万个组织在购买。那些销售钢铁、计算机、核电厂以及其他商品给组织机构的各种公司，必须千方百计地了解购买者的需要、资源、政策和购买过程。它们还必须考虑在消费品营销中不经常发现的某些问题。

（1）各类组织机构采购商品和劳务是为了满足多种目标，即获取利润、降低成本、满足员工需要、承担社会及法律义务等。

（2）一般来讲，参与组织机构购买决策的人比参与消费者购买决策的人多，尤其是对一些重要商品的采购。这些决策参与者常常肩负各种不同的组织责任，并运用不同准则进行购买决策。

（3）采购者必须留意他们的组织所制定的各项正规政策、限制和要求。

（4）采购手段，诸如要求报价，提出建议书以及采购合同，加上在消费者购买中不常见的其他手段。

韦伯斯特和温德将组织购买定义为："各类正规组织用以确定购买产品和劳务的需要，并在可供选择的品牌与供应者之间进行识别、评价与挑选的决策工程。"尽管销售商总希望发现组织机构的购买行为存在的一致性，以便改善其营销战略计划的工作，但是，绝无两家企业的购买行为是相同的。所以，购买行为信息为企业决策中尤为重要的前提条件。

### （四）行业与竞争者信息

仅了解自己的顾客是远远不够的。20 世纪 90 年代在国内外都是激烈竞争的年代，许多国家在经济上放松政策管理并且鼓励市场力量去扩展。欧共体市场正在取消西欧国家间的贸易壁垒。跨国公司正在涌进新市场和实行全球营销。其结果是公司别无选择，只能分析"竞争"。它们必须像对待它们的目标顾客一样来重视其竞争者。

这就说明了当前为什么有那么多关于"营销战争"、"竞争情报系统"等类似说法的热门话题。然而，并非所有的公司在监视其竞争者中有足够的资源投入。有些公司认为它们对竞争者了如指掌，因为它们在竞赛。另一些公司认为它们永远不会足够地了解它们的竞争者，既然如此，为什么要自找麻烦呢？但是，聪明的公司在设计和操作一个能连续收集竞争者情报的信息系统。

了解竞争者对有效的营销计划是很关键的。一个公司必须经常将它的产品、价格、渠道和促销与其接近的对手进行比较。用这种方法，它就能确定竞争者的优势与劣势地位，从而使公司能发动更为准确的进攻以及在受到竞争者攻击时能作较强的防卫。

公司需要了解有关竞争者的五件事：谁是我们的竞争者？它们的战略是什么？它们的目标是什么？它们的优势与劣势是什么？它们的反应模式是什么？我们将讨论这些竞争信息是怎样帮助公司确立其营销战略的。

## 三、商业信息与产品开发

新产品开发对企业生存和发展的重要性是众所周知的，是企业未来的研究方向。21世纪知识经济时代的到来，动荡的外部环境、不断缩短的产品生命周期、不断加剧的当地及全球的市场竞争、成熟的产业以及扁平的市场、不断加速的技术开发步伐，所有这些新变化，使得许多公司已经不再将新产品开发作为一种战略选择，而是作为一种必需的企业活动来进行（Craig, 1992）。作为一种高技术含量、高风险、高度依赖团队配合的过程，它集中地体现了企业信息的获取、利用、转化和集成。以资源为基础的理论（RBV）表明，企业拥有信息的多寡，其利用程度将是企业获得持续竞争优势的关键。

因此，信息管理已成为企业提高新产品开发绩效的重要手段。因为信息是企业产品创新活动中的一个重要软要素，在企业产品创新中起着十分重要的作用，它通过与企业产品创新的硬要素和其他软要素的结合，来提高企业的产品创新能力。具体表现在：信息可以沟通企业与科研机构及高等学校的联系，为企业产品创新提供新技术源泉；信息可以减少企业产品创新中的不确定性，优化产品创新决策和组织管理；信息可以优化企业产品创新人员的知识结构，激活产品创新的人力资源；信息可以反映市场上多方面的情况，促进创新产品市场实现的成功。

新产品开发中的信息管理研究主要包括：企业的信息源选择对新产品开发

绩效影响的研究、新产品开发信息源选择动机研究、新产品开发中的信息转移研究。

国内外专家学者对新产品开发过程中信息源的使用作了一定突破性、实质性的研究，使该领域的研究日趋完善。研究表明，有效地利用各种信息源可以为企业新产品开发绩效的提高作出贡献，这一观点已经被证实并已为大部分研究者和企业所接受。关于新产品开发过程中不同阶段的信息需求特征和信息源差异，一些学者也已经进行了概念性描述和一定的实证分析。

然而，在肯定前人研究成果的同时，我们也不难发现，目前关于新产品开发过程中商业信息源使用的研究尚未得到应有的重视。特别是在我国，对新产品开发人员信息来源的实证研究还相当少，针对新产品开发过程中不同阶段信息源的使用上的相同点及差异性的实证研究更少，学者们进行的多数研究皆取样于欧美国家，他们的研究结论很难完全适合于我国。因此，这也为我们进行后续研究指明了方向。未来的研究可着眼于以下三个方面：

（1）我国企业在新产品开发过程中经常使用的商业信息源有哪些？

（2）影响新产品开发人员信息源使用的因素有哪些？

（3）新产品开发不同阶段信息源使用有何共同点和差异性？

## 本章案例

### 燕山石化应用信息系统

北京燕山石油化工有限公司是隶属中国石化集团公司的特大型石油化工联合企业。燕山石化是目前中国最大的乙烯生产商之一，是国内最大的塑料与树脂、合成橡胶、基本有机化工原料、润滑脂、化纤地毯等产品生产商。燕山石化产业规模巨大，产品众多，因此也面临着国内外的激烈竞争。

燕山石化科技部情报部门在考察了国内几家竞争情报系统厂商之后，最终选择了北京的一家信息技术有限公司的竞争情报系统，以改善目前情报工作中所面临的问题。

在应用系统过程中，科技部、销售部、技术中心等情报部门都提出了适合自身业务需要的竞争情报内容结构。对于竞争环境细化为石化行业竞争动态、竞争环境、政策标准、竞争对手等；对于主要产品按照品种进行了细分，细化与产品相关的信息情报体系。同时公司确定了进行系统性监测的主要竞争对手，从价值链的角度确定对主要合作伙伴、上游的供应商、下游的重要客户的跟踪，另外对于行业协会、本领域的研究院所、相关行业以及行业领导、主要专家等展开全方位的信息收集。

在有效收集信息的基础上，情报人员可以利用系统所提供的基于语义的样本学习功能，及时准确地定位有价值的信息情报资源。

在信息资源方面，分散在各部门的文件系统、数据库、收费信息都整合到情报系统中，比如清华同方光盘知识库，大量信息储存在光盘中，信息利用率很低。经过整合同方知识库可以按照组织需求的信息结构储存到信息资源库中，随时可以方便各部门的查询。

在内部交流协作上，系统提供的情报推荐、情报需求/解答、情报讨论、在线论坛、即时信息、邮件等功能。可最大程度地减少存在于企业员工头脑中的情报流失，增加情报的来源渠道，通过共享挖掘情报的最大利用价值。

资料来源，陈飚，赵辉等.策略之源中制胜之道——企业竞争情报指南 [M].大连：东软电子出版社，2006.

➡ **问题：**

1. 信息系统实施为燕山石化带来什么好处？
2. 商业信息处理有什么重要意义？

## 本章小结

★★★★

本章主要介绍了商业信息的处理方法和技术，常用的处理技术主要有数据挖掘技术、联机分析处理技术、商业信息融合技术、基于案例的推理技术；信息的分析方法主要有专家分析法、SWOT分析法、层次分析法、统计分析法和回归分析法。同时本章还介绍了商业信息的处理在价值链、企业营销决策过程中的重要作用。其中企业市场营销信息系统便是对商业信息进行有效处理的重要途径。本章重点介绍了企业市场营销信息系统的构建和运转，主要包括对信息的评估、开发和传送三个模块，其中在信息开发过程中，首先要对企业内部信息及其市场营销情报进行研究，在此基础之上才能进行商业信息的开发。本章最后一节商业信息的开发应用主要介绍了在市场营销、商业情报数据挖掘产品开发等商业行为中商业信息开发技术与作用。

总之，信息处理在企业决策过程当中起着至关重要的作用。企业建立市场营销信息系统已成为企业向前发展的必然要求。随着信息社会日新月异的发展，在企业商战、产品开发等过程中也使商业信息处理面临着诸多的挑战。因此，不断提高信息处理技术便成为企业发展之根本所在。

通过本章的学习，要求学生重点掌握能够理解商业信息系统的构建及运转机制，能够了解信息处理的意义，理解商业信息处理的意义、方法和技术，正确认识商业信息、市场营销和商业决策之间的关系，能够正确认识商业信息在市场营销中的地位和作用。除此之外，在技能方面，要求学生能够掌握市场营销信息系统实施的步骤与方法及商业信息处理技术和方法，理解市场营销信息系统应用的要求。同时还要知道营销信息系统的结构与功能，掌握商业信息在市场营销中的应用方法。

## 本章复习题

★★★★

1. 商业信息处理技术包括哪些？
2. 商业信息处理有哪些方法？
3. 企业商业信息系统的构建有哪些环节，需要注意哪些问题？
4. 商业信息系统的信息源分类有哪些？
5. 商业信息和商业情报有哪些区别与联系？
6. 商业信息的应用开发包括哪些？试举例说明。

# 第三章

## 文献型商业信息搜集

## 学习目的
★★★★

**知识要求** 通过本章的学习，掌握：

- ● 什么是文献型信息资源
- ● 什么是公开出版物
- ● 什么是非正式出版物
- ● 文献信息检索技术
- ● 文献信息调研和分析研究
- ● 文献信息数字化及其应用

**技能要求** 通过本章的学习，能够：

- ● 根据要求对公开出版物的信息进行获取
- ● 根据要求对非正式出版物获取
- ● 掌握文献信息检索的技术，如对专利信息、标准信息等
- ● 灵活地使用文献信息调研法和分析研究法
- ● 正确地使用数字图书馆进行信息搜集

## 学习指导
★★★★

1. 本章内容包括：文献型信息资源概念，文献信息检索技术，文献调研方法，内容分析法，文献信息数字化及其应用。

2. 学习方法：阅读教材，学会借助网络，把握概念、术语之间的内在联系和区别；熟悉文献型信息资源采集的方法以及技巧。

3. 建议学时：6 学时。

## 引导案例

### 日本人巧妙搜集信息

第二次世界大战后，日本经济发展速度大大高于其他资本主义国家，重视信息的开发、利用，不能不说是个重要原因。

目前日本的信息传递非常迅速，只要 5~10 分钟就可以搜集到世界各地金融市场的行情，3~5 分钟就可以查询并调用日本国内 3 万多家重点公司、企业当年或历年经营生产情况的时间系列数据，5 分钟即可利用经济模型和计算机模拟出国际、国内经济因素变化可能给宏观经济带来影响的变动图和曲线，5~10 分钟可以查询或调用政府制定的各种法律、法令和国会记录。这种现代化的信息处理技术，大大提高了行政效率。

日本人十分重视信息的作用，时时处处留意信息的搜集，而且善于从平淡无奇的信息报道中分离出重要的内容。例如，20 世纪 60 年代中国开发大庆油田，日本人就是从 1964 年 4 月 20 日出版的《人民日报》上看到"大庆精神大庆人"的字句，于是日本人判断"中国的大庆油田确有其事"。但是，大庆油田究竟在什么地方，日本人还没有材料作出判断。从 1966 年 7 月的一期《中国画报》封面上，日本人看到一张照片，铁人王进喜身穿大棉袄，头顶着鹅毛大雪，猜测到"大庆油田是在冬季-30℃的东北地区，大致在哈尔滨与齐齐哈尔之间"。后来，到中国来的日本人坐这段火车时发现，来往的油罐车上有很厚的一层土，从土的颜色和厚度，证实了"大庆油田在东北"的论断，但大庆油田的具体地点还是不清楚。1966 年 10 月，日本人又从《人民中国》杂志上找到了王进喜的先进事迹，从事迹介绍的分析中知道："最早钻井是在安达东北的北安附近下手的，并且从钻井设备运输情况看，离火车站不会太远。"在该事迹介绍中还写有这样一段话：王进喜一到马家窑看到大片荒野时说："好大的油海！把石油工业落后的帽子丢到太平洋去。"于是，日本人又从伪满洲国地图上查找到"马家窑是位于黑龙江海伦县东面的一个小村，在北安铁路上一个小车站东边十多公里处"。就这样，日本人终于将大庆油田的准确地理位置弄清楚了。

后来，日本人又从王进喜的一则事迹报道中了解到，"王进喜是玉门油矿的工人，是 1959 年 9 月到北京参加国庆之后志愿去大庆的"，由此日本人断定大庆油田在 1959 年以前就开钻了，并且大体上知道了大庆油田的规模："马家窑是大庆油田的北端，即北起海伦的庆安，西南穿过哈尔滨与齐齐哈尔铁路的安达附近，包括公主峰西面的大贲，南北 400 公里的范围。估计从北满到松辽油田统称为大庆。"但是，日本人一时还搞不清楚大庆的炼油规模。

从 1966 年 7 月的《中国画报》上发表的一张大庆炼油厂反应塔的照片，日本人推算出大庆炼油厂的规模。其推算方法很简单，首先找到反应塔上的扶手栏杆，扶手栏杆一般是一米多一点，以扶手栏杆和反应塔的直径相比，得知反应塔内径约为 5 米。据此，日本人推断：大庆炼油厂的加工能力为每日 900Mi，如果以残留油为原油的 30% 计算，原油加工能力为每日 3000kL，一年以 360 天计算，则其年产量为 1000000kL。根据这个油田的出油能力和炼油厂规模，日本人得出结论：中国将在最近几年出现炼油设备不足，买日本的轻油裂解设备是完全有可能的，以满足每日炼油 10000kL 的需要。这就是日本人在 1966 年从中国公开报刊中获得的有关大庆油田的重要信息，然后按他们估计的大庆油田要求进行产品设计。

资料来源：http://wenku.baidu.com/view/367560105bed5bqf3f90f1c7/.html.

⟹ 问题：

1. 文献型信息资源有哪些重要性？

2. 日本人是如何通过照片获取大庆油田信息的？

# 第一节　文献型信息资源

## 一、文献型信息资源的概念

记录知识的一切载体都称为文献。构成文献的四要素是：知识内容，信息符号，载体材料，记录方式。

### （一）文献的类型

1. 按内容性质分，可分为零次文献、一级文献、二级文献、三级文献

（1）零次文献：指未以公开形式出版或未经正式渠道流通的文献，如文章草稿、私人笔记、实验记录、会议记录等。

（2）一级文献：即原始文献，指由亲自经历事件的人所提供的各种形式的材料和各种原著。如图书类的专著、研究报告、产品样本、论文、报刊、政府出版物、档案材料、会议文献等出版物和非出版物。这种文献是我们搞好研究的第一手资料，对研究工作有很大的价值。

（3）二级文献：指对一级文献加工整理而成的系统化、条理化的文献资料。如索引、书目、文摘以及类似内容的各种数据库等。具有报告性、汇编性

和简明性的特点。这种文献是十分重要的检索工具，可以帮助我们在短时间内找到自己研究所需要的资料。

（4）三级文献：指在二级文献的基础上对一级文献进行分类后，经过加工、整理而成的带有个人观点的文献资料。如数据手册、年鉴、动态综述述评等。这类文献综合性强，具有浓缩性和参考性等特点。

一般来说，零次文献是一次文献的基础和素材。一次文献是经常使用的最基本的文献，是检索的对象。二次文献是对一次文献的简化和整理，是检索的主要手段和工具。三次文献是对零次文献和一次文献的高度浓缩，是情报研究的成果。

2. 按信息载体分，可分为印刷型文献、缩微型文献、音像型文献和计算机阅读型文献

（1）印刷型文献：是一种以纸为载体的出版物，如图书、报刊画册，图书包括教科书、参考工具书、专著等，其优点是内容成熟、系统、可靠，缺点是出版周期长，内容往往陈旧。这些图书可以通过图书馆的图书目录，利用《全国总书目》和《全国新书目》以及按照《中国图书馆图书分类法》进行查阅。

（2）缩微型文献：载体是感光材料，如缩微平片、缩微胶卷。另外，还有一种计算机输出缩微胶片。必须借助阅读机或阅读复印机使用。

（3）音像型文献：载体是感光材料或磁性材料，如录像带、录音带、科技电影、幻灯片等。

（4）计算机阅读型文献：是指以数字化技术将文献存储在光、磁载体上，通过计算机或网络进行阅读的文献。例如，数据库文献和网络文献信息。

3. 按文献信息公开程度分，可分为白色文献、灰色文献、黑色文献

（1）白色文献：指一切正式出版并在社会上公开流通和传递的文献，包括各类图书、期刊、报纸、缩微胶卷、光盘、数据库等。其蕴涵的信息人人都可以使用。

（2）灰色文献：非公开发行、流通和传递的文献，从正常途径难以获取的内部文献或限制流通的文献。如社会上公开传播的内部刊物、内部教材和会议资源等。

（3）黑色文献：一是指未破译或未被辨识的文献，如考古发现的古文；二是指处于保密状态或不愿公开其内容的文献，如未解密的政府文件、内部档案、私人日记、信函等。

**（二）文献信息的特点**

1. 知识性

知识是文献信息的实质内容，没有记录任何知识内容的载体不能称为文献

信息。文献信息之所以产生，就是为了记录认识世界、改造世界的过程中所获得的知识和科学成果。人们之所以需要检索和利用文献信息，就是需要文献信息中所载有的知识内容。人们吸收了文献信息的知识内容，就可以增长自己的才干或者解决特定的问题，促进自己的工作。

2. 载体性

人们头脑中的知识不论如何丰富，都不能称为文献信息，只有将知识用一定的方法、手段记录在载体上，方能形成文献信息。文献信息之所以能成为人类知识存在的主要形式，就是依赖于载体。载体是文献信息的物质实体，是一种客观存在，可以独立于人类的存在和意识之外，使人类在认识世界和改造世界中取得的经验和认识得以保存和流传，从而推动人类社会不断进步。离开了载体，知识的有效记录和继承就无法实现。

3. 累积性

科学文献信息记录了人类几千年的科学发现、发明创造和一切成果，汇集了人类的文明。文献信息的累积性，不仅表现于载体的累积性，更重要的表现于其知识内容的累积性和继承性。按英国哲学家卡尔·波普尔的理论，人类历史上形成的文献构成了客观知识世界。有史以来，全世界任何一个国家在任何一个时代创造的科学发现、发明得以保存、流传到今天，为全世界人民所使用，正是文献信息累积性的结果。

4. 可传递性

载体是文献信息的物质实体，是知识的一种物质外壳。载体既然是一种物质，就必然具有物质的属性——运动、空间、时间等。由此，文献信息可以从空间的一点移到另一点，从时间的一刻移到另一刻。正是通过其载体的传递达到文献知识内容的传播和利用。

## 二、公开出版物

公开出版物是经国家审定的出版单位出版、能向社会公开发行的出版物。如公开出版的有书号的图书，各公开发表的报纸、杂志等。

### （一）公开出版物的概念

专利法意义上的出版物是指记载有技术或外观设计的独立存在的并且应当表明其发表者或出版者以及公开发表或出版时间的有形传播载体。符合前述含义的出版物可以是各种印刷的、打字的纸件，例如专利文献、科技杂志、科技书籍、学术论文、专业文献、教科书、技术手册、正式公布的会议记录或者技术报告、报纸、小册子、样本、产品目录等，还包括采用其他方法制成的各种有形载体，例如采用电、光、照相等方法制成的各种缩微胶片、影片、照相底片、磁带、唱片、光盘等。在实践中，如果网上发表的技术资料能够提供可信的发表日期，也可以作为公开出版物。

### (二) 公开出版物的获取

主要来自国内外公开出版的或公开报道的各种出版物。公开出版的或报道的社会经济统计数据主要是国家和地方的统计部门以及各种报刊媒介。例如，公开的出版物有《中国统计年鉴》、《中国统计摘要》和各种专业统计年鉴，以及各省、市、地区的统计年鉴等。

#### 1. 专利文献

在建立了专利制度的国家，一项发明创造由其发明人或设计人向专利主管部门提出申请，经审查并批准授予在规定的时间内享有独占该发明创造的权利，并在法律上受到保护，任务人不得侵犯。这种受法律保护、技术专有的权利称为专利。

宣布获得专利并不一定表明竞争对手的重点已经转移到产品开发中来，往往是一种定位战略，是企业发展的指示器。由于专利审批需要一定时间，而且需要公布专利的一般资料，所以，观察竞争对手的专利申请情况是了解其新产品开发计划的途径之一，网上也可查找专利。我们可以直接通过专利数据库或委托专利事务所代理查询。根据联合国权威部门统计，约有 90%~95% 的新技术是在专利文献中报道的。通过检索竞争对手在某一技术领域申请的专利，并对这些专利及专利文献内容进行深入分析，便能判断出竞争对手的研究与开发方向、经营战略以及产品和技术优势等。专利申请的成功就意味着竞争对手在未来几年里独占这一市场。而且利用专利文献引进最新技术也是提高企业竞争力的十分重要的途径。

案例：1982 年，石家庄市第三印染厂准备与联邦德国卡佛公司以补偿贸易形式进行为期 15 年的合作生产，规定由外方提供黏合衬布的生产工艺和关键设备。该工艺包含了大量的专利。初次谈判方要求中方支付专利转让费和商标费共 240 万马克。中方厂长马上派人对这些专利进行了专利情报调查。调查发现其中的主要技术——"双点涂料工艺"专利的有效期将于 1989 年到期失效。在第二轮的谈判中，中方摆出这个证据，并提出降低转让费的要求，外商只得将转让费降至 130 万马克。

#### 2. 产品文献

产品文献包括产品目录、单项产品样本、产品说明书、企业介绍等，是了解竞争对手定型产品的型号、技术规格、原理性能、技术参数的技术信息源，有的样本还提供了诸如产地、质量、性能、售后服务、销售代理商地址、产品销售能力和市场业绩，成为重要的商贸信息源。

案例：一般洗衣机总是把"请勿长期放置于潮湿处"写在产品说明书的显著位置。广东江门洗衣机厂通过研究这些说明书，推断出其他企业都未解决防潮除锈的问题，它们便从德国引进粉末静电喷涂设备和热合机，在镀锌钢板的表面处理上大做文章，使之产生较强的抗腐蚀能力，它们生产的"金羚"牌洗衣机因此荣获 1990 年国家优质产品奖。在洗衣机严重积压的情况下，"金羚"牌洗衣机就显示了竞争优势，武汉商场 1990 年销售半自动洗衣机 5173 台。其中"金羚"牌就售出 4088 台，占 79%。

**3. 企业名录**

企业名录包括产品名录，不仅可以查到竞争对手的名称、地址、区域分布、企业规模（注册资金、人数）、产品、产量、价格、产值、效益（销售额、利税）等信息，还可以结合统计资料加工出新的信息，如产品的市场占有率、市场集中率、市场饱和度、竞争结构、竞争对手收益能力（包括资产收益率、资金收益率）和经营能力。用这种方法比实地调研更方便、更经济。

**4. 年鉴**

年鉴是以全面、系统、准确地记述上年度事物运动、发展状况为主要内容的资料性工具书。汇辑一年内的重要时事、文献和统计资料，按年度连续出版的工具书。年鉴大体可分为综合性年鉴和专业性年鉴两大类，前者如百科年鉴、统计年鉴等；后者如经济年鉴、历史年鉴、文艺年鉴、出版年鉴、行业年鉴、地区年鉴等。年鉴是获得统计资料、同行业企业动态和专家分析评估的来源，我国许多地区行业的产品信息和统计信息是以年鉴的形式出版的。

**5. 报纸**

报纸是收集环境信息的重要来源，企业需要了解的经济政策、市场行情、价格行情、商品信息、成果转让、行业评估、形势分析等都可以通过报纸获得。但报纸数量庞大、材料分散、信息分布凌乱，难以检索保存和积累，有效利用报纸信息的途径是利用剪报业服务，剪报本身属三次信息产品，能把分散于上千种报纸上的有用信息分类分辑浓缩，集中于一处，专业对口地向社会发布，经过专门加工的剪报是综合性、专题性很强的信息源。

**6. 其他**

工业词典，可使用户接触职业行话和术语。行业杂志一些专业性的期刊，可在专业性图书馆找到。一般期刊论文，发表在正式学术期刊上的论文，内容涉及产业案例研究等，其中很多包含了大量的信息，某些可能有助于用户了解目标公司。①

### 三、非正式出版物

#### (一) 非正式出版物概念

非正式出版物是地方党政机关和企事业单位、团体在某一特定的社会范围内出版发行的图书、报刊和文件汇编、资料汇编、会议记录、论文集、回忆录、纪念性专辑、画册、图片、年历、挂历、旅游单页等。非书资料是指不以出版为目的，而在社会生活、经济生活中自然产生的文献，如簿记、手稿、日记、笔记、书信、商标、产品说明书等。

#### (二) 非正式出版物获取

##### 1. 会议论文

会议论文是每年召开的国内外学术研讨会的研究成果结集出版物。大多数的会议提供有正式出版号的会议论文集。比如：CALIS 学术会议论文库收录来自"211 工程"的 61 所重点学校每年主持的国际会议的论文，根据目前的调查，重点大学每年主持召开的国际会议在 20 次左右，其中大多数会议提供有正式出版号的会议论文集。年更新会议论文总数可达 1.5 万篇以上。

##### 2. 广告

广告是竞争对手市场研究的结果，其篇幅、用语、广告诉求、价格、优惠、用户位对象等体现了宣传者的市场目标、品牌定位和战略。其中招聘广告是获得竞争对手信息的重要来源。一般来说，招聘高级管理人员和专业人员的广告比招聘一般职员的广告包含更多的信息。通过分析和研究竞争对手的招聘广告，可以了解该公司所使用的技术、策略、研究和开发重点，甚至扩张计划等。当然，很多公司的招聘广告并不是由公司自己发布的，而是借助了咨询公司。尽管这些顾问公司并没有透露招聘公司的名称，但精明的业内人士可以根据招聘的内容准确地推断招聘者是谁。

案例一：常德通用机械厂生产的空压机，因质量差而停产，后来通过长期跟踪和捕捉同行业的广告，从图表、技术数据、文字说明的蛛丝马迹中寻觅有益的情报。由于摸清了市场，掌握了同行业产品结构、技术水平，它们对原产品进行了改进，再次投放市场后很受用户欢迎，并且被评为省级、部级优质产品。

---

① 新浪博客，http://blog.sina.com.cn/s/blog_4b422a490100b26e.html。

### 3. 年度财务报告

财务会计报告由会计报表、会计报表附注和财务情况说明书组成，会计报表包括资产负债表、利润表、现金流量表、所有者权益变动表。年度财务报告一般包括就年度的经营业绩、财务状况及现金流量等主要指标进行分析，并进行相应的财务分析。年度财务报告是了解竞争对手经营状况的晴雨表。

### 4. 内部刊物

内部刊物是向全企业员工传达企业高层管理精神、企业文化、企业生产经营进度和目标的一种载体，也是企业内部沟通的一个途径。通过内部刊物可以了解该企业经营和生产情况，以及经济、政策、人事、福利等内部信息。

### 5. 公开资料

美国海军高级情报分析员埃利斯·扎卡利亚斯说，95%的情报来自公开资料，4%来自半公开资料，仅1%或更少来自机密资料，这说明公开出版物是竞争情报的主要来源，其中隐含着有价值的竞争情报。如资信报告、政府各管理机构对外公开的档案（工商企业的注册登记报告、股份公司上市报告）政府文件（工作报告、统计资料）等。

案例二：1989年，美国的库尔斯公司的经理们听说其竞争对手安霍伊泽—布施公司准备将其百威和 Bud Lihgt 啤酒大量投放洛杉矶市场，感到十分担心。安霍伊泽—布施公司在美国东海岸和西海岸大做广告和促销活动，并挤占了库尔斯公司部分市场份额。洛杉矶是库尔斯公司的大本营，在自己的大本营丧失市场份额不仅代价高昂，而且十分丢脸。库尔斯公司原本计划花数百万美元做广告来反击安霍伊泽—布施公司的广告和促销活动，但为了能够了解安霍伊泽—布施公司是否将大举进攻洛杉矶市场，于是该公司查询了环境保护署有关安霍伊泽—布施公司废水排放的档案，根据安霍伊泽—布施公司废水排放量来推算其最大生产能力，结果发现安霍伊泽—布施公司并没有足够的酿造能力来成功入侵洛杉矶地区的需要。根据这一情报库尔斯公司节省了这笔数百万美元的不必要支出的费用，而把资金用到了更需要的地方。

### 6. 行业协会

行业协会是很好的有关特定产业部门的信息源。虽然它们不会告诉信息收集者其成员的具体信息，但信息收集者可以得到有关产业、发展方向、市场等方面的信息。这些信息有助于了解产业的一般情况，尤其是产业面临的问题。如果该行业协会是由几家大公司所主宰，那么任何有关产业的信息都会主要反映这几家大公司的情况。

### 7. 企业黄页

企业黄页也是黄页的一种，只是除了电话号码外，还提供关于公司更详细的信息，如公司名、地址、传真、邮编、电子邮箱、网址、产品和公司简介等信息，每个公司还可以发一张图片，可以是产品图、公司标志、总裁致辞或公司的生活照等。"企业黄页"根据地区和产品进行分类，企业可以通过这个网上的黄页了解竞争对手的产品、业务（附产品图片）和联系电话等信息。[①]

# 第二节 文献信息检索技术

## 一、专利信息检索

专利文献在科技查询、申请专利、企业开发新产品等方面具有非常重要的价值。随着全球科学创新和人们知识产权保护意识的增强，人们对专利信息的需求更是与日俱增。

### （一）中国专利信息网

**1. 信息源简介**

中国专利信息网（http://www.patent.com.cn）是中国最权威的专利信息查询和获取平台，由国家知识产权局检索咨询中心开发，可提供 1985 年至今的中国专利信息检索，包括发明专利与实用新型专利。

**2. 使用说明**

用户单击"专利检索"即进入系统检索页面，该检索系统的特点是使用简单、方便，所有检索都在同一检索界面的一个对话框中实现，检索项之间用空格分开即可；系统提供逻辑"与"和逻辑"或"两种运算功能，可在数据库的 20 余个检索字段中进行全文检索；检索结果首先获得申请号和专利名称，单击需要的记录，则可得到公告号、专利名称、发明人、专利分类号、专利文摘等 23 项信息。

（1）简单检索。用户可以在网站首页"简单检索"下的"关键词"文本框中输入检索词进行简单检索。简单检索方式只允许输入文本字段，不包括日期型字段（如公告日、申请日、国际分类号等）。检索是在专利文献的题录、文摘及权利要求下进行的。

（2）菜单检索。菜单检索界面提供了 17 个字段的检索入口，如申请号、

---

① 新浪博客，http://blog.sina.com.cn/s/blog_4b422a490100b26g.html.

公告号、公开号、国际分类号、公开日、公告日等。每个检索字段之间默认的逻辑关系为"且"，检索字段不同，输入方法也不相同。

（3）逻辑组配检索。逻辑组配检索具有简单检索和菜单检索不可比拟的灵活性和高效性，可以更准确地检索出用户所需的专利信息。

（4）检索结果显示方式。以上三种检索方式所产生的结果均可以三种方式显示。

①检索结果列表。显示检索结果命中数、专利号及专利名称，命中的关键词和命中的专利数量均用红色显示。它还为用户提供了翻页、每屏显示结果数量及二次检索的功能。

② 文摘或题录信息。单击检索结果列表中的专利名称，便可显示文摘或题录信息，用户可以借此了解专利的大致情况。

③专利说明书。付费用户可以通过"浏览全文"下载专利说明书。浏览前用户需要下载浏览器插件。

**（二）英国德温特专利文献检索工具**

1. 信息源简介

英国德温特公司于 1951 年创立，一直致力于专利文献的报道工作，是世界著名的专利文献出版机构。该公司出版的世界专利文献检索工具是世界上范围最广、规模最大、检索体系最完善的专利文献检索工具。其出版迅速，载体多样，除书本式检索工具之外，还有微缩胶卷、计算机检索的数据库磁带及光盘等形式。英国德温特专利文献检索工具按国别、分专业、用英语一种文种报道各国专利，被世界各国普遍采用。

2. 使用说明

（1）德温特出版物体系。

①《世界专利索引》。《世界专利索引》1974 年创刊，报道了 29 个国家和两个国际组织的专利文献，其中《题录周刊》每周出版一次。每期包括 4 册，每个分册有专利权人索引、国际专利分类索引、登记号索引和专利号索引 4 种索引。

②《优先权索引》。《优先权索引》把一般技术、机械、电气、化工 4 册专利综合在一起，在《题录周刊》以外单独发行，每周出版一次。

③ 《一般与机械专利索引》（General & Mechanical Patents Index，GMPI）。《一般与机械专利索引》前身为 《中心专利索引》，1986 年改为现名。该索引报道化学化工和冶金方面的专利文献。

④《电气专利索引》。《电气专利索引》（简称 EPI），1988 年改称《EPI 文摘周报》，有分国排序本和分类排序本两种。

⑤《德温特累积索引》。《德温特累积索引》有季度、年度、3年度、5年度等，包括专利权人累积索引、国际专利分类号累积索引、登记号累积索引、相同专利累积索引和优先权累积索引。

（2）《德温特世界专利创新索引》。《德温特世界专利创新索引》是美国科学信息研究所（ISI）最新推出的基于互联网的数据库产品。它是目前查找世界范围内专利文献最全面的数据库之一，收录了来自全世界40多个专利机构的1000多万条基本发明、2000万项专利，信息回溯至1963年。目前，DII每周新增45000多条专利文献，全部由德温特公司的专家从40多个国家、地区和国际性组织出版的专利文献中筛选出来，并且对专利的题目和文摘进行重新加工处理。此数据库由三部分组成，使研究人员可以总览世界范围内的化学、电子电气以及工程技术领域综合、全面的发明信息。

DII的检索方式有一般检索、引用专利检索和高级检索三种。一般检索指用户可以通过主题、专利权人、发明人、专利号、国际专利分类号、德温特分类号、德温特手工代码和德温特人登记号8个字段进行不同途径的检索。引用专利检索指用户可以通过被引专利号、被引入专利权人、被引专利发明人和被引专利的德温特人登记号4个字段进行不同途径的检索。高级检索界面只有一个检索条件输入框，用户可以使用字段代码和布尔逻辑运算符构造功能更强、更复杂的检索式进行检索。

检索后的命中结果以简单记录格式显示。单击简单记录中的专利篇名，即可看到该专利的详细记录。

## 二、标准信息检索

标准文献是一种科技文献体系，能够反映一个国家经济发展和技术成就的高低。同时，标准文献的检索对于标准化活动也具有重要意义。

### （一）中国标准服务网

#### 1. 信息源简介

中国标准服务网（http：//www.cssn.net.cn）由中国标准研究中心于1999年建立，2001年4月起向中国用户推出开放式标准服务，提供对标准信息的免费查询。中国标准服务网是目前中国最具权威性的标准化服务网络，拥有50余万册的标准文本和信息资料，包括中国国家标准、国际标准、发达国家标准等15个标准数据库，种类齐全。提供多项可检索字段。所有标准数据直接从政府标准化部门或标准组织获取，确保了信息的完整性和权威性。

#### 2. 使用说明

中国标准服务网目前提供查询的数据库有现行国家标准（GB）、国际标准

（ISO）、国内行业标准（HB）、国外先进标准（英、法、美、德、日等国的标准），以及国外著名行业标准等。其中，国外著名行业标准包括美国计算机协会（ASME）标准、美国实验材料协会（ASTM）标准、美国电气与电子工程师协会（IEEE）标准、美国保险商实验所（UL）标准，国际标准主要是国际标准化组织（ISO）和国际电工委员会（IEC）制定的标准。需要注意的是，非注册用户只能使用部分数据库资源，注册用户（包括免费注册）才可以使用全部资源。

该网站提供国际标准分类和中国标准分类的浏览和检索，提供地方标准库的检索，提供标准号、中英文标题、关键词等 11 个检索项。用户注册后可以提交原文传递请求获取全文。包括标准馆的印本资源。该网站提供不同类别网员登录方式，网员根据缴纳费用的不同而得到不同的优惠政策。一些网员还可以下载强制性国家标准和 ASTM 标准。同时。网站还提供国家标准化的发布、实施、作废等动态信息，标准类期刊和图书的查询和订购服务，以及国内外标准的营销服务。

（二）国际标准化组织网站

1. 信息源简介

国际标准化组织（ISO Online）是世界上最大的非政府标准化专门机构，在国际标准化中占主导地位。其主要活动是制定国际标准，指导世界范围内的标准化工作，组织各成员国和技术委员会进行情报交流，与其他国际性组织进行合作，共同研究标准问题。ISO Online 主页为 http：//www.iso.org。

2. 使用说明

ISO Online 提示各种关于该组织标准化活动的背景及最新信息，各技术委员会（TC）、分委员会（SC）的目录及活动，国际标准目录（包括各种已出版的国际标准、撤销标准和其他标准出版物），有关质量管理和质量保证的 ISO9000 标准系列和有关环境保护、管理的 ISO9000 标准系列等。此外，它还提供对其他标准化组织机构的链接及多种信息服务，以及国际标准分类法 ICS、标准名称、关键词、文摘号、委员会代码等多种检索入口，检索结果包括相关标准的 ICS 分类号、类名、标准号、标准名称、页数、编制机构、价格等订购信息。

## 三、科技报告资料检索

科技报告是对科学、技术研究结果的报告或研究进展的记录。许多最新的研究成果，尤其是尖端学科的最新探索往往出现在科技报告中。

### (一) 科技报告的手工检索

许多国家和单位的科技报告，并没有完整的检索工具可利用，如需检索、收集，可向有关的对口单位了解情况。这里，我们介绍几种科技报告的检索工具。

1.《科学技术研究成果公报》

《科学技术研究成果公报》是检索国内科技报告的检索工具，由国家科委根据全国各单位登记上报的科研成果汇编成册出版，月刊，它是了解我国科研水平的正规出版物。该公报按分类编排，主要包括农业、林业、工业、交通及环境科学、医学、卫生和基础科学等，著录项目包括科研成果的名称、登记号、分类号、部门或地方编号、完成单位及主要人员、工作起止时间、推荐部门等。

2.《中国科技成果》

《中国科技成果》由中国科学技术信息研究所 ISTIC 主办，半月刊。报道中国科技成果管理的专业刊物，能检索到科技报告信息。此类科技成果报道工具刊还有《江苏科技成果通报》、《湖南省科技成果公报》、《中国机械工业科技成果通报》等。

3.《中国科技统计年鉴》

《中国科技统计年鉴》由中国国家统计局科技统计司编，中国统计出版社出版，该书中有科技成果专利情况。

### (二) "四大报告"——PB 报告、AD 报告、NASA 报告和 DOE 报告

在世界各国数量庞大的各类科技报告中，以美国政府的科技报告为最多，而且比较系统。其中历史悠久、报告量多、参考和利用价值大的主要有四类，即通常所说的"四大报告"——PB 报告、AD 报告、NASA 报告和 DOE 报告。这四种报告的累积量都在几十万篇以上，占全世界科技报告的大多数。

1. PB 报告

第二次世界大战结束时，美国从当时的战败国德、日、意、奥等国获得了一批战时机密资料。美国政府为了系统地整理、利用这批资料，于 1945 年成立了美国商务部出版局 (Office of the Publication Board)，负责出版这些资料。每件资料都冠以出版局的英文名称的字首"PB"为代号，故称为 PB 报告。

PB 报告的整理发行机构从成立至今曾有过多次变动。1970 年 9 月起，由美国商务部下设的国家技术情报服务处 (NTIS) 负责收集、整理、报道和发行美国研究单位的公开报告，并继续使用 PB 报告号。PB 报告的收录范围也几经变化。20 世纪 40 年代的 PB 报告 (10 万号以前) 主要是来自战败国的资料，内容包括科技报告、专利、标准、技术刊物、图纸及对战败国的科技专家的审讯记录等。50 年代的 PB 报告 (10 万号以后) 主要是国内各研究机构及有关单

位发表的科技文献，包括 AD 报告、NASA 报告、AEC 报告的公开部分，这三种报告也冠以 PB 代码，直到 1961 年 7 月。60 年代后的内容逐步从军事科学转向民用，并侧重于土木建筑、城市规划、环境污染等方面。

2. AD 报告

AD 报告原为美国武装部队技术情报局（Armed Services Technical Information Agency，ASTIA）收集、出版的科技报告，始于 1951 年。由 ASTIA 统一编号，称为 ASTIA Documents，简称 AD 报告。

AD 报告是美国陆、海、空三军科研机构的报告，也包括公司企业及外国的科研机构和国际组织的研究成果及一些译自苏联等国的文献。AD 报告的内容不仅包括军事方面，也广泛涉及许多民用技术，包括航空、军事、电子、通信、农业等 22 个领域。

3. NASA

NASA 报告是美国国家航空和航天局（National Aeronauticsand Space Administration，NASA）出版的科技报告。

NASA 报告主要报道空气动力学、发动机及飞行器材、试验设备、飞行器制导及测量仪器等方面。虽主要是航空、航天科学方面，但由于它本身是一门综合性科学，与机械、化工、冶金、电子、气象、天体物理、生物等都有密切联系。因此 NASA 报告实际上是一种综合性的科技报告。

4. DOE 报告

DOE 报告是美国能源部（Department of Energy，DOE）出版的报告。它原是美国原子能委员会（Atomic Energy Commission，AEC）出版的科技报告，称 AEC 报告。AEC 组织成立于 1946 年，1974 年撤销，成立了能源研究与发展署（Energy Researchand Development Administration，ERDA）。它除了继续执行前原子能委员会的有关职能外，并广泛开展能源的开发研究活动，出版 ERDA 报告，取代原 AEC 报告。1977 年，ERDA 改组扩大为能源部。从 1978 年 7 月起，它所产生的能源研究报告多以 DOE 编号出现。AEC 报告的内容除主要为原子能及其应用外，还涉及其他学科领域。ERDA 和 DOE 报告的内容则由核能扩大到整个能源的领域。

## 四、会议文献检索

会议信息是指预报会议召开的信息，包括会议名称、主题、时间、地点等。

会议文献是指在各种学术会议上宣读的论文、产生的记录及发言、论述、总结等形式的文献。包括会议前参加会议者预先提交的论文文摘、在会议上宣读或散发的论文、会上讨论的问题、交流的经验和情况等经整理编辑加工而成的正式出版物。随着科学技术的迅速发展，各个国家的学会、协会、研究机构及国际学术组织越来越多，为了加强科学家之间的信息交流，各学术组织每年都要定期或不定期地召开学术会议，学术会议所产生的各种文献是传递和获取科技信息的一个重要渠道。

### （一）会议文献的分类

**1. 按出版时间，会议文献可以分为三种类型**

（1）会前文献，是指在会议进行之前预先印发给与会代表的论文、论文摘要或论文目录。

（2）会中文献，包括开幕词、讲演词、闭幕词、讨论记录、会议简报、决议等。

（3）会后文献，是指会议结束后正式出版的会议论文集。

**2. 按出版形式，会议文献可以分为四种类型**

（1）图书，以图书形式出版的会议文献，通常称为会议录，多以会议名称作为书名。

（2）期刊，相当部分的会后文献会发表在各种期刊上，主要是各学会、协会主办的学术刊物。

（3）科技报告，部分会后文献以科技报告的形式出版，如美国四大科技报告。

（4）视听资料，会后文献出版周期较长，因此有的学术会议直接将开会期间录音、录像、会后以视听资料形式出版。

### （二）会议文献检索

**1. CNKI**

CNKI（http://www.cnki.net）是中国知网开发的一个子数据库，重点收录1999年以来，中国科协系统及国家二级以上的学会、协会、高校、科研院所、政府机关举办的重要会议以及在国内召开的国际会议上发表的文献。其中，国际会议文献占全部文献的20%以上，全国性会议文献超过总量的70%，部分重点会议文献回溯至1953年。年更新10万篇文章。该库下设基础科学、工程科技Ⅰ、工程科技Ⅱ、农业科技、医药卫生科技、哲学与人文科学、社会科学Ⅰ、社会科学Ⅱ、信息科技、经济与管理科学。十专辑下分为168个专题。

该数据库提供了初级检索、高级检索及专业检索三种途径，如图3-1所示。

**2. ISTP**

ISTP（Indexto Scientific & Technical Proceedings）是世界著名的四大检索工具之一，专门收录国际科技学术会议论文。自1990年以来每年收录近10000

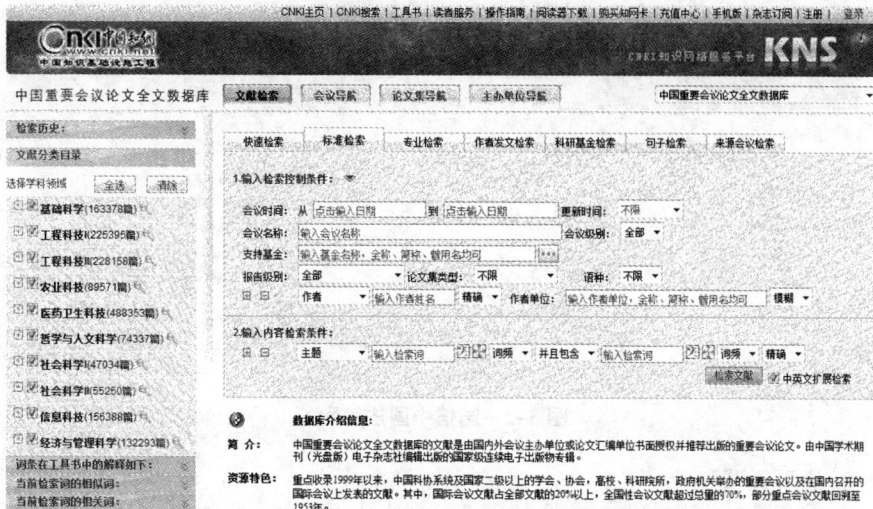

**图 3-1 CNKI（中国重要会议论文全文数据库）**

个国际科技学术会议（包括一般性会议、座谈会、研讨会、发表会等），每年约增加 220000 条记录。涵盖学科领域有：农业与环境科学、生物化学与分子物理学、生物技术、医学、工程技术、计算机科学、化学及物理学。

3. ISSHP

ISSHP（Indexto Social Science & Humanities Proceedings）收录自 1990 年以来每年近 2800 个国际学术会议所出版的会议论文，每年约增加 20000 条记录。提供自 1997 年以来的会议录论文的摘要。涵盖了社会科学、艺术和人文科学的所有领域，包括心理学、社会学、公共健康、管理、经济、艺术、历史、文学和哲学等。

## 五、政策法规资料检索

在商业信息分析工作中，政策法规是必不可少的一类信息，只有掌握了这类信息的查询方式，才能确保我们工作的合法性和有效性。下面主要介绍几个常用的相关法律与政策的网站及其检索方式。

### （一）国信中国法律网

1. 信息源简介

国信中国法律网（http：//www.ceilaw.com.cn）由国家信息中心信息开发部法规信息处 1999 年创办，采取会员制方式提供服务。非会员用户仅可以查询法规名称及简介等，会员用户可以下载法规正文。该网站每周更新法规内容，每月公布一期新的法规目录，如图 3-2 所示。

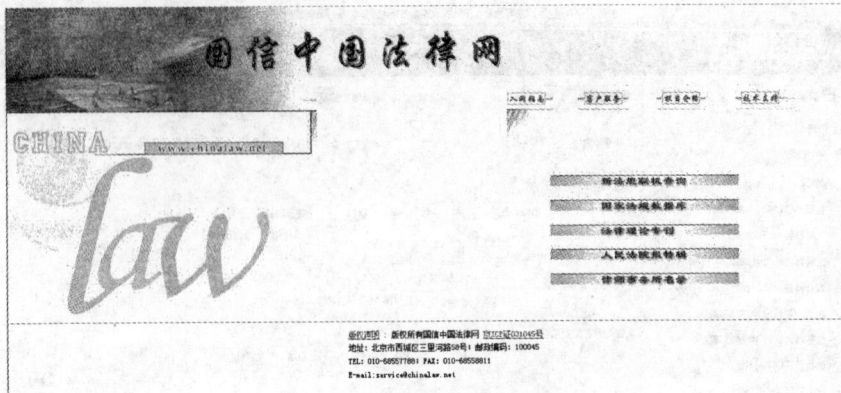

图 3-2　国信中国法律网

**2. 使用说明**

国信中国法律网包括以下栏目：

（1）新法规联机查询。每月公布一期新的法规目录。法规的收集范围包括全国人大法律、国务院行政法规、最高人民法院和最高人民检察院司法解释、国务院各部委规章、各地人大法规和地方政府规章等。

（2）国家法规数据库。其中，国家法律法规数据库查询内容包括自 1949 年新中国成立以来全国人大法律、国务院行政法规、最高人民法院和最高人民检察院司法解释等。可以通过标题词、颁布日期和内容分类查询法规正文。

（3）人民法院报特辑。由国家信息中心法规信息处与《人民法院报》编辑部合办，精选《人民法院报》部分优秀文章挂在网上。

（4）国家强制性标准。可以查询国家颁布的各项强制性标准目录。

（5）法律理论专刊。由国家信息中心聘请法律界专家和专业工作者为公众关心的法律问题进行的解释和评论，并对新颁布的法律、法规及规章作全面、系统的介绍。

（6）律师事务所名录。用户可以通过律师事务所名称、地区、业务范围等查询网上律师事务所的有关信息，为网络客户和上网律师建立联系。

**（二）中国社会保障网**

**1. 信息源简介**

中国社会保障网（http：//www.cnss.cn）是中国社会保障论坛和中国—欧盟社会保障合作项目的官方网站，由中国社会保障论坛组委会秘书处主办。该网站的定位是中国社会保障论坛和中欧社会保障合作项目的信息交流、传播载体，也是社会保障研究、交流和咨询服务平台，如图 3-3 所示。

图 3-3 中国社会保障网

2. 使用说明

中国社会保障网是关于劳动保障信息的综合性网站，内容和服务范围广泛，包括社会保障政策宣传服务、机构培训交流服务、社会公众咨询检索服务、宣传社会保障方针政策。充分发挥互联网信息资源丰富、传播快捷、开放共享和互动参与性强的特点，广泛整合社会保障信息资源，集合了新闻发布、政策咨询、学术交流、经验分享、信息服务等功能。主要提供养老保险、医疗保险、失业保险、工伤保险、生育保险、社保基金、社区服务、社会救济、社会福利等方面的信息。

（三）北京劳动保障网

1. 信息源简介

北京劳动保障网（http：//www.bjld.gov.cn）是由北京市劳动和社会保障局建立的政府网站，是北京市劳动保障系统的中心网站，1999 年 7 月 1 日正式开通，由北京市劳动和社会保障局党组统一领导，北京市劳动信息中心负责组织实施、日常维护、网络技术支持和设备运行维护工作，向社会各界提供劳动和社会保障信息服务，是北京市劳动和社会保障局在互联网上对外宣传和发布劳动和社会保障政策和信息的唯一窗口，是北京市劳动保障系统建立与劳动保障业务相关的服务性网站的门户网站，如图 3-4 所示。

2. 使用说明

北京劳动保障网目前设有政务公开、资讯中心、在线服务、公众查询、媒体播放、网上培训、特色专栏、服务专区 8 个频道。企业、机关、事业单位人

79

图3-4 北京劳动保障网

事和劳动保障部门可在网上查询到最新的劳动和社会保险政策文件，劳动者也可以非常方便地查询和咨询所关心的劳动和社会保险政策。

# 第三节 文献信息调研和分析研究

文献研究法主要指搜集、鉴别、整理文献，并通过对文献的研究，形成对事实科学认识的方法。内容分析法通过对文献的定量分析、统计描述来实现对事实的科学认识。这两种方法有共同的对象，都不与文献中记载的人与事直接接触，因此，又称为非接触性研究方法。二者的区别是在分析的重点与分析的手段上不同。

## 一、文献调研法

### （一）文献调研法概述

文献调研法主要指搜集、鉴别、整理文献，并通过对文献的研究形成对事实的科学认识的方法。文献法是一种古老、而又富有生命力的科学研究方法。对现状的研究，不可能全部通过观察与调查，它还需要对与现状有关的种种文献做出分析。

文献研究法的一般过程包括五个基本环节，分别是提出课题或假设、研究设计、搜集文献、整理文献和进行文献综述。

文献法提出课题或假设是指依据现有的理论、事实和需要，对有关文献进行分析整理或重新归类研究的构思。

研究设计首先要建立研究目标，研究目标是指使用可操作的定义方式，将课题或假设的内容设计成具体的、可以操作的、可以重复的文献研究活动，它能解决专门的问题和具有一定的意义。

### （二）文献的整理

文献的整理是文献研究法的重要环节和内容。它包括对文献的阅读、记录、鉴别、分类整理。

1. 文献的阅读

（1）阅读原则：计划性原则、顺序性原则、批判性原则、同时性原则。

（2）研究文献的阅读方法：一般有浏览、粗读和精读三种。

2. 文献的记录

记录就是把通过阅读找到的有价值的资料保留下来，以供进一步分析研究之用。记录研究文献的方法和形式主要有：标记与批语式、抄录式、提要式、札记式、综述式。

3. 文献的鉴别

鉴别文献真伪的方式分为"外审"和"内审"两类。

（1）"外审"的四种方法：辨别版本真伪、分析该书的语言风格、分析文献的体例、分析文献中的基本观点、思想。

（2）"内审"的四种方法：文字性文献的互证、用真品实物来验证文字性文献、产生文献的历史背景、研究作者的生平、立场与基本思想。

4. 文献的分类整理

（1）定性分类整理：一次划分、连续划分、二分法。

（2）分类整理的要求：一是不能以今天的观点甚至理想来美化或苛求历史性文献中的内容；二是不能随意剪裁史料，来满足预先编制的结论或现成的结论。

### （三）文献综述

1. 文献综述的特征和意义

文献综述是文献综合评述的简称，指在全面收集有关文献资料的基础上，经过归纳整理、分析鉴别，对一定时期内某个学科或专题的研究成果和进展进行系统、全面的叙述和评论。综述分为综合性的和专题性的两种形式。综合性的综述是针对某个学科或专业的，而专题性的综述则是针对某个研究问题或研究方法、手段的。

文献综述的特征是依据对过去和现在研究成果的深入分析，指出目前的水平、动态、应当解决的问题和未来的发展方向，提出自己的观点、意见和建议。并依据有关理论，研究条件和实际需要等，对各种研究成果进行评述，为当前的研究提供基础或条件。

2. 文献综述的形式与结构

一般可分五个部分：绪言、历史发展、现状分析、趋向预测和建议、参考文献目录。

3. 文献综述的基本要求

文献综述的基本要求主要有六条：

(1) 收集文献应当客观、全面。

(2) 材料与评论要协调、一致。

(3) 针对性强。

(4) 提纲挈领，突出重点。

(5) 适当使用统计图表。

(6) 不能混淆文献中的观点和作者个人的思想。

4. 文献综述的步骤与方式

一般情况下，文献综述由五个环节组成：

(1) 确定综述的选题。

(2) 收集相关的文献资料。

(3) 整理文献。

(4) 撰写综述初稿。

(5) 修改综述初稿，并完成文献综述。

## 二、内容分析法

### （一）内容分析法的概念

内容分析法是一种主要以各种文献为研究对象的研究方法。早期的内容分析法源于社会科学，借用自然科学研究的方法，进行历史文献内容的量化分析。在教育科学研究中，内容分析法既是一种主要的文献资料分析方法，又是一种独立、完整的科学研究方法。

内容分析法的一般过程包括：建立研究目标和确定总体与分析单位，依据测量和量化的原则，设计能将分析单元的资料内容分解为一系列项目的分析维度（或类别系统），再按照分析维度严格地抽取有代表性的资料样本（抽取样本），把样本转化成分析类目的数据形式，最后对数据进行信度检验及统计推论。

### （二）内容分析法的特征

内容分析法具有对于明显的传播内容，进行客观而又系统的分析，并加以量化描述的基本特征。

### （三）内容分析法的应用

内容分析法的适用范围比较广泛。就研究材料的性质而言，它可适用于任何形态的材料，它既可适用于文字记录形态类型的材料，又可以适用于非文字记录形态类型的材料（如广播与演讲录音、电视节目、动作与姿态的录像等）；就研究材料的来源而言，它既可以对用于其他目的的许多现有材料（如学生教科书、日记、作业）进行分析，也可以为某一特定的研究目的而专门收集有关材料（如访谈记录、观察记录、句子完成测验等），然后再进行评判分析；就分析的侧重点而言，它既可以着重于材料的内容，也可以着重于材料的结构，或对两者都予以分析。

在前瞻性的教育科研中，内容分析法可以用于对教育及教育研究的趋势预测。在教育史的研究中，内容分析法能对文献的文字风格做出定量分析，从而帮助鉴别文献的真伪。

内容分析法的适用范围虽然较广，但适于其的内容一般应具有能重复操作、被人的感观体验、意义明显、可以直接理解等特征。通常对不具备这样特点的、潜在的、深层的内容不适于采用内容分析法进行研究，否则难保证结果的准确性和客观性。

83

### （四）内容分析法的一般过程

内容分析法的一般过程包括建立研究目标、确定研究总体和选择分析单位、设计分析维度及体系、抽样和量化分析材料、进行评判记录和分析推论六部分。

1. 研究目标

在教育科学研究中，内容分析法可用于多种研究目标的研究工作。主要的类型有趋势分析、现状分析、比较分析、意向分析。

2. 设计分析维度及体系

分析维度（分析类目）是根据研究需要而设计的将资料内容进行分类的项目和标准。

设计分析维度、类别有两种基本方法：一是采用现成的分析维度系统；二是研究者根据研究目标自行设计。第一种方法：首先，让两人根据同一标准，独立编录同样用途的维度、类别；其次，计算两者之间的信度，并据此共同讨论标准，再进行编录，直到对分析维度系统有基本一致的理解为止；最后，还需要让两者用该系统编录几个新的材料，并计算评分者的信度，如果结果满意，则可用此编录其余的材料。第二种方法：首先熟悉、分析有关材料，并在此基础上制定初步的分析维度；其次，对其进行试用，了解其可行性、适用性与合理性；最后，再进行修订、试用，直到发展出客观性较强的分析维度为止。

设计分析维度过程基本原则：

（1）分类必须完全、彻底、能适合于所有分析材料，使所有分析单位都可归入相应的类别，不能出现无处可归的现象。

（2）在分类中，应当使用同一个分类标准，即只能从众多属性中选取一个作为分类依据。

（3）分类的层次必须明确，逐级展开，不能越级和出现层次混淆的现象。

（4）分析类别（维度）必须在进行具体评判记录前事先确定。

（5）在设计分析维度时应考虑如何对内容分析结果进行定量分析，即考虑到使结果适合数据处理的问题。

3. 抽取分析材料（抽样）

抽样工作包括两个方面的内容：一是界定总体；二是从总体中抽取有代表性的样本。内容分析法常用的三种抽样方式是：来源取样、日期抽样、分析单位取样。

4. 量化处理

量化处理是把样本从形式上转化为数据化形式的过程，包括作评判记录和进行信度分析两部分内容。

评判记录是根据已确定的分析维度（类目）和分析单位对样本中的信息作分类记录，登记每一个分析单位中分析维度（类目）是否存在和出现的频率。要做好评判记录工作，需要注意以下几个方面：

（1）按照分析维度（类目）用量化方式记录研究对象在各分析维度（类目）的量化数据（例如，有、无、数字形式、百分比）。

（2）采用事先设计好的易于统计分析的评判记录表记录。先把每一分析维度的情况逐一登记下来，然后再做出总计。

（3）相同分析维度的评判必须有两个以上的评判员分别做出记录，以便进行信度检验。评判记录的结果必须是数字形式。

（4）在根据类目出现频数进行判断记录时，不要忽略基数。

5. 信度分析

内容分析法的信度指两个或两个以上的研究者按照相同的分析维度，对同一材料进行评判结果的一致性程度，它是保证内容分析结果可靠性、客观性的重要指标。

内容分析法的信度分析基本过程：

（1）对评判者进行培训。

（2）由两个或两个以上的评判者，按照相同的分析维度，对同一材料独立进行评判分析。

（3）对他们各自的评判结果使用信度公式进行信度系数计算。

（4）根据评判与计算结果修订分析维度（评判系统）或对评判者进行培训。

（5）重复评判过程，直到取得可接受的信度为止。

6. 统计处理

对评比判结果（所获得数据）进行统计处理。描述各分析维度（类目）特征及相互关系，并根据研究目标进行比较，得出关于研究对象的趋势、特征或异同点等方面的结论。

# 第四节  文献信息数字化及其应用

近年来，随着信息化技术的迅速发展，科研院所、公共图书馆、高等院校、专业信息机构及企业信息机构的文献资源建设在信息服务领域率先进入信息化管理阶段。

## 一、数字图书馆

### （一）数字图书馆产生的背景

随着信息技术的发展，需要存储和传播的信息量越来越大，信息的种类和形式越来越丰富，传统图书馆的机制显然不能满足这些需要。因此，人们提出了数字图书馆的设想。数字图书馆是一个电子化信息的仓储，能够存储大量各种形式的信息，用户可以通过网络方便地访问它，以获得这些信息，并且其信息存储和用户访问不受地域限制。

数字图书馆是传统图书馆在信息时代的发展，它不但包含了传统图书馆的功能，向社会公众提供相应的服务，还融合了其他信息资源（如博物馆、档案馆等）的一些功能，提供综合的公共信息访问服务。可以这样说，数字图书馆将成为未来社会的公共信息中心和枢纽。信息化、网络化、数字化，这一连串的名词符号其根本点在于信息数字化；同样，电子图书馆、虚拟图书馆、数字图书馆，不管用什么样的名词，数字化都是图书馆的发展方向。

**（二）数字图书馆概念**

数字图书馆（Digital Library）是指用二进制编码的数字方式存储、处理信息，应用计算机、通信和多媒体技术，提供电子网络检索和服务的信息系统。计算机的应用改变了图书馆传统的工作模式。书刊的借阅、文献的查询、信息的检索都在文献数据库中进行，这是图书馆数字化的初级阶段。当信息技术和通信技术高速发展和高度结合产生的网络环境日益完善，文献资源共享和远程利用已成为可行的现实，书目查询、信息检索已不能满足更深层次文献信息服务的需要，要求对文献信息或其他信息做更深入、更全面甚至原始的揭示。图书馆应在书目数据基础上建设书刊全文数字化图书馆。

**（三）数字图书馆基本组成**

数字图书馆一般由以下几部分组成：

（1）有一定规模并从内容或主题上相对独立的数字化资源。

（2）可用于广域网（主要是互联网）服务的网络设备和通信条件。

（3）一整套符合标准规范的数字图书馆赖以运作的软件系统，主要分信息的获取与创建、存储与管理、访问与查询、动态发布以及权限管理五大模块，类似于图书馆集成管理系统对于传统图书馆所起的作用：数字图书馆的维护管理和用户服务。

**（四）数字图书馆的特点**

（1）分布式数据库和知识库。采用先进的数字化存储技术，对信息资源建立分布式的大型文献信息库及检索系统，是海量数据的存储和管理。

（2）基于互联网的计算机网络。它是建立于计算机网络技术上的数据库信息系统。

（3）没有地理时空和信息类型的局限。

（4）以用户为中心的服务模式。

（5）同一信息可多人同时使用。数字图书馆则可以突破这一限制，一本"书"通过服务器可以同时借给多个人查阅，大大提高了信息的使用效率。

## 二、中国知网

**（一）中国知网简介**

中国知网是以实现全社会知识资源传播共享与增值利用为目标的信息化建设项目，由清华大学、清华同方发起，始建于1999年6月，目的在于为全社会知识资源高效共享提供丰富的知识信息资源和有效的知识传播与数字化学习平台。

CNKI目前包括CNKI知网数字图书馆、中国期刊网、中国研究生网、CNKI电子图书网、中小学多媒体数字图书馆、中国医院数字图书馆、中国企业创新

知识网、中国城建数字图书馆、中国农业数字图书馆、中国名师教育网、CNKI
数字化学习研究网、中国核科学技术知识网等多个项目，如图 3-5 所示。

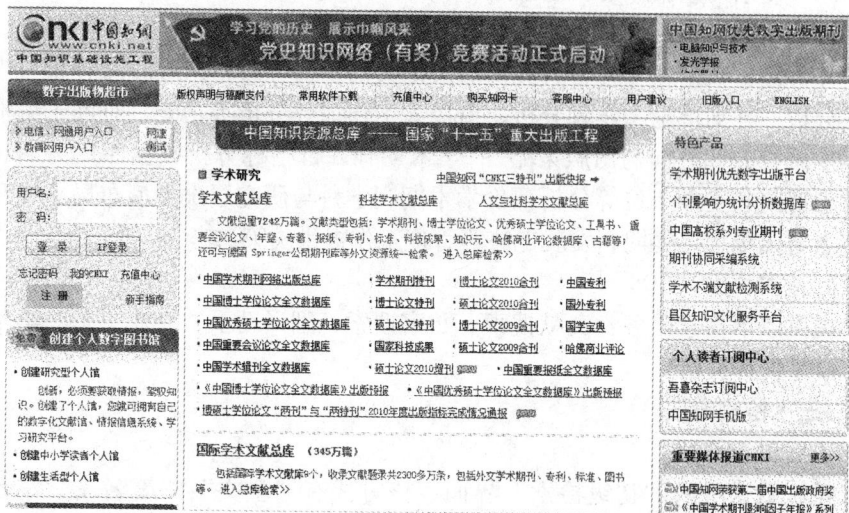

**图 3-5　中国知网首页**

### （二）中国知网服务内容

**1. 中国知识资源总库**

提供 CNKI 源数据库、外文类、工业类、农业类、医药卫生类、经济类和
教育类多种数据库。其中综合性数据库为中国期刊全文数据库、中国博士学位
论文数据库、中国优秀硕士学位论文全文数据库、中国重要报纸全文数据库和
中国重要会议论文全文数据库。每个数据库都提供初级检索、高级检索和专业
检索三种检索功能。高级检索功能最常用。

**2. 数字出版平台**

数字出版平台是国家"十一五"重点出版工程。数字出版平台提供学科专
业数字图书馆和行业图书馆。个性化服务平台由个人数字图书馆、机构数字图
书馆、数字化学习平台等。

**3. 文献数据评价**

2010 年推出的《中国学术期刊影响因子年报》在全面研究学术期刊、博硕
士学位论文、会议论文等各类文献对学术期刊文献的引证规律基础上，研制者
首次提出了一套全新的期刊影响因子指标体系，并制定了我国第一个公开的期
刊评价指标统计标准——《〈中国学术期刊影响因子年报〉数据统计规范》。一
系列全新的影响因子指标体系全方位提升了各类计量指标的客观性和准确性。

研制单位还出版了"学术期刊个刊影响力统计分析数据库"和"期刊管理部门学术期刊影响力统计分析数据库",统称为《中国学术期刊影响因子年报》系列数据库。该系列数据库的研制出版旨在客观地、规范地评估学术期刊对科研创新的作用,为学术期刊提高办刊质量和水平提供决策参考。"学术期刊个刊影响力评价分析数据库"为各刊提供所发论文的学科分布、出版时滞分布与内容质量分析,并支持论文作者分析、审稿人工作绩效分析等功能,有助于编辑部科学地调整办刊方向与出版策略。"学术期刊评价指标分析数据库"为期刊出版管理部门和主办单位等分析评价学术期刊学科与研究层次类型布局、期刊内容特点与质量、各类期刊发展走势等管理工作提供决策参考。

4. 知识检索

提供以下检索服务:文献搜索、数字搜索、翻译助手、专业主题、学术资源、学术统计分析。

**(三)检索方法**

1. 初级检索

系统默认进入"初级检索"界面,该方式有"全文"、"篇名"、"作者"、"机构"、"关键词"、"中文摘要"、"引文"、"中文刊名"、"基金"九个检索字段。

(1)选择检索学科专题范围,可根据需要"全选",也可选一个、几个专题或子专题。

(2)选择检索时间范围。

(3)选择检索字段,输入检索词。

(4)选择检索结果输出方式,可选择按"相关度"或"更新日期"排序输出,默认为"无"排序输出。

(5)单击"检索"开始检索。

2. 高级检索

在屏幕左上角单击"高级"即可进入高级检索方式,该方式有四个检索输入框。

(1)选择检索的学科专题范围、时间范围(与"初级检索"相同)。

(2)选择检索字段,并在相应检索输入框中输入检索词;选择字段之间的逻辑关系(AND,OR)。

(3)选择检索结果输出方式(与"初级检索"相同)。

(4)单击"检索"开始检索。

3. 按学科专题检索

逐级打开各学科专题目录,可以检索到全文数据库中各学科专题包含的所有文章。对任何一种检索方式，若检索结果太多，可进一步用"二次检索"缩小检索范围。

## 三、维普

### （一）重庆维普资讯有限公司简介

重庆维普资讯有限公司前身为中国科技情报所重庆分所数据库研究中心。作为中国数据库产业的开拓者，公司自 1993 年成立以来，一直致力于电子信息资源的研究、开发和应用。公司的业务范围包括数据库出版发行、电子期刊出版发行、网络信息服务、网络广告推广、文献资料数字化加工等多种个性化服务。

重庆维普资讯有限公司的主导产品《中文科技期刊数据库》是经国家新闻出版总署批准的大型连续电子出版物，收录中文期刊 12000 余种，全文 3000 余万篇，引文 4000 余万条，分三个版本（全文版、文摘版、引文版）和 8 个专辑（社会科学、自然科学、工程技术、农业科学、医药卫生、经济管理、教育科学、图书情报）定期出版，拥有高等院校、中等学校、职业学校、公共图书馆、研究机构、政府部门、企业、医院等各类用户 6000 多家，覆盖海内外数千万用户。

### （二）检索方法

《中文科技期刊数据库》提供五种检索方式：快速检索、传统检索、高级检索、分类检索、期刊导航。首页默认快速检索。

（1）快速检索：在搜索栏内输入要搜索的内容主题，单击"搜索"键即可。

（2）传统检索（最常用）：分为简单搜索即一次搜索和复合搜索即二次搜索。

（3）高级检索：单击 高级检索 ▶ 按钮即可进入高级检索页面。高级检索提供两种方式使用：向导式检索、直接输入检索式检索。

（4）分类检索：读者登录维普数据库首页，在数据库检索区，通过单击"分类检索"，即可进入分类检索页面。分类检索页面相当于提前对搜索结果做个限制，读者在搜索前可以对文章所属性质做个限制，比如读者选择经济分类，则在搜索栏中的文章都是以经济类为基础的文章。

（5）期刊导航：登录维普数据库首页，在数据库检索区，通过单击"期刊导航"，即可进入检索页面。整刊检索页以三种搜索方式来查看所需期刊。

①期刊搜索，如图 3-6 所示，如果知道准确的刊名或 ISSN 号，在输入框中输入刊名或 ISSN 号，单击搜索，即可进入期刊名列表页。只需单击刊名即可进入期刊内容页。

图 3-6　期刊搜索

②按字母顺序查，如图 3-7 所示，单击字母 A，即可列出以拼音字母 A 为首字母的所有期刊列表。

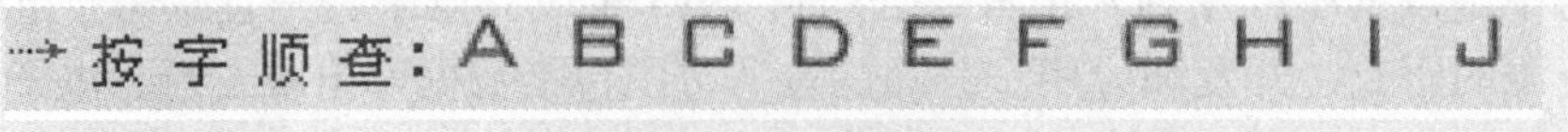

→按字顺查：A B C D E F G H I J

图 3-7　按字母顺序查

③按学科查，如图 3-8 所示，可以根据学科分类来查找需要的期刊。单击下面的学科分类，即可列出该学科分类下的所有期刊的刊名。

图 3-8　按学科查

## 四、万方数据库

### （一）万方数据库简介

万方数据股份有限公司成立于 2000 年，是由中国科技信息研究所以万方数据（集团）公司为基础，联合山西漳泽电力股份有限公司、北京知金科技投资有限公司、四川省科技信息研究所和科技文献出版社发起组建的高新技术股份有限公司。

万方数据资源系统由科技信息子系统、数字化期刊子系统以及商务信息子系统构成。

知识来源：中国学位论文文摘数据库资源由国家法定学位论文收藏机构中国科技信息研究所提供，并委托万方数据加工建库。中国学术会议论文全文数据库国家级学会、协会、研究会组织召开的全国性学术会议论文。

覆盖范围：自然科学、数理化、天文、地球、生物、医药、卫生、工业技术、航空、环境、社会科学、人文地理等各学科领域。

收录年限：中国学位论文文摘数据库主要收录自 1977 年以来我国各学科领域的博士、硕士研究生论文。中国学术会议论文全文数据库主要收录自 1998 年以来国家级学会、协会、研究会组织召开的全国性学术会议论文。

## （二）检索方法

1. 会议论文检索方法

在万方数据库主页上单击"会议论文全文"，进入会议论文查询界面。

（1）个性化检索（简单检索）。入口针对具体数据资源的特点，为用户提供了一个方便易用、组配灵活的检索入口，适合所有用户使用。在利用"个性化检索"入口检索时，用户只需通过下拉菜单击选中所要检索的字段，输入相应检索词，便可组配出比较复杂的检索表达式，查找出相关信息。

（2）高级检索。"高级检索"能进行快速有效的组合查询，优点是查询结果冗余少、命中率高。对于命中率要求较高的查询，建议使用该检索系统。具体步骤如下：

①选取第一个检索词出现的检索字段，在字段的下拉框里单击选中要进行检索的字段，这些字段有全文、论文题名、作者、会议名称、会议时间、主办单位、母体文献、分类号、关键词、文摘。

②输入第一个检索词，在检索词文本框里输入第一个关键词。

③选取第二个关键词出现的检索字段，在字段的下拉框里单击选中要进行检索的字段。

④输入第二个检索词，在检索词文本框里输入第二个关键词。

⑤选择检索词间的逻辑组配关系，常用的逻辑组配有三个：逻辑或"or"、逻辑与"and"、逻辑非"not" A or B 表示检索词 A 和 B 间是并列关系，结果中包含 A 内容或 B 内容或 A、B 二者皆有都为命中，扩大了检索范围，使得查全率提高；A and B 表示检索词 A 和 B 间是交叉关系，检索结果即要包含 A 内容又要包含 B 内容，缩小了检索范围，使得差准率提高；A not B 表示检索词 A 和 B 间是排除关系，检索结果是 A 内容中排除 B 内容的那部分，缩小了检索范围，使得查准率提高，但要慎用。

⑥单击"执行"按钮进行检索。

2. 学位论文数据库检索方法

学位论文数据库提供个性化检索、高级检索、分类检索三种检索方式。

（1）个性化检索（简单检索）。入口针对具体数据资源的特点，为用户提供了一个方便易用、组配灵活的检索入口，适合所有用户使用。在利用"个性化检索"入口检索时，用户只需通过下拉菜单单击选中所要检索的字段，输入相应检索词，便可组配出比较复杂的检索表达式，查找出相关信息。

（2）高级检索。"高级检索"支持布尔检索、相邻检索、右截断检索、同字段检索、同句检索和位置检索等全文检索技术，具有较高的查全率和查准率。具体步骤如下：

①选择检索项，输入检索词。

②单击"检索按钮"，再单击检索结果中所需论文的篇名。

③阅读全文，单击所需论文的篇名按钮即可查看全文。

④二次检索，为了更准确地查询到学位论文，可以在查询结果中进行二次检索。可选用的检索字段有全文、论文题名、作者、作者专业、导师姓名、授予单位、授予时间、分类号、关键词、摘要。

（3）分类检索。具体步骤如下：

①进入分类检索，单击所要查询的类目。

②若检索结果过大，可进行二次检索。在二次检索框中输入关键词，单击"二次检索按钮"即可。

③在"查询结果中"，直接单击论文标题后面的"查看全文"按钮即可阅读全文。

## 本章案例

### 海尔重视专利技术

海尔早期的竞争情报工作从手工卡片时代开始。1988 年，海尔就建立了简便易查、全面实用的检索专利卡片系统，该系统搜集了 1974~1986 年世界 25 个主要工业国家有关冰箱的 14000 条专利文献题录。1990 年，海尔订购了三种中国专利公报和制冷领域的专利说明书。1995 年，海尔建立了中国家电行业专利信息库，定期提供最新的专利信息，跟踪研究发达国家和国内同行的技术水平、发展状况和市场需求，紧紧抓住了进入欧美市场的切入点、时机、销售方式和海外销售商。

专利情报如何增强产品和技术研发能力？海尔的秘诀是重视专利情报分析。

海尔对已有产品项目进行国内外技术动态信息监控，从相关专利和技术领域对国内外目标公司从不同角度进行专利跟踪，形成强大的综合专利情报资料库，做到随查随用。海尔的专利情报分析报告在产品创新决策中起着决定性作用。在对某个技术领域有一个基本认识后，科研人员利用专利情报分析进一步评估技术热点和前景，寻找某些领域内的技术空隙，并在研发项目的实施中进行技术创新和回避设计，通过专利组合分析方法辅助确定研发方向。专利组合分析方法有助于企业确立专利技术所处技术生命周期的具体阶段，以及是否有继续大规模投入开发的价值。

资料来源：董小英，王馨，张娜. 中国企业竞争情报标杆实践 [J]. 中欧商业评论，2011（7）.

➡ 问题：

1. 文献型商业信息有哪些重要意义？
2. 专利信息检索对企业有什么意义？

## 本章小结 ★★★★

本章主要针对文献型商业信息搜集方法、手段和应用进行了讲述。

文献是指记录知识的一切载体称为文献。构成文献的四要素：知识内容、信息符号、载体材料、记录方式。公开出版物的概念及专利文献、产品文献、企业名录、年鉴、报纸等资源的获取及概念。

非正式出版物是地方党政机关和企事业单位、团体在某一特定的社会范围内出版发行的图书、报刊和文件汇编、资料汇编、会议记录、论文集、回忆录、纪念性专辑、画册、图片、年历、挂历、旅游单页等。获取非正式出版物的主要途径有会议论文、广告、年度财务报告、内部刊物、公开资料、行业协会、企业黄页等。

文献信息检索技术包括专利信息检索、标准信息检索、科技报告资料检索、会议文献检索、政策法规资源检索等。文献调研法主要指搜集、鉴别、整理文献，并通过对文献的研究形成对事实的科学认识的方法。

内容分析法是一种主要以各种文献为研究对象的研究方法。早期的内容分析法源于社会科学借用自然科学研究的方法，进行历史文献内容的量化分析。在教育科学研究中，内容分析法既是一种主要的文献资料分析方法，又是一种独立、完整的科学研究方法。

93

## 本章复习题 ★★★★

1. 在中国国家图书馆联机公共目录查询系统中检索《石头记》与《红楼梦》一样吗？

2. 查找出3本近两年出版的有关"国际商务谈判"方面的图书，写出作者和出版社。

3. 运用中文期刊专业文章数据库（http://oldweb.cqvip.com/index.asp）检索有关电子商务对税收征管的影响与对策的相关论文。

4. 查找"太阳能自行车"的申请（专利）号、申请日、公开（公告）号、公开（公告）日、主分类号、分类号、申请（专利权）人、地址、国省代码、发明（设计）人、摘要。

    5. 查找有关"信息安全"方面的标准。

    6. 查找我国在"混合动力"方面的科技成果（成果名称、关键词）。

# 第四章

## 网络信息搜索

## 学习目的
★★★★

知识要求 通过本章的学习，掌握：

● 互联网信息资源概念
● 互联网信息特点
● 万维网的概念
● 浏览概念
● 互联网信息资源类型

技能要求 通过本章的学习，能够：

● 掌握互联网信息资源采集方法
● 使用搜索引擎
● 应用互联网信息采集技巧进行信息搜集
● 利用互联网进行信息资源的搜集

95

## 学习指导
★★★★

1. 本章内容包括：互联网信息资源概述，互联网信息资源类型，互联网信息资源采集方法，常用互联网信息采集工具，互联网信息采集常用技巧。

2. 学习方法：阅读教材，学会借助网络，把握概念、术语之间的内在联系和区别；熟悉互联网信息资源采集的方法以及技巧。

3. 建议学时：6 学时。

## 引导案例

### 深圳网站建设公司收集人气信息、进行论坛分析的方法和要点

数据的收集与分析是从事互联网相关工作人员的必备技能，小到个人、站长，大到行业集团决策者，在做任何一个选择与决策的时候，都是以数据做基础与支撑，面对互联网的各种数据繁杂多变，如何做好数据的收集、整理与分析工作呢？下面以深圳网站建设公司的实际操作案例来详细说明数据的收集与分析的要点。

**一、明确收集数据方向**

要收集的数据是什么？就本案例而言，深圳网站制作公司要收集的是地方论坛，而且是有人气的地方论坛，这就是方向。如何界定是人气的论坛呢？我们给它一个参数——日均发贴量，根据以往经验，日均发贴量达 3000 的论坛，就是很活跃、很有人气的论坛了，只有明确了数据收集的方向，才能做到有的放矢。

**二、确定收集数据的方法**

当有了收集数据的方向后，就要确定收集数据的方法了，这其实就是要解决两个问题：一是这些数据在哪里可以找到？二是怎么样可以更快速获得想要的数据？本例找的是地方论坛，数据来自全国各个地方，要获取数据，综合考量有以下几种方法：①通过搜索引擎按地名论坛关键词搜索；②通过一些导航类网站索引进行筛选；③以"蜘蛛爬行"的方式查找。当然，这些方法可以独立地用一种，也可以几种结合一起用，目的只有一个，就是能快速收集到我们想要的东西，提高我们的效率，因为日均发贴量达 3000 的地方论坛，至少都是地级市的论坛，或者是省级的论坛，所以，如果用搜索引擎，则关键词可设为"地级市名+论坛"、"省名+论坛"这样的方式让搜索引擎来给我们先做一个查找；如果用导航类网站的索引来查找，则可通过按省到市这样一个从大到小的区域来查找；如果以第三种方式，则可通过网站的友情链接来扩散，本案例中最快的方法是通过导航网站的索引来查找是最快的，因为导航网站相当于已经把论坛作了一次过滤，这样查找起来就更方便了。

**三、收集与整理数据**

找到方法后，按即定的方针，分别对各个地方的论坛按条件进行初步筛选后，就可以得到一份原始数据了，接下来就是整理这些数据了，首先要对这些收集到的数据做个评估，为了保证数据有一定的客观性，需对收集到的地方论坛做个监控，利用三五天的时间对收集到的论坛进行每日回访统计，只有平均值达标，才是我们要留下的数据。

### 四、数据的分析要有切入点

收集到的数据该怎么进行分析呢？这就需要一个切入点，即你要收集这份数据的目的是什么？根据要求给数据设定一些能反映目的的参数，通过参数的对比，才能区分差别。本例收集的地方论坛，可以有很多用途，比如可以了解地方论坛的当前状态，还可以了解这些论坛的分布，也就是人气的分布，网民多少的分布，甚至可以用来与各地方合作作参考，个人、站长可以用来发外链等，只有在分析数据时，根据目的设定分析的数据参数，才能反映所收集的数据的价值所在。

### 五、制作成一份美观、清晰的表格

收集、整理与分析后的数据，应该是一份表格数据，咱们做数据分析一般使用的是 Excel 表格记录，只有把这份表格制作成一份美观、清晰的表格，去掉一些不合格、多余的数据，才算完成一次网络数据的收集与分析，这样不仅使我们可以清楚地看到这份数据的重点，方便查到所想要的数据，也可以提高日后使用数据的效率。

资料来源：深圳网站建设公司，http://www.szbelle.com/article/5942.html.

➡ **问题：**

1. 如果利用互联网对所需的信息进行搜集？
2. 就本案来说，对数据进行收集与分析的要点？

互联网是世界上最大的信息宝库，它已成为全球范围内传播和交流科研信息、教育信息、商业和社会信息的最主要的渠道。要想在这一浩瀚无边的信息海洋中发现并查找出有利用价值的信息并不是一件易事。在以互联网为核心的电子信息环境下完成有效的信息搜索对于每一个搜索者来说都是一项挑战。

因此，我们有必要对如何通过互联网采集信息做一个全面、深入的研究和探讨。

# 第一节 互联网信息资源概述

要想在互联网上进行有效的信息搜索，首先必须对互联网上信息资源的分布、种类和利用价值等有较全面的认识和了解。

互联网作为数字化、网络化信息的核心和集成，与传统的信息媒体和信息交流渠道相比有很大的不同，其主要特点可以概括为：

（1）信息资源极为丰富，覆盖面广，涵盖了各学科领域，且种类繁多。

（2）超文本、超媒体、集成式地提供信息，除文本信息外，还有图表、图形、图像、声音、动画等。

（3）信息来源分散、无序，没有统一的管理机构，也没有统一的发布标准，且变化、更迭、新生、消亡等都时有发生，难以控制。

互联网提供了一种全新的交流信息和查找信息的渠道，具有方便、及时、快速和交互性等特点。互联网信息资源在以下一些方面具有优越性和重要的信息利用价值。

（4）价廉。互联网是一种比印刷品便宜的信息提供方式，不仅提供信息线索和著录信息，还提供有关信息的全文和原稿。

（5）新颖、深入。互联网提供了很多获取非出版信息的机会。如网上大量的灰色文献或边缘文献以及在主流出版物渠道之外的文献，包括研究报告、调查采访、研讨会发言、笔记、项目计划报告、政策方针等，它们反映了许多研究成果背后的原始数据或第一手资料，但因为其内容太新或太专而未被纳入正式文献交流渠道。

（6）广泛、直接交流。互联网扩大了人际交流的范围，提供了更多的直接交流机会，如参加论坛、社区、博客等的讨论。人们可以在许多学者、研究人员、咨询专家的个人网页上发现他们的研究心得以及教学演讲用的资料、演示、指南性工具等。个人网页是一种颇具个人特性的知识库，对其参考价值应予以重视。

（7）非正式和自由发表。互联网提供了在正式出版和发表渠道之外的发表个人见解的空间，有较大的自由度，因而为新观点、不成熟的观点、未成定论的理论、假说、概念等提供了发表的平台。

总之，互联网信息资源不是传统信息资源的复制，互联网也不能取代传统的信息媒体和交流渠道，它是对传统信息资源和信息交流渠道的最有力的补充。可以断言，信息工作者如果不掌握互联网这一信息工具，不利用互联网信息资源，就很难掌握完整的相关信息，很难快速取得具有实效性的工作成果。

## 第二节　互联网信息资源的类型

互联网信息资源包罗万象，广泛分布在整个互联网之中，没有统一的组织管理机构，也就没有统一的目录。但按照用户采用不同的互联网传输协议来划分，可以分为基于超文本传输协议（HTTP）的信息资源、基于文本传输协议（FTP）的信息资源、基于远程登录（Telnet）的信息资源、新闻组（Usenet/Newsgroups）资源和电子邮件（E-mail）信息资源。

## 一、基于超文本传输协议（HTTP）的信息资源

超文本传输协议（HTTP）是浏览器与 Web 服务器之间相互通信的协议。即 Web 客户机和服务器用于在网上传输、响应用户请求的协议。

万维网（World Wide Web，WWW 或 Web）信息资源是一种典型的基于 HTTP 协议的网络信息资源。它是建立在超文本、超媒体技术基础上，集文本、图形、图像、声音于一体，以直观的图形用户界面（GUI）展现和提供信息的网络资源。它是互联网的宠儿，代表着互联网信息资源的主流，以至于大家提到互联网就会默认为是万维网。万维网使用简单，功能强大，目前是发展最快、规模最大、资源最丰富的一种网络信息资源形式。

## 二、基于文本传输协议（FTP）的信息资源

文本传输协议（File Transfer Protocol，FTP）的主要功能是利用网络在本地与远程计算机之间建立关联，从而实现运行任何操作系统的计算机之间的文件传送。FTP 是实现文件传输的主要工具，用 FTP 可以访问互联网上的各种 FTP 服务器，可以查看并下载其中的资源，也可上传资源。

## 三、基于远程登录（Telnet）的信息资源

Telnet 信息资源是指借助于远程登录，在 Telnet（Telecommunication Network Protocol）协议的支持下，登录远程计算机，使自己的本地计算机暂时成为远程计算机的一个终端，进而实时使用远程计算机对外开放的信息资源。

## 四、新闻组（Usenet/Newsgroups）资源

新闻组（Usenet）是一种利用网络环境提供新闻组器接收和存储各个主题的消息，用户在自己主机上运行新闻组阅读软件，申请加入组中，供其他用户参考。目前网上已有上万个新闻组，并有一套命名规则来区分各自的主题范围。

## 五、电子邮件（E-mail）信息资源

电子邮件（E-mail）是指借助于网络彼此传递信息的快速、高效、便捷、廉价的现代化通信方式。利用电子邮件可以发送或接收文字、图像、声音、动画、HTML 等形式多样的信息。

# 第三节 互联网信息资源采集的方法

用户要在网上获取信息，须先找到提供信息源的服务器地址，即首先以找到各个服务器在网上的地址（URL）为目标，然后通过该地址去访问服务器提供的各种信息资源。搜索方法一般有以下几种：

## 一、浏览

浏览一般是指基于超文本文件结构的信息阅读。用户在网络上随意地浏览，将一些意外发现的有用信息网站地址，主要是一些网上期刊、数据库以及信息机构等的网址记录下来，进而获取网络资源的方法。这是一种日常对 URL 进行积累的方法。

互联网上的网页一般由完整导航区、正文区、与正文匹配的相关专题区、通栏广告、热点话题、精彩专栏区、集中广告区和版权声明等网站相关信息构成。

在日常的互联网浏览中，人们都有过意外发现有用信息的体验。这种方式的目的性不是很强，其不可预见性、偶然性使搜索过程具有某种探索宝藏的意味，也许会充满乐趣，但也可能一无所获。而追踪某个网页的相关链接类似于传统文献搜索中的"追溯搜索"，这种方式可以在很短的时间内获得大量相关信息，但也有可能在"顺链而行"中偏离搜索目标，或迷失于互联网信息空间中。用户在此还要注意到，基于浏览获得的搜索在很大程度上取决于网页所提供的链接，因此搜索的结果可能带有某种偶然性和片面性。

用户个人在互联网浏览的过程中常常通过选择"收藏"菜单中的"添加到收藏夹"命令创建书签，将一些常用的、优秀的站点地址记录下来，组织成目录以备日后之需。但这种做法只能满足个别或一时之需，相对于整个互联网信息的发展，其搜索功能似乎微不足道。

## 二、通过网络资源指南查找信息

这种方法主要是利用由专业人员开发出来的网络资源主题指南页检索信息的方法。如酷站大全（www.37021.com）就是广为人知的综合性主题分类树体系的网络资源指南。其主要特点是根据互联网信息的主题内容进行分类，并以等级目录的形式组织和表现，如图 4-1 所示。

图 4-1 互联网资源导航工具

这种工具的局限性在于，由于其管理、维护跟不上互联网信息的增长速度，导致其收录范围不够全面，新颖性、及时性可能不够强，且用户要受标引者分类思想的控制。

## 三、利用网络信息检索工具查找信息

互联网上有许多检索工具，为查询信息提供了诸多途径。查询不同类型的资源要使用不同类型的网络检索工具，如较为典型的传统信息查询工具有Gopher、Archie、WAIS 等，它们分别可以查询 Gopher 资源、FTP 资源和 WAIS 资源。此外还有使用最为常规、普遍的互联网信息搜索方式—搜索引擎。搜索引擎是供用户进行关键词、词组或自然语言搜索的工具。

用户提出搜索要求，搜索引擎代替用户在数据库中进行搜索，并将搜索结果提供给用户。它一般支持布尔搜索、词组搜索、截词搜索、字段搜索等功能。

利用搜索引擎进行搜索的优点在于，省时省力，简单方便，搜索速度快、范围广，能及时获取新增信息。其缺点在于，由于采用计算机软件自动进行信息加工、处理，且搜索软件的智能性不是很高，对于垃圾信息的屏蔽有强有弱，造成搜索结果不是很理想。

# 第四节　常用互联网信息采集工具介绍

随着互联网的迅猛发展，其所含的信息数量激增，面对这样一个无限、无序、浩如烟海的数字化、多媒体、非规范、跨时空、跨行业、跨语言信息资源，快速查找并获取所需要的信息已成为人们最迫切的需求。

为了帮助人们从互联网信息海洋中将对自己有价值的部分搜寻、挑选出来，互联网信息搜索工具应运而生。

互联网信息搜索工具是指在互联网上提供信息搜索服务的计算机系统，其搜索的对象是存在于互联网信息空间中各种类型的互联网信息资源，其主要包括机器人搜索引擎、主题目录式搜索引擎、元搜索引擎。以下对各种搜索工具进行简单介绍。

## 一、机器人搜索引擎

这是一种目前运用较广泛的搜索引擎。国内以百度、谷歌、天网为代表。它是利用计算机自动采集软件 Robot 搜集和发现信息，并下载到本地文档库，再对文档内容进行自动分析并建立索引，不根据主题分类进行组织，所有的网页都由计算机的运算法则排序。对于用户提出的检索要求，通过检索模块检索索引，找出匹配文档返回给用户，如图 4-2 所示为百度首页。

102

图4-2　百度首页

机器人搜索引擎具有庞大的全文索引数据库。其优点是信息量大、范围广，较适用于检索难以查找的信息或一些较模糊的主题。缺点是缺乏清晰的层次结构，检索结果重复较多，需要用户自己进行筛选。

## 二、网络资源目录

网络资源目录是以人工或半人工方式收集信息，由人工对搜集的信息进行甄别、加工整理、分类，建立分类导航或分类编排网站目录，提供分类浏览的检索工具。由于目录式搜索引擎的信息分类和信息搜集有人的参与，其搜索的准确度较高，导航质量也不错。但因其人工的介入，维护量大、信息量少、信息更新不及时都使得人们利用它的程度有限。国内著名的新浪、搜狐、中文雅虎都属于这种类型，如图4-3所示为雅虎首页。

图4-3　雅虎首页

## 三、元搜索引擎

元搜索引擎是一种将多个独立搜索引擎集成在一起，提供统一的检索界面，将用户的检索提问同时提交给多个独立的搜索引擎，并将检索结果一并返回给用户的网络检索工具。目前中文元搜索引擎开发较少，较成熟的更少，万纬搜索（http://www.widewaysearch.com）是目前有一定影响的中文元搜索引擎，如图4-4所示为万纬搜索。

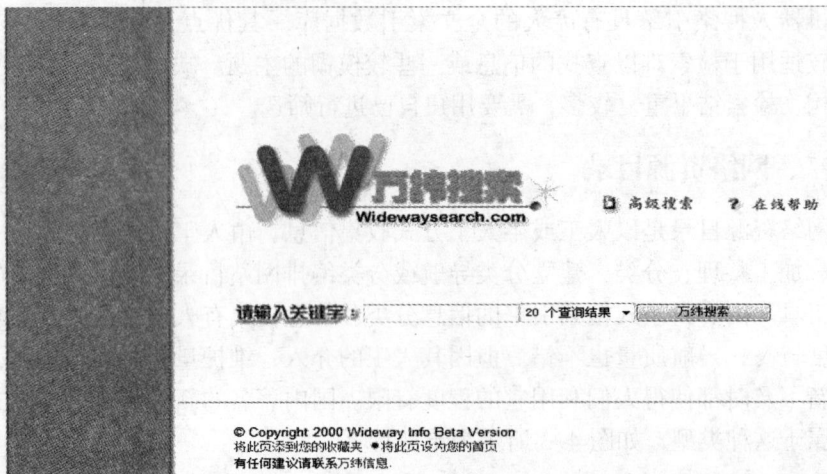

**图4-4 万纬搜索**

一款理想的元搜索引擎应该具备以下特点和功能：

第一，涵盖较多的搜索资源，可随意选择和调用元搜索引擎。

第二，具备尽可能多的可选择功能，如资源类型（网站、网页、新闻、软件、FTP、MP3、图像等）选择、返回结果数量控制、结果时段选择、过滤功能选择等。

第三，强大的检索请求处理功能（如支持逻辑匹配检索、短语检索、自然语言检索等）和不同搜索引擎间检索语法规则、字符的转换功能（如对不支持"near"算符的搜索引擎，可自动实现由"near"向"and"算符的转换等）。

第四，详尽全面的检索结果信息描述（如网页名称、URL、文摘、源搜索引擎、结果与用户检索需求的相关度等）。

第五，支持多种语言检索。

# 第五节 采集互联网信息的常用技巧

从表面看，搜索引擎的出现大大方便了用户搜索网上的信息，似乎任何人都可以进行搜索并能得到一些搜索结果，但多数人仍会对搜索结果感到不满意，特别是那些对搜索结果持较高标准的用户更会对互联网搜索感到失望。

要想获得较理想的搜索结果，检索人员必须掌握一定的检索技巧，灵活地运用检索策略；必须尽可能多地采用搜索引擎。

## 一、明确搜索目的和要求，确定合适的查询方案

不同目的的搜索应使用不同的查询方案。

（1）搜索发生不久的新闻事件就可以用百度新闻搜索，因为这个搜索的目的就是看一个特定的新闻，它的产生时间和可持续时间并不长，各网站的编辑们还没来得及整理或只经过简单汇总整理，多以网页形式存在于网上，所以使用通用搜索引擎的新闻分类搜索即可满足要求。

（2）搜索科普类文献，则可以使用通用搜索引擎的网页搜索；如果要搜索科技类文献，则应该到文献搜索引擎去找。

（3）搜索一款索尼的手机可以直接上索尼手机的官网进行查询，当然，如果不知道索尼官网的地址也可以先通过搜索引擎来找。此时，用户的搜索目的有一个简单的变化，因而在找到索尼官网的地址之后，千万不可忘记最初的目的——搜索索尼手机的信息。

## 二、选择合适的互联网搜索工具

通过搜索引擎来查询互联网资源是最方便、快捷的途径。不同的搜索引擎在查询范围、搜索功能及搜索方法上各有差异，熟悉和掌握一些常用的搜索引擎的性能、特点和一般使用方法非常必要。大多数互联网搜索工具对自身的操作、符号及搜索规则等都给予说明和解释。用户在使用前应查看并在搜索中不断学习和积累。下面的信息仅供选择搜索工具时参考。

（1）使用雅虎进行一般性浏览查询。一般性浏览查询强调获取较为综合、准确的信息，一般应使用雅虎这样的目录型搜索工具，用户可按自己的思维逻辑顺序或按照其主题目录体系的导引去浏览、追踪和查找信息。

（2）百度是功能强大、易用性最强的搜索网站，搜索速度快而且提供了最丰富的高级搜索功能，使用百度可进行细节查询。细节查询较强调获取较为具体、特定的信息。

一般应使用百度这类主题索引式搜索引擎，用户可利用关键词等进行大范围的快速搜索，方便、快捷地查询到针对性较强的搜索结果，包括一些比较冷僻的站点。

（3）多媒体文件的查询。对于图像、声音、视频等多媒体文件，要在综合性搜索引擎的相关范围内搜索，或选用专门的多媒体信息搜索工具搜索。例如，利用百度 MP3 查询歌曲《传奇》，其搜索结果如图 4-5 所示。

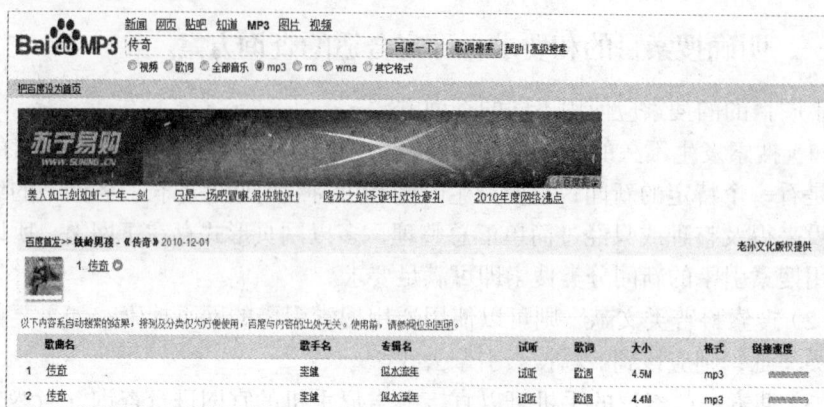

**图 4-5 查询歌曲《传奇》**

## 三、提高搜索的精度和准确性

### 1. 选择恰当的关键词

关键词应尽量选择专指词、特定概念或非常用词、限定词，避免使用普通词或泛指概念；利用某些搜索工具提供的搜索条件、范围选择、参数设定等功能，通过对资源类型、时间、语种、数量等的限定，使搜索结果更加贴近用户需求。

互联网上流传的所有搜索技巧都是在如何确定关键字上做文章，选择一个好的关键字是搜索成功的关键。关键字代表着我们要搜索资料的特征，如果你找不到所需的信息，大部分情况是因为在关键字的选择方向上发生了偏移。找出关键字可不是一件简单的事情：首先需要知道或者估计出目标网页内包含的文字，在脑子里形成一个比较清晰的概念，再从中提炼出此类信息最具代表性的关键字。尽量不要选择常用词汇进行搜索，但可以同时使用多个关键字并加入与、或、非等多种逻辑关系进行搜索，这样才能避免返回无关的搜索结果。

（1）避免输入及逻辑关系错误。我们要避免输入的关键字中有错别字，以及其他错误的操作。不同的搜索网站往往都有各自的特点，在某些搜索网站上，你可以使用"Where can I find software?"这样的自然语言进行搜索；但在某些搜索网站上，你甚至不能成功地使用单个汉字作为关键字进行搜索。另外，在使用多关键字通过与、或、非逻辑关系进行搜索时，不同的搜索网站所采用的逻辑关系表示符号也可能有所不同。所以我们有必要针对不同的搜索网站选择不同的关键字，并在首次使用一个搜索网站时，花一点时间阅读搜索网站的帮助文档，这是非常有必要的。

（2）使用多个关键字来提高"检准率"。对于大部分的搜索任务来说，一般都能够通过搜索网站找到需要的网页，但是如果不细心选择关键字，搜索网站可能会返回很多并不是你需要的结果。此时，如果你将另外一个跟搜索目标相关的关键字加在一起搜索，返回的结果就会少很多，也更加准确。因此，很多时候我们需要使用多个关键字查询的方法来提高搜索准确率。但需要注意的是，一方面搜索网站对关键字的个数可能会有限制，另一方面也要注意搜索内容之间的逻辑关系是否合理。

例如，查询"2010年中国十大新闻"，这句话中"2010年"是时间限定词、"十大"是数量限定词，其查询结果的准确性要比使用"新闻"或"十大新闻"等泛指词汇查询要高得多。

2. 句子检索法可有效提高文本检准率

在使用搜索网站时，不少人经常被"关键字"这个名称所限，而忘了关键字可以是一个字、一个词，甚至一句话。例如在搜索小说、文章等文本内容时，最简单的方法，是用文本的标题搜索，但最高效的方法，则是用文中的一句话来搜索，可以让搜索效率提高不少。

例如：查询诸葛亮的《出师表》的内容，可以输入关键词"先帝创业未半而中道崩殂"。

3. 根据网页特征选择关键词

网页标题通常是对网页内容提纲挈领式的归纳。把查询内容范围限定在网页标题中，有时能获得良好的效果。使用的方式是把查询内容中特别关键的部分用"intitle："领起来，就会使搜索变得准确而高效。

例如，找刘翔的个人资料页。一般来说，名人资料页的标题通常是名人的姓名，且页面上会有"姓名"、"身高"等词语出现。因此，要获得更精确的查询结果可以"姓名　身高　intitle：刘翔"为关键词。"intitle"表示后接的词限制在网页标题范围内，如图4-6所示。

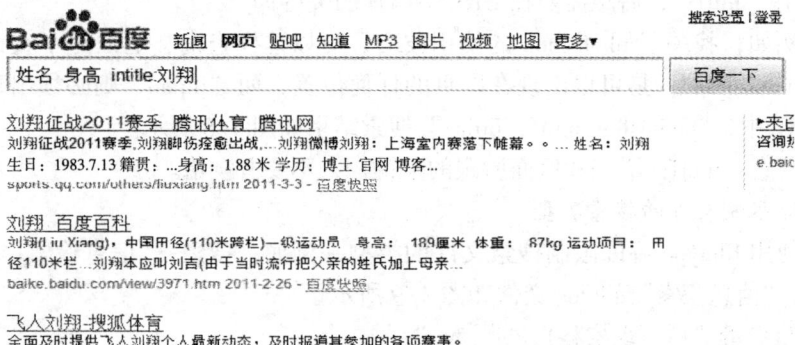

图4-6　"intitle"使用示例

**4. 只搜索某个网站内的信息**

有时候，你如果知道某个站点中有自己需要找的东西，就可以把搜索范围限定在这个站点中以提高查询效率。使用的方式，是在查询内容的后面加上"site：站点域名"。

语法规则：搜索关键词 site：目标网站。

例如，搜索"网际快车"软件。在著名的软件下载站找软件，由于网站质量参差不齐，下载速度也快慢不一。如果我们积累了一些好用的下载站（如天空网、华军网、电脑之家等），就可以用 site 语法把搜索范围局限在这些网站内，以提高搜索效率。在天空下载网站内搜索"网际快车"的方法就是，在搜索栏中输入关键词"网际快车 site：skycn.com"，搜出的结果如图 4-7 所示。

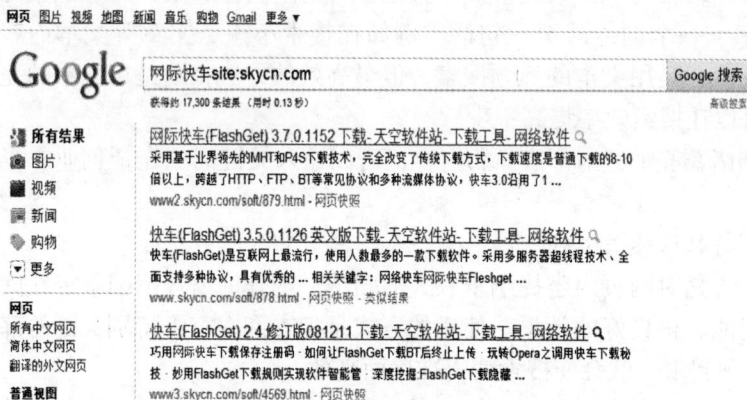

**图 4-7 "网际快车 site：skycn.com"搜索结果**

**5. 网页 URL 中的某些信息常常有某种有价值的含义**

如果对搜索结果的 URL 做某种限定，就可以获得良好的效果。实现的方式是用"inurl："，后跟需要在 URL 中出现的关键词。

例如，找关于 photoshop 的使用技巧，可以这样查询：上面这个查询串中的"photoshop"，是可以出现在网页的任何位置，而"jiqiao"则必须出现在网页 URL 中，"photoshop inurl：jiqiao"搜索结果如图 4-8 所示。

注意：inurl：语法和后面所跟的关键词，不要有空格。

**6. 限制文件的搜索类型**

使用 filetype 可以限制搜索文件的类型，例如：搜索："信息检索"的 doc 文件，"信息检索"的 doc 文件如图 4-9 所示。

**7. 巧用"+"（或空格）、"|"和"-"**

许多搜索引擎都提供简单查询和复杂查询两种方法，我们提倡用户使用搜

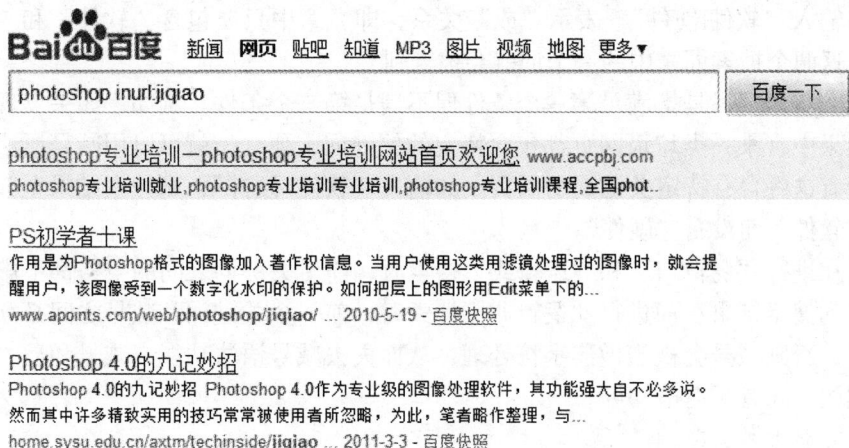

**图 4-8 "photoshop inurl: jiqiao" 搜索结果**

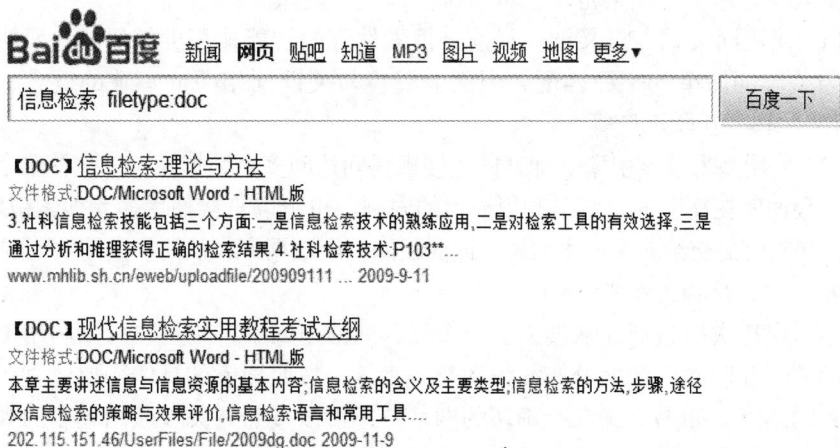

**图 4-9 "信息检索"的 doc 文件**

索引擎的高级搜索功能,并在使用过程中合理组织搜索式,如组合运用布尔逻辑运算中的"与(and,+)"、"非(not,-)",使搜索结果反馈能控制在一个可接受的范围内,最有效地满足搜索要求。

在大多数搜索引擎的搜索框中,用户都可以用"+"(或空格)来表示"逻辑与"关系,用"|"来表示"逻辑或"关系,用"-"来表示"逻辑非"关系。

"逻辑与",是指必须同时满足两个条件才可以。例如,在搜索文本框中输入"软件+硬件"或"软件硬件",表示选中的文章中必须同时包含"软件"和"硬件"这两个搜索词。

"逻辑或",是指只要满足两个条件中的任意一个即可。例如,在搜索文本

框中输入"软件|硬件",表示"或"关系,即文章中只要包含"软件"和"硬件"这两个搜索词之中的一个词就会被查到。

"逻辑非",是指满足第一个条件但不满足第二个条件。例如,如果发现搜索结果中有某一类垃圾网页都包含特定的关键词,那么,就可以用减号语法去除所有这些含有特定关键词的网页。如输入"软件-硬件",则搜索结果全部包含"软件"而没有"硬件"。

在进行"逻辑与"和"逻辑或"搜索时,前后关键词之间的空格都不影响相应的搜索结果;而进行"逻辑非"搜索时,前一个关键词和减号之间必须有空格,否则减号会被当做连字符处理,从而失去减号语法功能,减号和后一个关键词之间有无空格均可。

8. 扩大搜索范围

如某项搜索需尽可能全面地搜索到有关信息,或初步搜索得到的结果为零或数量太少,需扩大搜索范围,可以采取以下一些做法:

(1)使用同义词、近义词。目前,搜索软件的智能化程度较低,一般执行的是与关键词简单的字面匹配,因而会漏检与关键词相关或一致的概念,如"因特网"和"互联网"等。

(2)使用多个搜索引擎。即就同一搜索提问访问多个数据库,以弥补单个搜索引擎数据库在覆盖面、容量和规模上的限制。也可以直接使用多元搜索引擎,搜索提问同时提交给多个搜索引擎,同时访问多个数据库,从而扩大搜索范围。

9. 直接利用相关站点

不一定每次搜索都要从搜索引擎等互联网门户入手,用户也可以利用平时积累的关于互联网资源的分布知识和热链表等,按照搜索的具体需要,直接利用相关的站点。如果手头没有确切的网址,还可以按照有关互联网域名的规律去推测。如果想查找 IBM 公司信息,可推测用"www.ibm.com"。

10. 利用特殊型互联网搜索工具和一些特色服务站点

在日常使用互联网资源时,要注意观察、记录、积累一些有特色的搜索工具或信息服务站点的线索和知识,如新闻、天气、旅游、交通、黄页、地图、股票、统计等。在有相关信息需求时可以直接利用上述特种搜索工具或特色站点的有关信息源非常便捷地获得有用的信息。

11. 利用书签标识,节省查检时间

对经常使用的有价值的网页,可使用浏览器的"添加到收藏夹"功能,对其网址进行保存,当再次使用时,直接单击便可进入,从而减少上网查找和输入网址的时间。

## 本章案例

### 如何通过互联网收集电信运营商竞争情报

商业情报，不仅包括行业发展趋势、市场动态、买价动态和终端消费者信息，而且还包括竞争对手的各种情况。高科技信息手段的发展使商业情报的搜集和使用越来越普遍，这就要求企业不仅要苦练内功，在提高产品质量和性能的同时，还要重视商业信息的搜集，这关系到企业的可持续性发展。

与高科技手段搜集商业情报相比，采用电话、传真、派人参加各种交易会、博览会实地调查等传统方式，虽然具有直接性的优点，但其缺点也较明显：耗时长、耗资多，接触、联系的人员、地点有限，难以了解全面情况。

近年来，全球范围内互联网应用的迅速普及和发展带来网上信息的几何级数的增长。信息来源迅速增加和互联网技术的发展为信息的传播带来了革命性变化。随着我国信息化程度的迅速提高，网上有价值的信息越来越多；对于通信行业来说因其特殊地位，有关信息的大量传播，那么通过互联网收集竞争情报就成为一条重要的途径。

#### 一、电信业运营商网站建设概况

电信运营商的网站建设一般分集团公司、省级公司、市级公司、县级公司四级网站体系，随着近年来电信业的飞速发展，网站建设逐渐完善，由于全国各省市通信行业发展水平不同，所以各地在网站建设方面具体情况也不同。

还有一些与通信行业相关的网站，如管理类、综合类、商务类、企业类、门户类网站等；此种类划分方式是站在通信行业情报收集的角度，而非常规意义地划分网站种类。

#### 二、与通信行业相关的网站

1. 管理类网站

主要指通信管理部门的网站，如国家信息产业部网站、国家无线电管理局、各省通信管理局网站、无线电监测中心网站、通信行业协会网站。

2. 综合类网站

主要指通信管理部门和通信行业相关地全国性信息类综合网站、通信媒体网站，如中国信息产业网、中国通信产业网、CHINA 通信网、中国通信网，天极网、通信时代、通信世界、人民邮电报、通信产业报、通讯世界网络版，CTI 论坛、各省邮电报网络版。

3. 商务类网站

慧聪通信商务网、友人网、中国通信器材网等。

**4. 企业类网站**

通信行业相关的设备供应商、系统集成商、工程商、经销商等企业网站，如华为、摩托罗拉、贝尔等。

**5. 门户类网站和搜索引擎**

新浪、搜狐、网易、雅虎等大型门户网站的电信频道和谷歌、百度等搜索引擎。

**6. 其他**

有关通信类论坛，《友人网》（手机社区）、《CHINA 通信网》（交流）等。

### 三、从互联网上收集竞争情报的信息种类

**1. 政策管理类**

获取通信管理部门对行业监管的信息，了解监管部门监管的重点，分析监管的环境，避免下属公司营业部在激烈的竞争中出现违规行为。此类信息出处为管理类、综合类网站。

**2. 业务类**

各运营商的业务种类宣传介绍和推广通过运营商自建网站是直接的途径。以此可以了解各运营商经营的业务种类，业务范围、业务资费，发展动态、技术发展等方面的信息。

**3. 市场活动类**

因为通信行业的受众面极广，随着竞争的加剧，各家公司为广泛宣传自建的业务，其经营活动的宣传涉及任何一种媒体，随着互联网的发展和中国计算机用户的普及，通过互联网进行宣传逐渐成为一种重要的方式。

此类信息出处：运营商自建网站、商务类、企业类、门户类网站。

**4. 人事信息**

运营商所属公司进行人才招聘的信息，从中可以获知该公司内部人事变化的情况，一般关注三方面：中高层管理人员、营业生产人员、技术人员。

从招聘中高层管理人员可以推断该公司在此之前管理制度是否有问题，一般来说，不会将比较重要的领导岗位拿来招聘，除非是出现内部人事改革或者前任领导工作中出了问题。

从招聘营业生产人员可以联想到该公司为何招聘，一般会有以下几种情况：是否业务量扩大，有了新建营业厅（客户服务热线新增台席），是否由于某种原因业务量大幅增长，是否原来的人员流失比较严重，是否为了加大营销力度而增加营销人员等。

由于通信行业的技术专业人才应用比较专业，从技术人才的招聘可以推断新业务发展主要方向，如2002年某联通公司招聘网站建设的计算机人才，则

说明该公司要通过建设网站，发展互联网业务以及进行其他业务宣传推广。

此类信息出处：运营商自建网站、综合类网站。

**四、收集竞争情报的网络工具**

要在浩如烟海的信息海洋中收集有价值的信息，采用必要的信息收集工具势在必行，在工作中才能达到事半功倍的作用。

1. 搜索引擎

如新浪、搜狐、谷歌、百度等搜索引擎，通过搜索引擎对关键词组进行查询能很快的找到所要查询的资料。

2. 专用工具软件

信息收集工作是一项长期和烦琐的工作，一味依靠人力则耗人耗时，效率也不高；这时专用的工具软件应运而生。在这类软件中，国外有英国 Autonomy 公司的 Portal In ABox 和美国 Microsoft 公司的 Share Point。在国内的产品中，性能最突出的是北京百度在线开发的"网事通"实时信息系统和广州西风软件开发的"情报探索者"（Info Gate）信息采集加工系统。百度的"网事通"是百度在线公司将互联网搜索引擎技术应用到专业化信息检索领域的产品，该软件可以自动采集网络上的信息并提供数据分析、加工分类、建立索引数据库以及检索功能。该产品既可用于建立对网站内部全文检索搜索引擎，充分整合已有的信息资源，有效提高网站的信息提供能力，也可用于建立对特定行业的上百家网站进行全文检索的专业垂直型搜索引擎。"网事通"还可应用于建立专用的信息管理系统，整合企业内部的各种信息资源。相比之下，西风软件公司的"情报探索者"系统则是针对于市场研究公司和企业情报部门的需求开发的，具有企业内部共享发布功能，用户花很少的成本就可以建立起自己的竞争情报中心。该软件可以自定义定向下载，让用户设定几十个需要被监控的网站（如专业网站和竞争对手的网站），然后开始定时跟踪这些网站的信息发布，一旦被监控网站上有了新的信息出现，实时系统会立刻发现并将新的信息抓取回来，分析索引后存入信息库备查。用户还可以在本地电脑中自定义的目录结构保存、检索从互联网上定向下载的网页或者其他专业信息提供商处获得的频道信息。为了方便企业对新的情报信息迅速做出反应，该软件还具有自动新信息提醒和报告生成功能。值得一提的是，该软件还采用了最先进的人工智能技术，可以自动形成文本摘要并提供内容相关性检索，为用户提供了极大的方便。

**五、网上收集竞争情报的几点经验**

1. 从自建网站的报道找数据

一般来说，每个运营商不会将公司经营发展的数据进行公开，但往往在自建网站上会有疏忽，但公司在某项业务出现重大突破时，会有一些内部刊物通讯员的相关报道。

2. 在全国性媒体查找敏感性问题相关资料

目前一般较大的媒体均在网上有网站或电子版。在通信行业，有关敏感问题由于运营商与当地媒体的复杂关系，往往在当地媒体碍于影响问题报道内容有限，但对于全国性媒体则不然，记者为追求报道的影响和发行量，会大肆追踪报道。

3. 从网上论坛找信息

由于通信行业技术层次高，客户接触面广的特点，一些通信行业的业内人士喜欢在有关论坛"传播行业知识"。有时一些地市公司私下开展的竞争行为是不可能公开的，在有的通信论坛（如友人网的手机卡论坛），有的网友会把自己的重大发现在论坛上公布出来，与网友们分享和讨论；当然对此类信息要有"去伪存真"的眼光。

六、反思

通过互联网可以了解到竞争对手的信息，对方也可以通过同样的方式来收集自己的资料。故在每个运营商企业内部一定要加强信息管理，防止有保密性质的资料外泄，而给公司带来损失。

资料来源：佚名. 如何通过互联网收集电信运营商竞争情报. 畅享论坛, 2006-10-08.

➡ **问题：**

1. 互联网信息资源应如何搜集？
2. 通过企业的网站都能获得哪些信息？

## 本章小结
★★★★

本章主要针对互联网信息资源采集的方法、手段和应用进行了讲述。

互联网信息具有信息资源丰富、覆盖面广；超文本、超媒体、集成式地提供信息以及信息来源分散等特点。互联网信息资源还具有价廉、新颖、广泛、非正式和自由发表等优点。

互联网信息资源的类型按照用户采用不同的互联网传输协议来划分，可以分为：基于超文本传输协议（HTTP）的信息资源、基于文本传输协议（FTP）的信息资源、基于远程登录（Telnet）的信息资源、新闻组（Usenet/News-groups）资源和电子邮件（E-mail）信息资源。

互联网信息资源采集的方法一般有浏览、通过网络资源指南查找信息、利用网络信息检索工具查找信息。互联网信息采集工具主要包括：机器人搜索引擎、主题目录式搜索引擎、元搜索引擎。在使用互联网进行信息采集时要想得到满意的结果还要掌握一些搜索的常用技巧。

## 本章复习题

1. 请查找并写出 4 个国内外搜索引擎（网站），分别在上述 4 个搜索引擎中查找并记下：

(1) 利用关键字"自行车"所检索到的记录的条数。

(2) 利用关键字"电动自行车"所检索到的记录的条数。

(3) 对比各搜索引擎所检索到的记录条数，写出你的认识与结论。

2. 利用搜索引擎查找 10 个你感兴趣的旅游景区的邮政编码、电话区号、主要景点和近 3 天的天气情况。

3. 利用搜索引擎查找 5 个矿泉水生产企业的信息。

4. 简述互联网信息资源的特点。

5. 简述使用互联网进行信息采集的 5 个技巧。

6. 简述互联网信息资源按照用户采用不同的互联网传输协议来划分的类型。

# 第五章

## 现场信息采集

## 学习目的
★★★★

知识要求 通过本章的学习，掌握：

● 什么是现场信息采集
● 不同现场信息采集所需准备的工作
● 现场信息采集方法及应用
● 现场信息采集者应该具备的能力
● 现场信息采集的道德规范

技能要求 通过本章的学习，能够：

● 根据不同现场特点进行正确的信息采集工作
● 灵活运用现场信息采集方法
● 面对现场突发事件理智处理问题
● 在信息采集过程中礼貌待人接物
● 合法地实施现场信息采集

## 学习指导
★★★★

1. 本章内容包括：现场信息采集概念，现场信息采集方法及其应用，现场信息采集者应该具备的能力，现场信息采集的道德规范。

2. 学习方法：阅读教材，学会借助网络，把握概念、术语之间的内在联系和区别；培养善于发现现场关键信息的意识，熟悉现场信息采集方法以及道德规范。

3. 建议学时：4 学时。

## 引导案例

### 现场信息采集之市场走访

现场信息采集中常用的方法之一是市场走访，这是一个能带来极具商业价值创意的有效方法。

市场走访是"搜索资源"的重要组成部分，是深入一线去了解具体市场环境和评估竞争环境的过程，因此一个好的市场走访能够准确地定义市场制胜的关键所在。历史上，一个优秀的侦查员决定战役成败的案例比比皆是。在走访过程中，不少人看到的更多的是现象、是问题，给出的报告更多的是市场问题的总结和简单的罗列。但是一个现场信息采集者并不是能将拥有的现场信息简单复制和处理，而是要通过创造性的发现和使用信息来帮助企业建立在市场上的竞争优势。

在今天，市场份额的增长和维护，难以一蹴而就，需要通过一个个阶段性的小成功来促成，而这些成功通常是抓住问题背后的机会所获得的，这就要求现场信息采集者具备透过现象看本质的能力。

市场走访可以给我们带来很多，首先，市场走访可以让企业充分意识到"为什么"往往比"有什么"、"是什么"更重要。因为发现问题、找到问题、解决问题只能和竞争对手做的一样，最多比他们更好一些，而透过问题发现的机会和趋势，你所在的企业或你所服务的企业一旦把握住就可以和竞争对手建立差异，领导市场或形成快速的增长。其次，市场走访是从"战略"到"战术"或"战术"到"战略"的过程。先有"战略"还是先有"战术"一直是营销行业争论的话题，就理论而言，战略指导战术，应该是先有战略。就市场走访而言，战略和战术的逻辑关系有时会相反。走访前现场信息采集者应该带着假设（战略假设）进入市场，去找到实现战略假设的战术方法和活动，而实际情况是，有时可能一个战术的发现改变了原先战略，找到了更好的市场机会。带着战略思考去走访市场，能够使走访更有效、更具针对性，但一味地坚守战略（假设）往往会带上"紧箍咒"而失去战机。因此，在进行市场走访时不应该是简单地界定"战略"和"战术"的逻辑关系，而应该界定对"战略"和"战术"的标准。从有竞争差异点背后寻找强大的市场增长因素，有了这些标准，市场走访就可以带来新的竞争优势，就可以产生新的信息、新的对策，统一的战略和不变的目标。

市场走访是论证企业资源/能力与目标市场匹配的过程。成功的企业是那些靠抓住机遇获得增长的企业，同时也是那些能够充分地将资源和能力与市场进行匹配的企业。

市场走访的基本原则包括明确走访的目的，做到有的放矢；界定准确的走访目标（精准的研究目标）进行深入的走访，这才有机会从现象洞察本质，找到机会；获取有用的数据资料而不是冗余的大量无效信息和数据；为更好地对市场走访的环节和对象进行区隔，找出几个关键因素对走访结果的精准性更有帮助。在战略假设的框架下，去界定研究的重点，尽可能地控制在三个关键因素上。如研究市场环境——掌握潮流趋势、研究竞争品牌——寻找差异机会、研究消费人群——洞察消费需求、研究自身品牌——清理品牌资产；感性视角，理性研究。在走访过程中，我们会发现对同样一个问题有不同的解答，这需要敏锐地发现真相的能力；以事实为依据，"真实"是我们进行市场走访的基本准则。没有客观的数字和信息做支持，我们的判断就会有误差，就会误导整个策略的制定和实施。在做市场走访时，一定要注意市场是大家的，不是现场信息采集者"一个人"的，所以"真实"最重要。

市场走访中还需要有独特的触角，需要有敏锐的嗅觉，用直觉去感知现象背后可能的真相和趋势；要和目标消费者融合在一起，像一个消费者一样带着问题走到消费现场，去观察、去感知他们的消费行为，如怎么点酒、如何饮用、当地酒桌上的一些文化、饮用时的神情和心理状态等；系统、有序地呈现结构化、图表化、信息图片化的数据。数字图表化和信息的图片化能够帮助我们和客户以感性的方式去理解理性的数据，简单直观、有现场感，而结构性的数字带给人更加真实的感觉；竞争视角，全局观念。竞争的视角能够帮助聚焦核心问题，而全局观念能够帮助我们扫描市场，获得一些意外的发现；对于市场上存在的关键问题，要从多个环节、多个角度去理解、解读和论证，不带有偏见，对一些关键问题要从系统的角度，得到各个环节的真实反映后进行归纳和解析，从而找到真正的解决之道和机会，比如"市场的下滑是产品力不足"、"没有实现增量目标是因为促销力度不够"等；打开思维，多听、多看，从原本与走访计划中不相干的问题和现象中发掘出一些新的机会。

在市场走访中遇到问题时，要注意耐心、谦和、友善，不能轻易放弃，要学会找到解决问题的要素，灵活处理眼前发生的问题，更好地完成预先设定的目标。

资料来源：佚名. 如何走访市场. 道客巴巴网，2011-03-04.

**问题：**

1. 市场走访的目的是什么？
2. 市场走访的独特性是什么？

# 第一节 现场信息采集概述

## 一、什么是现场信息采集

现场信息采集就是身处事件发生地，通过一定的方式和手段将事件发生的全程信息客观地加以记录、整理并保存的过程，是基于人工系统信息采集方法中的直接观察法。

现场信息采集可以分为以宣传为目的的展示会、产品发布会、博览会、展销会等，以专项研究为目的的研讨会、座谈会、街头拦截、入户访问、神秘访客等，以交流为目的的企业参观、店铺参观、走访市场、了解人文环境等，这些都是可以及时、高效地了解市场动态，了解顾客满意度，掌握新技术，掌握企业产品质量的有效手段。

现场信息采集从搜集资料的特征看包括定量调查和定性调查，如交流走访和座谈会等。从具体方式上看包括访谈调查以及观察实验两种方法，如展示会、产品发布会和参观等。

## 二、现场信息采集的准备

现场信息采集的特点就是及时，采集过程与事件发生过程同步进行，所以做好现场信息采集的充分准备，保证信息采集内容完整、可信是非常必要的。

在实施现场信息采集之前必须明确采集的目的、时间、环境、对象、内容等，并针对不同的要求完成准备工作。

通常现场信息采集要做的准备分为硬件和软件两大部分。

**（一）针对以宣传企业产品、企业形象为目的的现场信息采集需要做的准备**

（1）硬件部分：照相机、摄像机、录音笔、笔及笔记本等。

（2）软件部分：要求实施现场信息采集的人员必须做好到达现场之前的准备工作，比如熟悉该企业的产品、技术水平、市场竞争能力、企业规模等信息，帮助自己在现场发现最具价值的人、物、事。

**（二）针对以企业产品定位、服务质量、企业形象、社会需求等专项研究为目的的现场信息采集需要做的准备**

（1）硬件部分：参与人及数量、具体地点、礼品、环境布置、照相机、摄像机、录音笔、笔及笔记本等。

（2）软件部分：要求实施现场信息采集的人员必须了解项目目的，熟悉问卷内容及问卷提问方式，了解受访人群及其特点，做好项目执行过程中的记录。

**（三）针对以经验交流为目的的现场信息采集需要做的准备**

（1）硬件部分：具体地点、交通工具、照相机、摄像机、录音笔、笔及笔记本等。

（2）软件部分：要求实施现场信息采集的人员必须了解项目目的，熟悉到访地点特点、规模、经营项目以及周边环境。

值得注意的是，无论做哪种现场信息采集，都需要经过受访者的同意，以免引起不必要的麻烦。

## 三、现场信息采集工具

现场信息采集工具主要有以下几种：

（1）设计好的问卷。

（2）照相机。

（3）录像设备。

（4）录音设备。

（5）笔。

（6）笔记本。

（7）计算机。

（8）扫描仪。

在工具使用过程中要做好备用方案，以防电池没电造成的损失或照相机、摄像机、录音笔出现问题，备件如下：

（1）备用电池充好电。

（2）带好手机。

（3）带好 MP4。

（4）iPad。

## 四、现场信息采集方法及应用

### （一）询问法

询问法就是实施调查者依据调查目标拟定出的具体调研提纲，在现场信息采集实施过程中，向被调查者以询问的方式，个别地或小范围地询问各种想要调查了解的问题，请他们回答，来采集有关信息资料。

1. 个体面对面调查询问法

(1) 优点：自由、机动、灵活，现场信息采集者与受访者之间可以有实时的互动，得到的资料也比较真实。

(2) 缺点：在人、财、物上的投入会比较大。

2. 会议调查询问法

(1) 优点：受访者与项目目标需求一致，在确定的空间里可以安静、平和地与现场信息采集者充分沟通，气氛温馨，调查内容更加充分、真实。

(2) 缺点：存在从众的心理，受影响大，调查会的效果好坏与会议组织者的组织能力、业务水平和工作能力有很大的关系。

3. 问卷调查询问法

(1) 优点：费用适中，回收率较高，效果良好。

(2) 缺点：耗时长，会产生一定的废卷，给后期对信息的整理带来影响。

询问法的最大特点在于：整个询问过程是调查实施者与受访者直接面对面的互动，是人际沟通的一个过程。因此要取得成功，不仅要求调查实施者在事前要做好大量的案头准备工作，还要求要有熟练的访谈技巧，另外被调查者的密切配合也是必不可少的。

**(二) 观察法**

观察法是指研究者为实现一定的研究目标，用自己的感官或辅助工具去直接观察被研究对象，从而获得所关注信息的一种方法。由于人的感觉器官具有一定的局限性，观察者往往要借助各种现代化的仪器和手段，如照相机、录音机、录像机等来辅助观察。

科学的观察具有目的性和计划性、系统性和可重复性。

1. 自然观察法

(1) 优点：场景为自然生活环境（如商场超市、会议、商务服务中心等），被观察者行为、举止随意而真实。

(2) 缺点：现场信息采集者除了凭感官观察以外，记录现场状况必须借助一定的摄录工具，操作起来比较烦琐。又因为是纯自然环境中的观察，所以现场状况不易控制，要求现场信息采集者必须具备随机应变的能力。

2. 设计观察法

(1) 优点：场景为现场信息采集者在实施采集信息之前按照接近自然环境设计的，所以现场状况、采集过程可控，摄录设备易于操作和使用。

(2) 缺点：身处被设计环境中的被观察者的行为接近真实，而非最真实，所以会产生一定的信息误差。

3. 掩饰观察法

（1）优点：可以使被观察的对象在不为所知的情况下观察他们的行为过程，结果真实、可靠。现在企业常用神秘访客的观察法。

（2）缺点：如果被观察人知道自己被观察，其行为可能会有所不同，调查所获得的数据也会出现偏差。

4. 机器观察法

（1）优点：在一些特定的环境中，机器可能比人员更便宜、更精确和更容易完成工作。如道路交通、银行、商场等来往人群集中不易控制的地方常用此种方法。

（2）缺点：费用高，场地、场景需要配套。

观察法的最大特点在于直观、生动，具有极强的时效性，所获信息接近真实、可信。但是因为受时间、观察对象、观察者本身及环境等多方面的限制，一定程度上会造成观察到的事物本质和人们的思想意识会受到主观臆断的影响。

用观察法时应注意的原则有：

（1）全方位原则。实施现场信息采集之前应该更多地考虑尽量以多方面、多角度、多层次进行观察，搜集现场信息。

（2）求实原则。尊重事实，详细记录现场观察到的各种真实细节，注意和不遗漏细枝末节，并必须遵守法律和道德原则。

## 五、现场信息采集者应该具备的能力要求

现场信息采集的特点就是在真实环境中进行对事件发生过程的观察与询问，因此要求现场信息采集者必须具备如下的能力：

（1）对事物有足够敏锐的观察力。

（2）足够处理现场突发事件的能力。

（3）亲和力。

（4）善于与人沟通和交流的能力。

（5）熟悉设备特性。

（6）熟练使用、维护、调试、维修设备的能力。

（7）具有团队合作意识。

（8）对采集到的信息有序整理的能力。

# 第二节 现场信息采集的道德规范

## 一、现场信息采集礼仪

### (一) 为什么要学习礼仪

现场信息采集顾名思义就是在发生事件的地点与人进行的一种交流，而信息采集者在与被调查者之间沟通过程中，为了更好地、科学地、真实地了解事实真相，就必须具有很好的亲和力、很好的形象、礼貌的语音、优雅自然的举止，因此学习必要的礼仪知识是出色完成任务的前提。

有个行为学家曾经做过一个测试，他让一位女演员扮演了五个不同的角色，站在马路边拦车。第一个角色是一位白领女性，穿着时装，她在马路边等了一分半钟，过了 60 多辆车后，有人让她搭车。第二个角色是一位孕妇，她等了 2 分多种，过了 100 多辆车后，有人让她搭车。第三个角色是一位老年妇女，她等了 5 分钟，过了 200 多辆车后，有人让她搭车。第四个角色是一位女嬉皮士，穿得破破烂烂的，她等了 15 分钟，过了 350 辆车后，才有人让她搭车。第五个角色是一位时髦女郎，穿着有线条的服装和高跟鞋，打扮得非常得体、时尚，她等了 30 秒钟，就有人让她搭车了。

由此可以看出一个具有良好形象、修饰得体的人，会更令人感到可亲、可敬、有魅力。这也是在做现场信息采集工作时应该具备的。

在社会交往过程中礼仪已经成为一种行为规范，它是打开人生职业生涯、顺利进入社会的一把金钥匙，是从心底里产生对他人的尊敬之情。拥有它你可以无须花费而赢得一切，赢得陌生人的友善和配合，赢得朋友的关心，赢得同事的尊重。拥有它可以使人如沐春风，滋润着他人心灵，沟通着他人情感，化解人与人之间的误会、猜忌、矛盾，使人彼此关注，相互理解，相互照顾。

礼仪是人类文明和社会进步的重要标志。学习礼仪，有利于人们恪守社会行为规范，有利于塑造良好的个人形象和整体形象，最重要的是有利于现场信息采集者在信息采集实施过程中能够顺利完成任务。因此，学习礼仪常识，遵守礼仪规范，是非常必要的。①

---

① 百度文库，http://wenku.baidu.com/view/dbe7621fc281e53a5802ffbc.html。

**（二）现场信息采集礼仪**

现场信息采集更多的是与人之间的交往，所以在礼仪方面就有一定的要求。

1. 个人礼仪

良好的个人礼仪、规范的处事行为并非与生俱来，也非一日之功，是要靠后天不懈努力和精心教化才能逐渐地形成。因此，可以说个人礼仪由文明的行为标准真正成为个人的一种自觉、自然的行为的过程，是一个渐变的过程。学习个人礼仪，首先要记住个人礼仪五大基本要素：

（1）以个人为支点。

（2）以修养为基础。

（3）以尊敬为原则。

（4）以美好为目标。

（5）以长远为方针。

围绕着这五大要素，我们必须学会如下的礼仪要求：

（1）仪表穿着及技巧。

1）仪表穿着可以第一时间反映人的基本素质。

①清洁卫生是仪容美的关键，是礼仪的基本要求。

②服装是个人形象和气质的最好展现。因此整体服装要自然协调，服饰搭配大方，要遵守某种约定俗成的规范或原则。特别注意的是服装不但要与自己的具体条件相适应，还必须注意对客观环境的详细信息有所掌握，即要优先考虑时间、地点和目的三大要素，以便配合不同场合对人着装要求来选择服饰，并努力在穿着打扮的各方面与时间、地点、目的的保持协调一致。

③色彩应当以冷色调为主，借以体现出着装者的典雅、端庄与稳重。要尽量传统，以显示自身的持重与可信。全身上下服装色彩不要超过两种，不然就会显得杂乱无章。

④服饰是反映一个人文化素质高低、审美情趣的外在体现。服饰搭配一定要与场合、服装类型、服装色彩、个人气质、项目要求所匹配，不能带有过于夸张、豪华贵重、劣质的配饰，引起不必要的反感，给自己在信息采集实施中增加障碍。[1][2]

2）技巧。

①着装要与环境相协调。比如，在办公室工作就需要穿着正规的职业装或工作服。比较喜庆的场合如婚礼、纪念日等可以穿着时尚、潇洒、鲜亮、明快

125

---

① http：//zhidao.baidu.com/question/3605869.html。

② http：//www.lady916.com/xy/zb/200805/8688.shtml。

的服装等。

②着装要考虑个人身份角色。当你是一名柜台的销售人员，就不能过分打扮自己，以免有抢顾客风头的嫌疑；当你是企业的高层领导人员出现在工作场所，那么当然就不能随心所欲地去穿着了。

③着装要和自身"条件"相协调。所谓"扬长避短"重在"避短"。比如身材矮小的适合穿造型简洁明快、小花型图案的服饰；肤色白净的，适合穿各色服装；肤色偏黑或发红的，切忌穿深色服装等。

④着装要和时间相协调。只注重环境、场合、社会角色和自身条件而不顾时节变化的服饰穿戴，同样也不好。比较得体的穿戴，在色彩的选择上也应注意季节性。①

（2）言谈及技巧。

1）言谈是一门艺术，也是个人礼仪的一个重要组成部分。

①礼貌：态度友善、诚恳，亲切，面带笑容；说话声音大小要因场地环境不同而不同；语调要平和沉稳；尊重他人。

②用语：使用尊敬和礼貌的词语，如日常使用的"请"、"谢谢"、"对不起"、"您"等。如初次见面为"久仰"，很久不见为"久违"；请人批评为"指教"，麻烦别人称"打扰"，求给方便为"借光"等。要努力养成使用礼貌用语的习惯。现在，我国提倡的礼貌用语是 10 个字："您好"、"请"、"谢谢"、"对不起"、"再见"，这 10 个字体现了说话文明的基本的语言形式。

2）技巧。

①语言不卑不亢，互相尊重。

②微笑示意，主动热情。

③眼光坦诚注视被调查者。

④注意不抢话，注意倾听。

⑤记录认真、翔实，以示对被调查者的尊重。

（3）仪态举止及分寸把握技巧。

1）仪态举止。

①微笑：要自然、亲切、大方，发自内心，要能充分体现一个人的热情、修养和魅力。在与对方正视、交流的过程中保持微笑，并将微笑贯穿礼仪行为的整个过程。

②目光：与人谈话时，目光要自然、温和，注视对方眉骨与鼻梁三角区，

---

① http://baike.baidu.com/view/1573606.htm#sub5089560#sub5089560。

不能左顾右盼，也不能让对方感觉不适，所以目光要适时调整。

③站姿：抬头、挺胸、双肩自然下垂。在信息采集现场，保持自然体态，不矫揉造作。

④坐姿：入座要轻，坐满椅子的2/3，轻靠椅背。双膝自然并拢（男士可略分）、头平正、挺胸、夹肩、立腰。如长时间端坐，可将两腿交叉重叠，注意将腿回收。这在以会议为主的现场信息采集时需要注意。

⑤行姿：作为女士，要抬头、挺胸、收腹、手自然摆动、步伐轻盈，不拖泥带水，身体有上拉的感觉。作为男士，要步伐稳重，摆臂自然，充满自信。

⑥手势：是与人沟通中必要的辅助谈话手段，手势幅度和频率不易过大，示意方向或人物时，应用手掌，切忌用手指。示意他人过来时，应用手掌，掌心向下，切忌掌心向上。

⑦鞠躬：身体向下弯曲呈30°，头颈背一条线，目光落于体前1米处。用于迎送客人、自我介绍或交换名片时。这在以会议为主的现场信息采集时需要注意。

⑧开门：向外开的，先敲门，把住门把手，请客人先进。向内开的，自己先进屋，侧身把住门，请客人进。

⑨握手：五到即身到、笑到、手到、眼到、问候到；握手时间3~5秒为宜，力度适中。遵循贵宾先、长者先、主人先、女士先的顺序。另外忌用左手，要注意握手只用右手；忌戴手套。

2）仪态举止分寸把握技巧。

①注意观察交流对方在交流过程中的反应，及时发现对方情绪的变化，适时调整仪态和交流时间。

②不同场合对仪态举止要求不同，在现场信息采集实施前做好准备，了解现场将面对的人、事、物，做到有的放矢。

③事事以主动表示友好为主，如发现对方不喜欢跟陌生人握手时，要及时调整气氛，保证交流能够顺利进行。

（4）自我介绍礼仪。

①先递名片再作自我介绍；在商务活动时需要准备好名片，以便与被访者交流，拉近彼此距离。

②长话短说，语言精练；如果是街头拦截、走访市场，就需要在最短时间内表达目的，表清楚身份，消除被访者疑虑，高质量完成现场信息采集任务。如果是神秘访客就不需要了。

③自我介绍时务必要使用全称。

**2. 公共礼仪**

现场信息采集中有以交流为目的的企业参观、店铺参观、走访市场、了解人文环境等，这些都发生在公共场合，因此公共场合应该遵守的礼仪是作为现场信息采集者应该掌握的。

（1）介绍礼仪：介绍他人时，掌心向上，手背向下，四指伸直并拢，拇指张开，手腕与前臂成一直线，以轴关节为轴，整个手臂略弯曲，手掌基本上抬至肩的高度，并指向被介绍的一方，面带微笑，目视被介绍的一方，同时兼顾客人。介绍自己时，右手五指伸直并拢，用手掌按自己的左胸。介绍时，应目视对方或大家，表情要亲切坦然。注意不要用大拇指指着自己，也不要用食指指点别人。

（2）名片礼仪：两大拇指按名片上两角，两手掌托住名片，字正向对方，身体微倾向对方，并简单寒暄"多多关照"。

（3）同行礼仪：在进行现场信息采集时，若有同行，一定要注意两人行，右为尊，三人同行中为尊，四人不能并排走。

（4）保持距离：适当的距离感可以帮助在进行信息采集时与陌生人之间营造一种更宽容、和谐的氛围。通常认为：1.2~1.6 米为社交距离；0.5~1.2 米为私人距离；小于 0.5 米为亲密距离；大于 3.6 米为公共距离。

（5）鼓掌礼仪：鼓掌含有欢迎、赞许、祝贺、感谢、鼓励等语意。鼓掌时应用右手手掌拍击左手手掌心，不可用指尖轻拍左掌心。

（6）递物与接物：递物与接物是生活中常用的一种举止，须使用双手来完成，表示对对方的尊重。如递交名片、问卷、文件时应用双手恭敬地递上，且名片、问卷、文件正面对着对方；在接受他人交换名片或交还问卷、文件时，也应恭敬地用双手捧接，接过后要仔细看一遍或有意识地读一下内容，不可接过后看都不看就随便乱放。

公共礼仪注意事项：

（1）公共场所切忌行为举止幅度过大，如大声说话、表情夸张等。

（2）注意陌生男女之间的尺度，避免引起不必要的误会。

（3）注意身份的表述要清晰，让被调查者在最短的时间内了解工作目的，赢得被访者最大限度的配合。

**3. 会议礼仪**

现场信息采集中有以专项研究为目的的研讨会、座谈会等会议，这些会议在前期准备、会议期间、会议之后都需要我们了解并掌握有关会议的通用礼仪，主要包括以下五点：

（1）发放会议通知时应阐明会议目的。

（2）拟发好的会议通知必须写明开会时间、地点、会议主题及参加者等内容，要提前一定的时间发通知，以便使参加者有所准备。

（3）安排好会场，会场的大小要根据会议内容和参加者的多少而定，另外应在会场附近安设路标以作指点。

（4）开会的时间宜紧凑，会议需要主题鲜明，重点突出，有效地利用时间，讨论实质性的问题。

（5）迎送礼仪，凡是一些大型或中型会议，对会议参加者要认真做好迎送工作，一般应在会前组成一个会务组，专门处理有关问题。

会议礼仪注意事项：

一般会议都是为了实现一定的目标，邀请特定的人物来共同完成的，所以就更要注意会议期间的礼仪，因为礼仪是否到位，得到参会者的认可是树立企业形象的关键，作为企业的一分子有义务和责任学好会议礼仪，完成现场信息采集任务。需要注意的是：

（1）会议地点注意要交通便利，方便参会者找到会议地点。

（2）会议环境安排大气、宽敞、明亮。

（3）会议期间有足够的茶点和休息时间。

（4）会议期间设备安装到位，避免发生因为设备的问题耽误会议进程。

（5）会议纸质和电子版资料准备充足，方便参会者查阅和保存。

总而言之，"事事留心皆学问，人情练达即文章"。在和被访者交流时，介绍也好，握手也好，一定要讲规矩。一般而言，讲究人际交往中的种种规矩，本身就是在遵守礼仪。

## 二、现场信息采集的道德规范

### （一）道德规范的社会含义

道德规范是道德意识现象的内容之一，是调整人们之间以及个人与社会之间关系的行为准则，是人们的道德行为和道德关系普遍规律的反映，是一定社会或阶级对人们行为的基本要求的概括，是人们的社会关系在道德生活中的体现。

道德与法律都是行为规范，但是法律是具有国家强制力的，而道德只能靠人们自觉遵守，约束力比法律弱很多，靠舆论来实现道德的力量。形成也不同，道德是在生活中逐步确立的风俗规则，法律则是由国家制定的。代表的利益有所不一样，法律一般是当权者管理的有力工具，而道德是群众在生活中的利益体现，有一定差距。

## （二）道德规范

作为现场信息采集者，因为多是与人之间的沟通与交流，并且现场信息采集者所处环境往往为陌生不熟悉的环境，陌生环境中的人群也多是不熟悉的，因此具备约定俗成的基本道德规范是非常必要的。

1. 公民道德基本规范

（1）爱国守法。

（2）明礼诚信。

（3）团结友善。

（4）勤俭自强。

（5）敬业奉献。

2. 社会公德主要规范

（1）文明礼貌，互相尊重。

（2）助人为乐，乐于奉献。

（3）爱护公物，具有社会责任感。

（4）保护环境，绿色生活。

（5）遵纪守法，自觉维护公共秩序。

3. 职业道德主要规范

（1）爱岗敬业，吃苦耐劳。

（2）诚实守信，光明磊落。

（3）办事公道，精益求精。

（4）服务群众，尊重现实。

（5）奉献社会，服务社会。

4. 现场信息采集道德规范

（1）基本规范。

①摄录之前要征求被访者个人或企业的同意。

②不干扰被访者个人或企业的正常工作。

③不窥探被访者个人或企业的隐私。

④不去被访者个人或企业的敏感地方。

⑤不应未经许可使用被访者个人或企业的资源。

⑥以深思熟虑和慎重的方式进行信息采集工作。

⑦为社会和人类作出贡献。

⑧避免伤害他人。

⑨要诚实可靠。

⑩要公正并且不采取歧视性行为。

⑪尊重包括版权和专利在内的财产权。

⑫尊重知识产权。

⑬尊重他人的隐私。

⑭保守秘密。

（2）五种不道德行为。

①有意造成现场混乱或擅自闯入。

②商业性或欺骗性地进行现场信息采集工作。

③偷窃资料、设备或智力成果。

④未经许可而接近被访者个人或企业的敏感地点。

⑤在公共用户场合做出引起混乱或造成破坏的行动。

## 引导案例

### 信息采集案例集锦

现场信息采集的方法、手段需要因地制宜，信息来源千变万化，只要注意日常工作中的积累，具备对信息捕捉的敏感度，就可以通过蛛丝马迹找到关键信息。我们通过我国改革开放后比较重大的泄密事件来看现场信息采集是如何应用的。

案例一

中国内地的"两步发酵法生产维生素 C"通过鉴定，为国家重大科技发明，这是人类需求极大、前景无比广阔的科学成果，世界两大产业国瑞士和美国闻风而至，竞相出价要买下这项技术专利。没想到，一个星期后，争得脸红脖子粗的两国代表"和气生财"，欢天喜地地回国去了。原来这项专利便宜到只值一本杂志的价钱！某学报将全部研制过程、细节、配方、剂量刊登无遗。稍有化学常识者，回去"按谱炒菜"即可，真是得来全不费工夫！

案例二

日本人在一次国际蚕业学术会上，对中方代表极尽东道主之谊，规格之高，令中方代表受宠若惊。原来中方在学术报告上将独创治柞蚕流行病的配方、施药方法甚至病源研究都和盘托出，日本方面不过是回报以东方式的答谢罢了！

日本设有独立一幢楼的广播监听室，昼夜 24 小时监听和收录中国大陆中央和地方各省市的电台广播节目，并立即整理，分类存档。

案例三

中国宣纸有"千年寿纸"、"纸中之王"的美称，尤以安徽宣州泾县所产者为最。日本人对其奥秘垂涎已久，曾派出情报人员到宣州转悠，后发现泾县宣纸厂漆着标志的车，旋尾随而至。但这回碰了壁，泾县厂方谢绝参观，后来还下令将所有厂车的标志涂去。但是，次年，另一批日本人到了浙江的一个县，一家造纸厂热情款待，有问必答；连蒸煮原材料的碱水浓度这样的细节也言无不尽，临别更赠送檀树皮、长稻草浆和杨桃藤，而这家纸厂正是在泾县的扶持下建立的！此后，日本人志得意满地宣布：世界宣纸，安徽泾县第一，日本第二，浙江第三，中国台湾第四！

案例四

美国的派克金笔是头号名牌，但中国的"英雄"、"金星"也有一项单项技术领先，这就是不锈钢笔套的抛光技术。派克公司的两名副总裁来华，意外发现中国厂家完全实行门户开放，他们便携来摄像机，在众目睽睽之下，把抛光机的结构及运作拍下全套录像。

案例五

某厂生产的胱氨酸为创汇"拳头产品"。但由于该厂在接待外国客商时，详尽解说，并允许拍照录像，使胱氨酸的核心机密几乎成为可以免费索取的资料，如今这一化工产品已成了"行货"。

资料来源：尤良才.商业秘密的泄露及启示 [J].决策与信息，2001（8）；佚名. 中新网，2007-01-29.

**问题：**

1. 现场信息采集的方法很多，请列举出以上每个案例中采集信息所使用的手段和方法。

2. 现场信息采集给企业带来的价值是什么？

## 本章小结

本章主要针对现场信息采集的方法、手段和应用进行讲述。

现场信息采集的目的是第一时间、第一现场将人、事、物真实地记录的过程。在这个过程前、过程中、过程后，现场信息采集者需要做很多软件和硬件方面的准备，这就要求实施现场信息采集者必须具备对常用工具的使用、保养、维修等能力，必须具备与人沟通协调的能力，必须了解现场信息采集实施方法及其特点。

在实施现场信息采集时，要具备一定的道德观，具备一定的礼仪常识，要懂待人接物基本礼仪，要了解公开场合的应该遵守的规则，注意保护受访者隐私，严格遵守国家法律法规，尊重人权。

## 本章复习题

1. 有个名品展示会，领导要你去做一个较为详细的了解，请问你在去之前需要做哪些准备工作？这些工作哪些是最重要的？

2. 要组织一个由消费者参与的产品质量调查会，为了组织好这次会议，并采集到必要的信息提供给客户，需要做什么？需要注意什么？

3. 为了企业得到最真实的信息和数据，当你作为一个神秘访客外出到特定的环境中去时，你应该如何在被访者没有察觉的情况下，收集到需要的真实信息？

4. 在与人交往过程中，需要自身具备哪些礼仪常识？

5. 个人礼仪有哪几大要素？

6. 谈谈你对走访市场的认识并在走访市场后进行总结。

# 第六章

## 人际信息网络

## 学习目的

★★★★

知识要求 通过本章的学习，掌握：

● 人际信息的含义

● 人际信息网络的含义和特点

● 人际信息网络的模式

● 企业人际信息网络的重要性

● 人际关系与人际信息、人际信息网络的关系

● 人际交往原则

技能要求 通过本章的学习，能够：

● 有目的地建立人际关系

● 根据不同需求确定构建人际信息网络的模式

● 运用关键测度分析评估人际信息网络

● 了解构建完整的人际信息网络并进行维护

● 对人际信息网络进行有效的管理和优化

## 学习指导

★★★★

1. 本章内容包括：人际信息网络概述；人际关系的建立与维护改善；人际信息网络的构建；人际信息网络的管理与优化。

2. 学习方法：阅读教材，掌握概念，把握人际关系与人际信息和人际信息网络间的联系；结合实践经验，理解人际交往的原则，掌握人际交往技巧，学

会如何建立与维护改善人际关系；根据给定的方法和过程，结合企业情报组织的机制和策略，学习如何建构、管理和优化企业人际信息网络。

3. 建议学时：4学时。

### 引导案例

#### "六度空间"

一家德国报纸接受了一项挑战，要帮法兰克福的一位土耳其烤肉店老板，找到他和他最喜欢的影星马龙·白兰度的关联。结果经过几个月，报社的员工发现，这两个人只经过不超过六个人的私交，就建立了人脉关系。1967年，哈佛大学心理学家米尔格兰姆（Stanley Milgram）就设计了一个连锁信件实验。他将一套连锁信件随机发送给居住在内布拉斯加州奥马哈的160个人，信中放了一个波士顿股票经纪人的名字，信中要求每个收信人将这套信寄给自己认为比较接近那个股票经纪人的朋友。朋友收信后照此办理。最终，大部分信在经过五六个步骤后都抵达了该股票经纪人。"六度空间"的概念由此而来。

这个连锁实验体现了一个似乎很普遍的客观规律：社会化的现代人类社会成员之间，都可能通过"六度空间"而联系起来，绝对没有联系的A与B是不存在的。这是一个更典型、深刻而且普遍的自然现象。那么，怎样用数学理论揭示"六度分割"现象？这是现代数学领域又一个重大的数学猜想。

六度分割的现象，并不是说任何人与人之间的联系都必须要通过六个层次才会产生联系，而是表达了这样一个重要的概念：任何两位素不相识的人之间，通过一定的联系方式，总能够产生必然联系或关系。显然，随着联系方式和联系能力的不同，实现个人期望的机遇将产生明显的区别。

资料来源：佚名.六度空间.百度百科.

➡ 问题：

1. 如何理解人际信息网络？
2. 如何理解"六度空间"？

# 第一节　人际信息网络概述

在信息社会中，信息成为比物质和能源更重要的资源，以开发和利用信息资源为目的信息经济活动迅速扩大，逐渐取代工业生产活动而成为国民经济活动的主要内容，在企业商业活动中，人际关系网络起的作用越来越引起重视。而信息从来源维度划分，可以分为纸介信息、互联网信息、现场采集信息和人际信息。

## 一、人际信息

人际信息是指存储在人际资源中的数据，包括个人自身的属性数据（如年龄、职业、专业技术水平、角色定位等）、个人之间、个人与群体之间的关系数据（如行动者与哪些人和组织保持交际关系，知道哪些人拥有何种资源等）。

据相关调查显示，"人际交流"是中国企业获取竞争情报最多的手段，在所有手段中占 65%，同时也有 23%的企业认为它是最可信赖的情报搜集手段。

## 二、人际信息网络

在企业的竞争情报系统中包含三大重要网络，分别为组织网络、人际网络和信息网络。人际信息虽然属于信息网络，但却是以人际网络为中心载体的。作为获取和传播信息的重要途径和工具，人际信息网络是现代商业竞争的重要战略资源，它的提出，是社会学领域中的人际网络研究在企业信息活动中的应用。在某种程度上可以说，人际网络本身就是一种人际信息网络。

### （一）人际网络的起源与发展

20 世纪初，人际网络（社会关系网络）在英国萌芽，拉德克里夫·布朗（Radcliffe Brown）首次使用了"社会网"（Scocial Network）的概念，这是人际网络的雏形。

此后，人际网络研究在英美迅速发展，并进入系统研究阶段，20 世纪 50~60 年代出现了许多相关的理论，如 1967 年，美国著名社会心理学家斯坦利·米尔格拉姆（Stanley Milgram）通过实验证明提出了"六度分割"（Six Degrees of Separation）理论，指出地球上任何陌生人都可以通过直接或间接的关系建立联系，而且之间的间隔不超过 6 个人，也就是说最多通过六个人就能够认识任何一个陌生人，这就是著名的"小世界假设"。而长期以来，人际关系研究主要用于社会学问题的研究，研究停留在纯社会学研究范畴内。

20 世纪 70 年代，全球社会网络理论研究的中心逐步由欧洲转移到美国，进入快速发展阶段，研究领域也拓展到经济学、地理学和信息管理学等，并涌现出一批有影响的研究成果。当前有影响的社会网络理论观点主要有以科尔曼和普特南（Putman R.）为代表的社会资本（Social Capital）理论，以罗纳德·伯特（Bur R.）为代表的结构空洞（Structural Holes）理论以及以格兰诺维特（Granovetter M.）和林南（Lin Nan）为代表的弱关系力量与社会资源（Weak

Ties and Social Resources）理论等。

近年来，人际网络研究的发展势头依然强劲，更倾向于与各学科领域的交叉研究。目前我国对于人际网络还缺乏系统、深入的研究，但研究进展呈现良好的上升趋势。

### （二）人际信息网络的含义和构成要素

人际网络（Human Network）是指为达到特定目的，人与人之间进行信息交流的关系网。人际信息网络（Human Information Network）是应信息活动的需要而构建的一种人际网络，是信息工作者获取、分析和传播非公开信息和隐性知识的重要平台。人际网络贯穿于信息循环的整个过程（信息收集、分析和服务），从某种程度上说，广义的人际网络本身就包含人际信息网络，人际信息网络本质上就是人际网络。

人际信息网络与人际网络一样，以结点和联系为基本构成要素。结点是网络中的人或机构，联系则是交流的方式与内容。两者互相依赖、互为依存。结点的角色属性（如个人的年龄、性别、职业、职位等）是客观的、显性的，较长时间内固定不变，是便于测量与确定的信息。结点间的联系（如个人之间的上下级关系、企业间的供需链关系、战略同盟关系、企业与顾客间的关系等）却是主观的、隐性的、动态变化的，包含了许多不容易被察觉的灰色信息。

### （三）企业人际信息网络的特点

虽然人际信息网络的基本构成要素为结点和联系，但是在实际中，简单的构成要素往往会组合成不同的复杂元素，比如二元组、三元组、子群、群、同构联系的集合等；就联系而言，也不是简单地将两个结点串联在一起，通常都被赋予了更多的语义内涵，比如关系类的（亲属关系、社交关系等），行动类的（感情关系、认知关系、行为关系等），统计类的（结点间的数据流、链路数等）。因而人际信息网络具有以下特点：

#### 1. 复杂性

一个传统家庭中的人际关系网络时尚且繁杂多变，何况一个具有一定规模的企业公司，无论从横向的管理范围上还是从纵向的管理层次上，人际网络的覆盖面都是非常庞大的，其中的不确定因素较多，各个结点之间的联系也并非单一单向的，从而增加了人际信息网络构建的复杂性。

#### 2. 动态性

企业人际信息网络并非一成不变，它随时可能发生变化。企业的人事变动是十分正常的，大多数企业的人事变动至少是以月为单位计量，一些特殊行业和部门可能会更快。人员的变动意味着网络内结点和联系的变更，会增添一些联系链，也会丧失一些联系链。另外，"分久必合，合久必分"的法则在人际关系中也有一定道理，固定人员间的相互关系也可能改变。

### 3. 抽象性

建立在关系基础上的信息网络不是具体可感知的，同时企业中人与人、人与部门、部门与部门间的关系也可能与表象不同，一些隐性关系可能蛰伏在表象之下。这种抽象性往往随着组织复杂程度的增加呈指数级增长。

### 4. 系统性

企业人际信息网络是一个闭环的系统，其中任何结点的变化都会在一定程度上导致连锁反应。任何一个结点和联系的改变都可能导致某条关系链的改变，甚至一些关键结点和联系的改变会影响到整个网络的效用。

### (四) 企业人际信息网络的分类

根据企业人际信息网络中结点与企业的关系，我们可以将企业人际信息网络分为两大类：

### 1. 企业内部人际信息网络

内部人际网络主要是指企业内部员工形成的人际信息网络，企业内部员工包括从企业各部门普通工作人员到领导层的所有人。在企业里，企业员工本身就是一个至关重要的情报源。谢新洲教授曾指出，企业情报人员想要获取的有关竞争对手或市场动态的信息，80%在企业内部已经存在了，但如果不能使这些文件和蕴涵在员工头脑中的情报源显性化，就会影响其发挥效用，甚至白白浪费。因此，建立良好的企业内部人际信息网络并进行有效的管理是非常重要的。

### 2. 企业外部人际网络

除了企业内部员工以外，都属于企业外部人际信息网络。它涉及众多方面，如竞争对手内部员工、行业协会、经销商、客户、证券专家及政府官员等。对于这些企业外的非公开信息源，企业可以通过间接接触等多元化方式获得信息。

### (五) 人际信息网络的重要性

在实践中，不难发现直线型交流模式下，个人的人际资源是非常有限的。比如 A、B、C 三人 (见图 6-1)，C 拥有 A 所需要的信息，但 A 和 C 并没有直接联系。但如果 A 和 C 都认识 B，那么 A 就可以通过 B 结识 C，并从 C 处获得自己所需的信息。这个简单的例子表明，以个人为中心的星型人际信息网络覆盖面非常狭窄，需要将个人与直接联系人、间接联系人的人际信息网络加以整合，形成覆盖面广泛的人际信息网络。这样一来，个人不仅可以与其关系亲密的人保持联系，还可以清楚地认识到，通过直接联系人可以建立哪些有效的新联系。

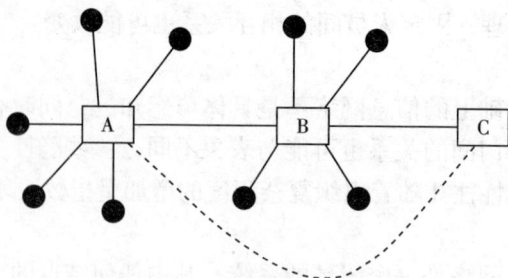

**图 6-1 人际信息网络作用**

人际信息网络与情报信息传播的通常物质载体不同，它是由人与人之间信息交流而形成的，这样的网络及其结构是由人去能动调节的。调节好人际信息网络，对于个人而言，有助于提升个人信息能力；对于企业或组织内部而言，能挖掘组织内隐性知识信息，有效促进人力资源和社会资本管理，使企业获得更大的竞争优势和经济利益；而对于整个企业联盟体来说，有利于促成联盟体成员间信息的畅通，加强合作竞争，使整个产业呈现良好发展态势。

企业人际信息网络是现代企业一种非常重要的交流工具，它可以协助企业完成情报搜集任务，也可以帮助企业建立良好的合作关系。构建适宜的人际网络、保证人际网络的可持续性发展是帮助企业获得竞争优势的便捷方式。企业人际信息网络实质上就是企业竞争情报人际网络，可以描述为：以竞争情报服务为导向而构建的人与人之间信息交流的社会网络。它是企业发展的一种无形社会资本，其中蕴涵了很多有价值的情报对企业竞争和发展起到了至关重要的作用，主要体现在三个方面：

（1）优化竞争情报系统。建立人际信息网络是企业建立竞争情报系统的主要环节。对于企业竞争情报工作来说，人际网络的重要性体现在企业竞争情报系统运行的全过程，贯穿于情报收集分析和服务整个情报循环中。将分散在企业内部零散的个人人际资源加以系统化综合，企业内部成员的人际资源将会倍增，指向目标资源的脉络更加清晰，易于找到那些路径最短、能耗最低的途径。所以在竞争情报系统开发过程中，竞争情报人际网络要并行开发，并将其嵌入到竞争情报系统中，充分发挥竞争情报人际网络的支撑作用，从而优化竞争情报系统。

（2）拓宽竞争情报来源。在竞争情报搜集中也包括灰色信息，即没有公开出版发表的，又在组织内外传播的非商业秘密类的信息，它们是介于公开信息和商业秘密这两个范畴之间的信息。搜集这类信息的正当途径主要有电话咨询、问卷调查、信函或访谈等方式，从第三方获取竞争者的信息，录用竞争对手的离职人员，通过本企业员工形成的人际网络搜集信息等。对于灰色信息，可以实现竞争情报人际网络的服务导向功能，发挥人际网络的人际资本作用，从而充分挖掘竞争情报源，扩大竞争情报搜集途径。

（3）服务竞争情报分析。总体来说，以人际网络为基础的信息分析，描述和测量行动者之间的联系以及通过这些联系传递的有形或无形的东西，如信息、资源等，从而使决策者对企业的社会资本占有量、企业对外活动趋势和企业内部角色定位等状况有清晰的认识。企业信息分析是竞争情报工作的核心，把信息转化为情报，是使信息增值的关键。竞争情报分析的主要内容是竞争环境、竞争对手和自身的分析。人际信息网络可以补充竞争情报的获取，充分挖掘那些潜在和看似无关的信息，为情报分析提供良好基础。另外，在竞争情报分析中，依托竞争情报人际网络，对问题的分析不再是孤立和片面的，而是以一种普遍联系的观点去看待复杂情况。

## 三、人际关系

人是社会的动物，不能离开群体而单独生存。亚里士多德曾说："能独自生活的人，不是野兽，就是上帝。"在社会生活中，人们几乎每天都要和他人打交道。有人估计，一个人每天除 8 小时睡眠以外，其余 16 个小时中有 70%的时间是在进行人际交往。可以说，人际交往构成了人生的主要内容，个人是在复杂的人际交往中不断成长与发展的，通过人际交往人们形成了各种人际关系。

### （一）人际关系的含义

人际关系属于许多社会科学的研究范畴，因而在不用的学科中具有不同的含义。社会学中，人际关系是指在社会关系总体中人们的直接交往关系；社会心理学中，人际关系指人与人之间的心理上的关系，表示的是心理距离的远近；行为科学中，人际关系是人与人之间的行为关系，体现的是人们社会交往和联系的状况。

总体而言，人际关系的含义可以概括为：人们在社会交往活动中形成的人与人之间的关系状态。它既是一种心理关系，也是一种社会关系。

人际关系包括认知、情感和行为三要素。认知是人际关系的前提条件，只有双方拥有了最基本的认知才能建立一定的关系，陌生人之间是没有人际关系可言的；情感是人际关系的主要调节因素，情感的性质和深浅影响着人际关系的性质和亲疏，就算是利益指向型的人际关系也是建立在一定情感基础之上的；行为是人际关系的沟通手段，人际关系只是一种状态，需要靠具体的交往行为来建立和维持。

## (二) 人际关系的特性

### 1. 人际关系的发展具有阶段性

人际关系具有层次性，它需要按照一定的规律顺序发展。很少会出现第一次和他人见面就马上变成知己的情况，也很少出现两人之间有深厚的感情，却毫无缘由突然形同陌路的情况。不论关系的增进或恶化，都必定经由一定阶段而产生。如果某个人际关系没有按照预定设想的顺序发展，这个关系会引起当事人的不安。

### 2. 人际关系有广度和深度上的不同

既然人际关系具有阶段性，那处于不同阶段的人际关系必然会存在差异，直接就体现在谈话内容的广度和深度上。人们在交往时，讨论话题的多寡（广度）、深浅（深度）是由少到多、由浅入深的。比如刚认识的人之间就很少会谈到个人家庭等隐私信息，但是随着人际关系的深入，谈话中的限制会不断减少。

### 3. 人际关系是变化的

人际关系一般都不会一直停留在某个固定的状态，它会随着双方态度、行为的变化而产生变化，这种变化可能是变好，可能是变坏。当双方紧密沟通联系一段时间后，人际关系则更加亲密；而如果长时间都相互不闻不问，人际关系就容易疏远。

### 4. 人际关系是多向度的

人际关系并不是单维度的，在类型（针对不同的群体）上，人际关系可以分为亲人、朋友、同事等；在层次（针对不同的交往侧面）上，人际关系可以包括情感的、实体的或智能的。

### 5. 人际关系具有复杂性

在人际关系中，每个人都是非常独特的个体，具有不同的经验、思想、能力、需求和欲望等，而这些因素都会影响他如何与其他人互动。两个独特、不尽相同的人，互相影响，而彼此又各自不断地改变，他们所形成的人际关系，自然就非常复杂了。

### 6. 人际关系是经由沟通来建立和维持的

所有的人际关系都是由沟通开始的，而它的维持也必须依赖沟通，因此沟通是人际关系的基础。沟通可以是语言的沟通，也可以是非语言的沟通。沟通不仅决定人际关系的开始与否，在人际关系建立之后，是否能够持续发展，沟通更是扮演着重要的角色。

## (三) 人际关系与人际信息、人际信息网络的关系

根据它们的定义不难看出三者之间的关系：

　　人际关系是人际信息和人际信息网络的基础，是人际信息和人际信息网络的载体和源头。人际信息的获取、人际信息网络的构建都建立在良好的人际关系基础上，没有人际关系的保障，就无法得到有效的人际信息，无法使人际信息在网络中传递。

　　反过来，对人际信息的处理和人际信息网络的利用能够转化为一定的共赢价值，一方面可以巩固原有人际关系，另一方面也可以拓展新的人际关系。

# 第二节　人际关系的建立与维护改善

## 一、人际关系的建立

　　既然人际关系是一种十分重要的资源，对人际信息的获取和人际信息网络的构建起到基础性的载体作用，应当注重建立广泛、有效的人际关系。

### （一）建立发展良好人际关系的过程

　　从人际关系发展具有阶段性的特性来看，人与人之间相互关系的建立发展必须遵循一定的过程规律，必须符合每个阶段的特点，过快过慢都是不对的。因而，必须明确人际关系的各个发展阶段。

　　美国约瑟夫·A.德维托（Joseph A.Devito）将人际关系发展的完整过程划分为六个时期：

　　（1）接触期，即双方第一次见面，人际关系开始的阶段。

　　（2）涉入期，即双方开始认识，进一步了解并"测试"彼此是否适合继续交往的阶段。

　　（3）亲密期，即双方互相认定，将对方视为亲近朋友的阶段。

　　（4）恶化期，即亲密关系开始变质，关系疏远甚至决裂的阶段。

　　（5）修复期，即关系恶化后进行弥补修复的阶段。

　　（6）解体期，即关系彻底终止的阶段。

　　在具体的人际关系建立发展过程中并不一定包括所有阶段。就像有些关系可以停留在亲密期，但双方因为冲突、外在环境的改变、彼此个性不合等因素就可能进入恶化期；关系恶化之后，有些会进入修复期，也有些径自决定分手，因此修复期是属于选择性的；而修复期成功挽回了关系，就不会进入解体期。

　　通过人际关系网络获取有效信息，势必要以良好的人际关系为基础，主要是将人际关系控制在前三个时期。良好人际关系的建立和发展，从交往由浅入深的角度来看，一般都需要经过定向、情感探索、感情交流和稳定交往四个阶段，而在每个阶段中都有一些问题需要注意。

**1. 定向阶段**

定向阶段包含着对交往对象的注意、抉择和初步沟通等多方面的心理活动。在熙熙攘攘的人的世界里，我们并不是同任何一个人都建立良好的人际关系，而是对人际关系的对象有着高度的选择性。在通常情况下，只有那些具有某种会激起我们兴趣特征的人，才会引起我们的特别注意。

注意也是选择，它本身反映着某种需要倾向。比如在我们选择恋人时，某些与我们观念中理想的情人形象相接近的那些异性，尤其会吸引我们的注意。

与注意不同，抉择是理性的决策。而注意的选择是自发的、非理性的。我们究竟决定选择谁作为交往对象，并与之保持良好的人际关系，往往要经过自觉的选择过程。只有那些在我们的价值观念上具有重要意义的人，我们才会选作交往和建立人际关系的对象。

初步沟通是我们在选定一定的交往对象之后，试图与这一对象建立某种联系的实际行动。目的是对别人获得一个最初步的了解，以便使自己知道是否可以与对方有更进一步的交往，从而使彼此之间人际关系的发展获得一个明确的定向。由于初步沟通实际上是试图建立更深刻关系的尝试，因此，尽管我们所暴露的有关自我的信息是最表面的，但我们都希望在初步沟通过程中给对方留下良好的第一印象，以便使以后关系的发展获得一个积极的定向。很多学者认为，最初接触阶段——尤其是双方开始互动的前四分钟一般就已经决定了我们是否喜欢对方、是否愿意和对方继续交往下去。

**2. 情感探索阶段**

这一阶段的目的，是彼此探索双方在哪些方面可以建立真实的情感联系，而不是仅仅停留在一般的正式交往模式。在这一阶段，随着双方共同情感领域的发现，双方的沟通也会越来越广泛，自我暴露的深度与广度也逐渐增加。但在这一阶段，人们的话题仍避免触及别人私密性的领域，自我暴露也不涉及自己根本的方面。尽管在这一阶段人们在双方关系上已开始有一定程度的情感卷入，但双方的交往模式仍与定向阶段相类似，具有很大的正式交往特征，彼此还都仍然注意自己表现的规范性。

**3. 感情交流阶段**

人际关系发展到感情交流阶段，双方关系的性质开始出现实质性变化。此时双方在人际关系安全感已经得到确立，因而谈话也开始广泛涉及自我的许多方面，并有较深的情感卷入。如果关系在这一阶段破裂，将会给人带来相当大的心理压力。在这一阶段，双方的表现已经超出正式交往的范围，正式交往模式的压力已经趋于消失。此时，人们会相互提供真实的评价性的反馈信息，提供建议，彼此进行真诚的赞赏和批评。

4. 稳定交往阶段

在这一阶段，人们心理上的相容性会进一步增加，自我暴露也更广泛深刻。此时，人们已经可以允许对方进入自己高度私密性的个人领域，分享自己的生活空间和财产。但在实际生活中，很少有人达到这一情感层次的友谊关系。许多人同别人的关系并没有在第三阶段的基础上进一步发展，而是仅仅在第三阶段的同一水平上简单重复。

**（二）人际交往的原则**

1. 平等原则

"敬人者，人恒敬之。"人际交往，首先要坚持平等的原则，无论是公务还是私交，都没有高低贵贱之分，要以朋友的身份进行交往，才能深交。要尊重别人的爱好、习惯、风俗。只有尊重别人，别人才尊重自己。做到端庄而不过于矜持，谦虚而不矫饰诈伪，不讨好位尊者，不藐视位卑者。

2. 相容原则

主要是心理相容，即人与人之间的融洽关系，与人相处时的容纳、包涵以及宽容、忍让。主动与人交往，广交朋友，交好朋友，不但交与自己相似的人，还要交与自己性格相反的人，求同存异、互学互补、处理好竞争与相容的关系，更好地完善自己。

3. 互利原则

互利原则是指交往双方的互惠互利。人际交往是一种双向行为，故有"来而不往，非礼也"之说，只有单方获得好处的人际交往是失衡的，注定不能长久的。人际关系对于双方而言都是一种资本，交往应当在某些方面实现互助、共享，仅仅指望从他人那里索取而不付出的纯利益导向，是无法建立和发展良好人际关系的。互利有三个方面：一是物质互利；二是精神互利；三是物质与精神的互利。

4. 诚信原则

交往离不开诚信。诚信指一个人诚实、不欺、信守诺言。古人有"一言既出，驷马难追"的格言，说明诚信的重要性。在与人交往时不要轻易许诺，一旦许诺，要设法兑现，以免失信于人。朋友之间虽然更加亲密，但是也不能背弃诚信原则，应当"言必信，行必果"，这样的人际关系才能更加稳定持久。

**（三）建立良好人际关系的技巧**

（1）保持友好的灵活性。人际冲突往往来自自我中心主义。人际关系需要的是合作而不是争斗，因此交往中有时候要坚持目标而忽略细节。

（2）随时展现积极的肢体语言。有时候非语言的肢体语言更容易拉近人际关系，比如微笑，因为微笑表达了"我喜欢你，很高兴见到你"等含义。

（3）保持令人愉悦的声音。粗鲁和急躁的声音会造成人的紧张，在与人沟通时要特别注意语气等问题。

（4）学会移情。就是多换位思考，细心体会他人的感受，设身处地地为他人考虑。

（5）善于倾听。比起一个滔滔不绝的说话者，做一个默默的或者会在合适时机提出观点的倾听者更能拉近人际关系。

（6）能够正确叫出别人的名字。这是对他人尊重的最基本的体现。

（7）诚实可靠。这样的品质是得到他人信任的重要条件。

（8）找到靠岸点。在适当的时候、用适当的方式对别人表示好感和兴趣。

（9）搭建与人沟通的桥梁。人际关系会在冷漠中消失，尽量多创造机会进行沟通交流，例如组织聚会。

（10）富有同情心。分享别人的感受，站在别人的角度想问题，容易建立积极的人际关系。

（11）站稳立场。关心他人但不能让他人控制自己的意志和生活。

（12）就着他人的兴趣谈话。以自我为中心的个人主导谈话是很容易引起反感的。

（13）专注于解决问题。明白自己需要什么，但绝不是在争斗中获取。

（14）请求而非命令。使用"好吗?"、"行吗?"、"可以吗?"等请求语气。

（15）尝试"鸭子式的反应"。让烦心事从你背上滑落。

（16）培养幽默感。这样能使人放松和消除戒心，增加人际吸引力。

（17）真诚地表达赞美和欣赏。

（18）散发愉悦的心情。因为人人都愿意和快乐的人在一起。

（19）时常表现友善和帮助的意愿。

（20）善于讲故事。记住一些成功或失败的人和事，帮助你沟通和说服别人。

（21）真诚地祝福别人。

（22）己所不欲，勿施于人。

这些都是建立人际关系的一些基础性技巧，此外当然还存在许多重要的细节性技巧，在此未能一一列出，也需要在实践中积累经验，多加注意。

## 二、人际关系的维护改善

### （一）维护改善人际关系的理论和应用

打开"人际关系问题"这把锁最合适的钥匙有三把：改变环境、改变他人、改变自己。如何在实际中具体地去维护改善人际关系，需要一定的理论指导。在此主要介绍三种相关理论：

1. 主体—环境相互作用论

人际交往的环境由地位、职业、风俗、群体、性格、魅力等人际交往条件综合形成。凡是人际关系，总是在特定环境中形成并受其制约的。但是同时个人作为能动主体，可以充分发挥自己的主观能动性去积极地改变环境。环境决定人，人又可以改变环境，这就是人际沟通中的主体—环境相互作用论。

主体—环境相互作用论指导下的人际交往，关键在于合理地调适主体与环境之间的关系。一方面，人际交往要考虑特定的环境因素，根据具体环境条件选择合适的人际交往方式、落实合适的交往行动；另一方面，人也可以通过自己实际的交往去改变那些不利于自身发展的条件和效果。

2. 人际冲突论

人际冲突是拥有互相依赖关系的个体之间由于在信仰、观念和目标上等的不一致，或在控制、地位和情感愿望上的差异而引起的斗争。

人际冲突可以分为两种类型：

（1）建设性冲突。建设性冲突是指冲突各方目标一致，实现目标的途径手段不同而产生的冲突。其特点在于：冲突各方对实现目标都积极热心；相互都愿意了解对方的观点、意见；大家都为了共同目标，围绕共同焦点问题展开争论；相互交换情况不断增加。建设性冲突可以使组织中存在的不良功能和问题充分暴露出来，防止了事态的进一步演化。同时，可以促进不同意见的交流和对自身弱点的检讨，有利于促进良性竞争。

（2）破坏性冲突。破坏性冲突又称非建设性冲突，是各方目标不同造成的冲突，指由于认识上的不一致，组织资源和利益分配方面的矛盾，员工发生相互抵触、争执甚至攻击等行为，从而导致组织效率下降，并最终影响到组织发展的冲突。其特点在于：每一个人只对自己的观点赢得胜利倾注关心；不愿听取对方的观点和意见，不管有无合理之处一概排斥和不予接收；由对问题的争论发展到人身攻击，行为上由不一致演变为有意对抗；相互交换情况越来越少，以至完全停止；背后不负责任的言行越来越多，冲突愈演愈烈。破坏性冲突往往属于对抗性冲突，对组织和小组绩效具有破坏意义。

在人际关系出现冲突情况时，应当尽量使破坏性冲突转化为建设性冲突，这就需要要注重处理冲突的方法。确定双方处理冲突的意愿，明确冲突双方对目标的重视与坚持程度和对待彼此关系态度，根据关系和目标的从属关系决定处理冲突的方式；尽量用双赢代替竞争，经过协商达成双方都接受的结果；以理性合作的态度来面对冲突，表示自己解决冲突的诚意，避免使用会升高冲突或引起对方防卫的叙述，以合作型的沟通方式来避免冲突的加剧，开放心态保持弹性，接纳不同的信息和观点；运用非语言行为或幽默等方式化解冲突；必要时可以寻求公正中立的第三者协助。

3. 人际关系的 PAC 分析理论

该理论认为，个体的个性是由三种比重不同的心理状态构成的，即父母（Parent）状态、成人（Adult）状态、儿童意识（Child）状态，简称"PAC"。"父母"状态以权威和优越感为标志，通常表现为统治、训斥、责骂等家长制作风。"成人"状态以客观和理智的行为为特征，表现为注重事实根据和善于进行客观理智的分析。这种人能从过去存储的经验中，估计各种可能性，然后作出决策。"儿童"状态的特征是像婴幼儿的冲动，有时服从和任人摆布，有时逆反和以自我为中心，极为不稳定。

人们在相互交往中都要表现出某种人格，而 PAC 分析理论认为交往中起主导作用的是三者中的一种心理状态。如果交往中的双方都按照对方的期望作出反应，那么这种交往关系属于"互补性"或"平行性"，如父母—父母、成人—成人、儿童—儿童的交往类型；如果交往中双方的反应都出乎对方的期望，这种交往关系属于"非对称性"，如父母—成人、父母—儿童、成人—儿童的交往类型。在前者的情况下，对话才能无限制地继续下去，可以加深人与人之间的感情，建立和发展友好的人际关系；后者相互交叉作用的出现，信息沟通容易出现中断，导致误会、紧张和友好关系的中断，人际交往就会受到影响。

依照 PAC 分析维护改善人际关系，应当在交往中有意识地觉察自己和对方的心理状态，作出互补性或平行性反应，使信息得到畅通。事实证明，最理想的相互作用是成人刺激—成人反应，因为当人处于成人心理状态时，就会冷静地面对现实，理智地分析问题和解决问题，从而防止过多的感情冲动、浮躁、耍性子等不成熟的交往行为。因而在交往中，要尽量把自己的情感、思想、举止控制在成人状态，以成人的语调、姿态对待别人，给对方以成人刺激，同时引导对方也进入成人状态，作出成人反应，那就有利于建立互信、互助关系，保持交往关系的持续进行。

**（二）维护改善人际关系的有效措施**

个人的良好人际关系有利于个人的发展，而企业中的个人都拥有良好的人际关系，这个企业就更具有竞争力。企业在维护改善人际关系时，应当提高管理工作水平，改善每位职工和管理人员的人际交往素质，可以有针对性地采取以下措施：

1. 优化组织风气

一个企业的管理领导者，应该注重构建优良的企业文化，在积极向上的价值观指引下，努力营造团结、友爱、和谐、进取的组织风气。在这样的风气熏陶感染下，组织内部就比较容易形成和谐和亲密的人际关系。

2. 重视人际关系培训

企业的管理领导者应该关心下属的人际关系素质，并责成人事部门安排一些人际关系培训，以不断提升他们的人际关系素质和人际关系技巧。在此介绍两种方法：第一种方法为角色扮演法，即模拟某种现实问题的情景，让一个人在此问题中扮演不同的角色，站在不同的角色立场上处理问题，以便体验别人的感情和需要，从而改善对待他人的态度。第二种方法是敏感性训练，即通过办训练班进行群体讨论，培养与提高管理人员观察、分析、体贴他人的能力，学会从别人的认识中正确地看待、分析、检讨自己，增加对个别差异性的忍受性，培养并提高与他人共处的能力以及解决冲突的技能。

3. 适当修改制度规章

在企业内的分配制度改革中，既不能再搞"平均主义"、"大锅饭"，也不宜过分强调拉开差距；在职务和岗位的聘任工作中，既要坚持"竞争上岗"，又要坚持公平考核、公开招聘；在工作中，既要强调优胜劣汰，又要强调真诚合作，靠团队的集体力量做好工作。总而言之，政策不能走极端，既要借助适度竞争焕发组织活力，又要防止过度竞争破坏人际关系。

4. 巧用领导艺术

企业的管理领导者应该礼贤下士，尊重人才，尊重职工，平等待人，与人真诚相处；在组织内部要发扬民主，让人们畅所欲言，把问题和争论摆到桌面上来，就会避免暗中钩心斗角的现象发生，从而建立亲密和谐的上下级关系和一切人际关系。

5. 及时调解帮助

企业内部一旦出现人际关系失衡或破坏的情况，作为企业的管理领导者应责成有关部门或干部，及时进行调解帮助，借助组织的力量，实现人际关系的主动平衡。

## 第三节  企业人际信息网络的构建

对于多数企业来说，运营人际网络，构建人际信息网络的工作应当归于企业的竞争情报组织，企业情报组织相当于企业信息的中央处理器，它需要与外部环境不断交换信息，并在此基础上产出情报。所以，企业人际信息网络的构建应该以竞争情报组织为中心向外扩展，当然也不能局限于竞争情报组织内部。

### 一、人际信息网络的模式划分

按照不同维度的标准，对人际信息网络的模式有不同的划分，常见的网络模式如表 6-1 所示。

表 6-1  常见的网络模式

| 序号 | 模式名称 | 划分标准 |
|---|---|---|
| 1 | 弱关系—强关系模式 | 这种模式侧重阐释网络关系的内涵，其理论依据是格兰诺维特的"关系强度"理论 |
| 2 | 中心性模式 | 这种模式侧重于人际网络中占有优势地位的中心点，其理论依据是弗里曼的中心性量度指标 |
| 3 | 小圈子模式 | 这种模式描述的是网络凝聚与分化的情况，其划分标准是小圈子的概念 |
| 4 | 闭合—开放网络结构模式 | 这种划分方式根据网络的结构特性，即社会主体之间交往频率和联系紧密度，将人际网络分为"闭合型结构"和"开放型结构"两种模式 |
| 5 | "结构洞"模式 | 这种划分标准是看网络中是否存在波特"结构洞"理论中的核心范畴——结构洞，即无直接联系或关系间断的现象 |

在以上五种人际信息网络划分模式中，根据网络中联系的性质和网络结构的性质来划分网络，是最常见的划分方式。对于像企业人际信息网络这样有一定规模的网络，一般更倾向于从网络的结构特性划分为"闭合型人际信息网络"和"开放型人际信息网络"。

#### (一) 闭合型人际信息网络

闭合型人际信息网络是一种内部成员交往频繁、关系密切、信任度高的人际网络，在竞争情报领域也被称为"协调—紧密型人际网络"。在闭合型网络中，主要以强联系为主，一般联系和弱联系只占很小比重。

科尔曼认为，闭合型的社会结构有利于形成指示性规范，在成员之间建立相互的信任、期望和责任感。强联系往往意味着一定程度的依赖，在这样的结构关系中进行市场交易，可以降低交易风险和成本。因而闭合型人际信息网络更有利于难以言传和不宜公开的隐性、灰色信息的传播。

**（二）开放型人际信息网络**

开放型人际网络间成员的联系非常松散，其交往频率、关系密切程度和信任程度都远远低于闭合型网络，在竞争情报领域又被称为"分散—松散型人际网络"。

闭合型人际信息网络注重的是网络的聚合性和可靠性，而开放型人际信息网络的侧重点在于联系的广度，即组织内成员与外部社会主体建立广泛的社会联系。虽然这种联系并不牢固，但是在关键时刻往往可以充当"桥梁"作用，为组织获取新的信息资源。

## 二、企业人际信息网络的构建过程

### 1. 需求分析

人际信息网络的构建是由目标驱动的，有着极强的应用价值和现实意义。企业构建人际信息网络主要是为竞争情报工作服务，因此提倡在网络创建初期，将企业的战略目标、关键成功因素、组织的特性、业务流程的需求等因素进行综合考量，在此基础上编写规范的需求文档，分析各需求的可行性，根据关键成功因素法确定需求的优先级，建立适合企业发展的需求模型。

151

### 2. 模式选择

竞争情报活动涉及范围很广，对服务于竞争情报的人际信息网络不能一概而论，应该根据不同网络结构层次选择不同的网络模式。一般企业采用的都是三层结构的人际信息网络，即以竞争情报组织为中心，由内到外分三个层次，依次为覆盖竞争情报组织的内部人际信息网络、覆盖整个企业的企业级人际信息网络和向外延伸的企业外部人际信息网络。结合上述提供的网络模式，主要以闭合型和开放型两种模式为参考依据，结合竞争情报活动对人际信息网络的需求分析，要在不同层面选择相应的网络模式（见表6-2）。

表6-2 根据不同网络结构层次选择不同的网络模式

| 网络层次 | 任务 | 模式选择 |
|---|---|---|
| 覆盖竞争情报组织的内部人际信息网络 | 培育信任机制、配置资源和传导信息 | 闭合型网络 |
| 覆盖整个企业的企业级人际信息网络 | 搜集信息、传递情报 | 开放型网络 |
| 企业向外延伸的企业外部人际信息网络 | 开拓新的信息资源和机会 | 开放型网络 |

根据表 6-2 中所选择的模式，企业的人际信息网络将呈现出一种内紧外松的结构。在这个网络中，竞争情报组织内部的联系比较紧密，便于信息沟通传递；在竞争情报组织外部，竞争情报组织成员与企业其他部门和企业外部的联系比较松散，这样更便于组织捕获新的信息和机会。

3. 结点定位

人际信息网络是由结点和联系组成的，网络中的结点，小到每一个人，大到一个部门甚至一个集团。理论上说，人际信息网织得越大越全越好，因此有人倾向于跳过结点选择这一步骤，直接把所有与企业有关的人一并放入网络中，然而这样做看似节省了时间，其实会给后来的模式识别带来许多不必要的麻烦。选与不选有着很大的差别，在选择的过程中，可以对企业的战略规划、生产运作、人事、营销销售、客户服务、财务等各方面值得关注的情况有所了解。在构建人际网络地图的时候，应当遵循由内而外、由主及次的原则来选择结点，并进行初步的分类。

4. 建立联系

如果上述三步都处理到位的话，建立联系只是一些经验技巧问题。不要一开始就试图"一口吃成个胖子"，在没有做好准备的情况下就匆忙构造全局人际信息网络；也不要看到关系就连接，结果弄得手忙脚乱。应该分层次、有计划地进行构造。从小单位到大单位，按结点—二元组—三元组—子群—群的次序逐一连接；从局部到全局，先处理好部门内部的联系，再扩展到部门与部门之间的联系；从简到难，先处理好内部联系较少的部门，再进行那些内部复杂的连接工作；从组织内到组织外，先处理企业内部各群体之间的关系，再由此过渡到与组织外部的供应商、销售商、客户等的关系。目前很多人际网络分析软件都可以根据用户定义的需求、结点、模式进行自动连接，生成人际信息网络地图，因此使用者只要做好二维平面的筛选、分类、排序就可以得到多维的处理结果。

5. 评估反馈

由于人际关系本身就具有可变性，人际信息网络某种程度上只是一个时段的产物，只反映一段时间内的网络沟通情况，因此它的客观性随时间的推移而不断地减弱。所以有必要进行周期性的调查，一是为了获得前次的绩效反馈，察看经过分析改进后的人际信息网络渠道是否更为畅通，沟通速度是否得以提高等；二是为以后网络的构建和改动积累原始素材。

## 三、构建和分析人际信息网络的关键测度

人际信息网络的研究是一个跨学科、跨领域的综合命题，因而拥有多元而

又庞大的理论根基，许多学者也定义了一些测度来对人际网络中的竞争对手、组织环境等因素进行分析评估。我们主要介绍人际网络分析之"ABC 关键测度"。

## （一）Activity

它表示人际网络中的活动中心结点，即拥有最多与其他结点直接联系的结点。

我们可以用 0~1 这个区间来对每个结点的中心度设置权值。其中 0 表示孤立点，表示该点是完全孤立的，不存在与其他结点的联系，1 表示完全连通点，表示该点与特定人际网络中的所有结点都有直接联系。

在人际信息网络的"地图"中，地理位置优势是一个虚拟的概念，它取决于结点本身与其他结点的联系情况以及周围结点的联系情况，活动中心结点正是体现了这一优势。它如今已经被通俗成一种人脉的体现，往往暗示着结点在组织中的地位、作用和权力。

然而人际信息网络是一个变化发展的有机体，因此自身或周围结点的变化都会影响结点的权值。这是一个动态博弈的过程，人际网络可能在不断的演变中弱化原先中心结点的权力，或选举出某个结点作为新的中心结点。

需要注意的是，在某个特定范围的人际信息网络内，权力集中在某几个结点上，这意味着人际信息网络的连通性不强，当高中心度结点出现问题，整个网络则会面临崩溃。而当其他结点间的连接逐渐建立起来的时候，权力呈现分散状态，虽然部分原先高中心度的结点权值开始下降，但整体结点的权值却得到了提高。所以在人际信息网络的构建中，不仅需要高权值的中心结点，更需要注重整个网络的连通性。

## （二）Betweenness

它表示人际网络中的中转结点，即处于人际网络中不同组织部门间的那些结点。

它作为一种边界结点，从集合论的角度看来，是位于不同集合的交集中那些有意义的部分。它本身拥有的直接连接也许并不多，但它却是一个部门和另一个部门沟通过程中不可或缺的"中转站"。这种结点的意义体现在它的协调性和控制力上，通过它可以知道组织各部门间信息传递的频率与沟通的效率。

按照常理来说，随着整个人际信息网络连通性的增强，中转结点的作用可能会被弱化。然而也不能一概而论，因为过于连通的人际信息网络势必会给单个结点造成信息冗余，从而增加关系和信息处理的复杂度，同时也会导致信息的无序化和不一致现象。

因此在整个人际信息网络中分析得出并合理地利用一些中转结点，对信息进行一定程度的预处理（筛选、分类、排序）再转发给其他结点也是必要的，这样可以大大提高整个网络的信息传递效率。

### （三）Closeness

它表示人际网络中的捷径结点，即能够轻易到达其他结点的那些结点。

它类似于古代军事作战中的"瞭望台"，能够比较清楚地总览全局，观察到其他结点发生的变化。它的意义在于便捷性，在构造人际信息网络时要对这类结点给予充分考虑，合理地使用能够极大地加快沟通速度，降低沟通成本。

当远程沟通成本（这个"远程"不一定是地理位置和物理距离上的，也有一些其他因素对可获得性造成的壁垒）大于转换成本（中转中所要耗费的时间和精力）的时候，可以将捷径结点当作中转结点，进行信息中转。

在静态人际网络图中，这三个测度是比较容易获得的，如图6-2所示，在这个简单的人际网络中，A有6条与其他结点的直接连接，是该人际关系中的Activity。B是左边和右边部门连接的唯一枢纽，是该人际关系中的Betweenness。I和J与其他结点有最短连接，是该人际关系中的Closeness。然而在动态的人际网络地图中这三个测度并不是那么明显的，需要定期仔细观察分析，才能掌握组织人际网络的变化，对信息的沟通的途径做到心中有数。

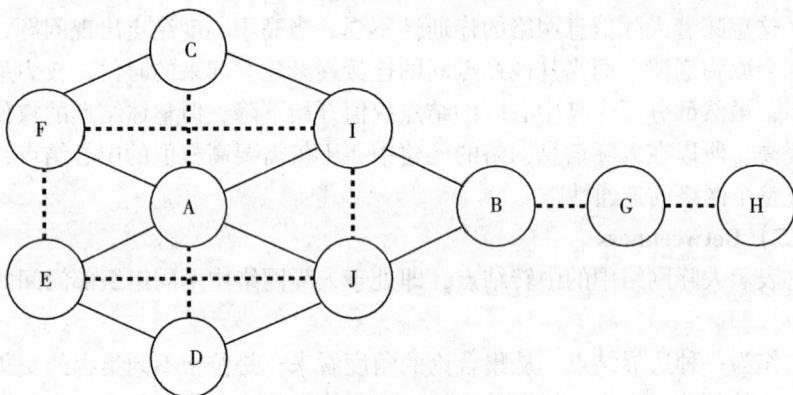

**图6-2 简单人际网络**

## 四、企业人际信息网络构建的影响因素

### 1. 思想观念

思想观念对企业人际信息网络的影响可以从组织的管理者和员工两个方面加以分析。管理者要有把人际信息网络的构建纳入到组织战略发展框架的意识，从而将竞争情报思想和人际网络思想潜移默化地灌输于员工头脑中，使之

在工作中自觉或不自觉地发挥自身的人际网络为组织服务。同时，对员工要加强思想教育和培训，建立保密制度和信任机制，形成一种良好的共享氛围，让他们意识到组织是值得信赖的。

### 2. 企业文化

企业文化是在企业中逐步形成的为全体员工所认同、遵守、带有本企业特色的价值观念、经营准则、经营作风、企业精神、道德规范、发展目标的总和，是企业员工共有的价值体系，体现了企业核心价值观念。建立良好的人际信息网络，需要形成一个以信任共享为核心的企业文化。这种企业文化可以从精神层面影响员工的价值观和信息意识，培养员工对企业使命和目的的认同感，从而在企业内部树立真诚互信的团队精神，促进人际网络中弱关系向强关系的转化。

### 3. 组织结构

合理的组织结构能够强化组织内部信息的交流与沟通，突出平等、速度与效率。同时，合理的组织结构是促进知识共享和发挥人际网络功能的先决条件。要充分发挥人际信息网络的作用，就要消除底层员工与管理层之间信息交流的瓶颈，传统的金字塔式的组织结构因其管理层次过多，致使组织内部信息流通不畅，不利于人际信息网络作用的发挥。组织结构扁平化改变了传统命令链的多层级和复杂性，精简了结构层次，从而保证了信息传递的有效和不失真，也为组织中新关系的形成提供了良好的平台。

### 4. 人力资源

人际信息网络是动态的，在企业运营过程中，信息的不断输入势必会带来新的关系的形成，同时部分信息的失效也会降低旧关系的利用效率，因此人际信息网络的维护和运行不仅要靠信息技术的支撑，更需要企业全体成员的支持。如果企业员工有较强的亲和力和沟通力，有敏锐的情报意识以及能与关键人物建立良好关系的能力，这无疑将会成为人际信息网络建立的推动力。人际信息网络的建立就是一个以人为核心向外辐射关系网的过程，从而将会扩大个人和组织的社会资本和竞争优势。

# 第四节　人际信息网络的管理和优化

## 一、人际信息网络的管理

### (一) 人际信息网络管理与管理信息系统

人际信息网络管理可以借鉴管理信息系统的模式，因为二者管理的对象都是信息，管理的目的都指向企业的管理和决策。管理信息系统是一个利用计算机、通信和网络设备，进行信息的收集、组织、分析、管理和利用，帮助企业的各个层次对情报信息进行有效管理的人机系统。与管理信息系统相似，人际情报网络管理也可以是一个利用计算机、数据库、数据挖掘等技术，对人际网络中的情报进行搜集、组织、分析和利用，帮助企业进行决策和管理的人机交互系统。

但不同的是，人际信息网络管理对象需要借助主体所组成的人际网络来采集，而不能像管理信息系统那样直接从企业的产品和流程中就可以获取。因此，人际情报网络的管理更加复杂，除了在策略和技术上按照管理信息系统的模式来管理之外，还应该采取更加人性化的管理方法。

### (二) 企业人际信息网络管理策略

#### 1. 创造活跃和谐的企业氛围

在任何一个企业中，如果工作过于繁重、乏味，员工就会产生强烈的疲劳感和厌倦感。在任何一个组织中，人与人的交流和沟通，本身就是人际情报信息的搜集过程。和谐的企业环境能激发员工的创造精神，增强员工的人际交往能力，激活和加速人际情报信息流的传递，不断促进企业和员工的共同进步与协调发展。

#### 2. 建立人性化的管理机制

每个企业内部成员的支持是企业人际信息网络构建的必要条件，人际信息网络管理归根结底还是对人的管理。因此，在日常工作中采用人性化管理方式，将增强员工对组织的归属感，愿意主动地利用自身人际资源为企业发展服务。对在信息情报的提供、搜集和分析中有突出贡献的员工，也应当给予精神鼓励和物质奖励，达到强化员工情报意识和搜集情报热情的目的，促使其为完善企业人际信息网贡献力量，增强企业的竞争力并使之始终处于良性发展的轨道。

### 3. 借助虚拟平台交流信息

除了采用人与人面对面的沟通方式，人际情报信息搜集还可以借助现代化手段实现虚拟平台的信息交流。虚拟平台交流有利于消除人与人面对面的不适应，减少面对面交流的信息失真。虚拟环境为沟通创造了一个宽松的环境，可以畅所欲言，更容易激起思考的火花，达到情报信息传递和增值的目的。当然在虚拟平台的交流也要警惕虚假信息的泛滥。

### （三）人际信息管理

人际信息网络功能的实现就是要从人际信息中获得价值。因此管理好人际信息，也就保护了人际信息网络的价值源头。

### 1. 管理网络中的类角色

人际信息网络的管理要对网络中的结点进行角色定位，突出各种角色在人际交往中的专职特性，根据不同角色设计不同的信息列表。企业人际信息网络最初将所有的行动者定义为三种角色：联系人、信息专家和信息推销者。其中联系人的信息列表可能就是一个简单的关系列表，包括个人基本信息和人际资源信息；而专家的信息列表除了这些之外，还要以描述专业技能为主，需要详尽得多。简单来说，就是要根据不同的角色来收集不同方面的人际信息。

### 2. 定点更新关系列表

人际信息网络具有动态性，网络中的关系会随着新老员工的交替、业务发展的变化等因素而改变。如果管理不及时跟进，会导致失效的联系混杂其中，影响人际信息系统的检索效率，会造成新增人际信息资源的浪费等。因而需要定点更新关系列表：为新员工建立新关系；剔除离职员工的旧关系；标注出正在加强或者减弱的某些关系等。

有时候变化具有随机性和不可预测性，但通过建立变化反馈机制等手段，可以提高人际信息网络管理者对变化的感知。例如：与人事部门建立强联系，及时感知人事变动信息，并针对变化采取措施来维护由此带来的网络结构和性能变化；及时跟进企业内出差、参会人员的人际资源变化情况，更新人际资源库。

### 3. 备份人际信息

这是极易忽视，而又非常重要的一点。企业人际信息网络都具有一定的规模，一般都采用电脑系统记录的方式。而网络环境存在危险性，随时可能遭受病毒侵害和黑客入侵，企业信息资源时刻面临安全危机。人际资源信息一旦被破坏，不仅给企业人际信息网络的建设带来巨大损失，而且给企业服务终端人际信息造成巨大损失。因此，出于安全保障和积聚资源的需要，要对人际信息进行备份。

## 二、人际信息网络的优化

人际信息网络建设是一个持续的过程，要根据应用需求的提升和新技术的发展不断优化完善。人际信息网络的优化可以从高度和广度这两方面着手。

### （一）提高人际信息网络的"网络顶端"

"网络顶端"是边燕杰在《城市居民社会资本的来源及作用：网络观点与调查发现》一文中提出的概念，他认为每个人的关系网络中的行为主体都有一定的权力、地位、财富和声望，按某一标准排列起来可以形成一个塔形的结构。网络的"塔顶"高，就意味着网内拥有权力大、地位高、财富多、声望显赫的关系人，比起网络"塔顶"低的网络，蕴涵的资本量大。

从人际信息网络聚集社会资本的角度出发，"网络顶端"的概念具有启发性：人际信息网络中的"网络顶端"，是指网络中与企业业务直接或者间接相关领域专家的能力和影响力。实际中，许多竞争情报信息问题的解决，并不遵循以组织整体能力为基准的"木桶效应"，而是取决于企业组织内智能的绝对"海拔高度"。因而，在人际信息网络中，需要建立与"顶端结点"的强联系，因为他可能会为组织在提供意见参考、拟定解决方案等方面提供优质可能性，当然这也并非绝对的。只有企业加强了与"顶端结点"的联系，才能顺利地将顶端智能转化到信息产品中，发挥最大效用。

提高"网络顶端"的措施包括：

（1）提高企业人际信息网络内竞争情报组织的科层关联度和市场关联度，变相地提高人际信息网络的"网络顶端"。即通过对内和对外的频繁交往，增加结交影响力大的领域专家的机会。

（2）加强组织内部专家能力的培养。企业内部成员是人际信息网络的一分子，自身能力的提升也意味着整体"网络顶端"的提高。相对于从外部交往中寻求提高"网络顶端"的机会，这种方式更加积极主动。

（3）增大人际信息网络与外部社会网络的网差。从某种意义上说，人际信息网络是嵌入在整个社会网络中的一个子网络。人际信息网络与周边外部社会网络之间的差距大小也可以体现出"网络顶端"的高度。而增大网差的主要措施是让组织在交往中更加活跃，使自己居于社会交往的枢纽位置，控制相关的信息流量。

### （二）扩大人际信息网络的覆盖面

根据著名的"麦特卡夫定律"，网络的效用和威力与使用人数的平方成正比，也就是说使用的人越多，所创造的影响力也越大。同理，人际信息网络的覆盖面越广，人际信息网络的效用也越大。

由于人际信息网络包含结点和关系两个要素，衡量人际信息网络覆盖面的方式也有两种：一是计算网络中行动结点数量的总和；二是测量网络中行动结点连接关系所涉及的领域范围。相比而言，后者更适合作为衡量人际信息网络覆盖广度的标准。

增大企业人际信息网络的覆盖面，要根据业务发展需要确定目标对象，然后通过各种人际交往方式，有计划地与目标建立联系。具体来说可以从人际网络的结点、联系方式和联系内容三个方面着手进行。人际网络结点的增加可以通过企业情报人员加入行业协会、参加社交聚会、参加进修培训等手段主动与外界建立联系，扩大结点范围。人际网络联系方式增多则可以依靠各种现代化通信工具进行，从日常的电话、SMS 联络到 QQ、MSN、电子邮箱等网络通信工具都可以加以利用。联系内容的扩大则可以依靠企业情报或公关人员根据不同结点的爱好、兴趣和背景知识不断挖掘谈论话题，与结点维持良好的沟通氛围，从细微的日常沟通中进行情报搜集。增大网络覆盖面的另一个措施就是采用联合战略和联结战略。联合战略是把两种或者多种网络进行连接并组合的战略，是组织形式上的扩展；联结战略是通过中介，保持与另一个网络的联系，但不进行组织上的合并。但这属于比较激进的做法，要考虑资源安全、共享机制等问题。

虽然人际信息网络覆盖面是一个可量化的指标，但不是覆盖面积越大就一定越好，也没有绝对的指标可以说明什么程度的覆盖面才是最优的。扩大企业人际信息网络的，要建立在企业管理能力、业务需求等客观因素基础上，有计划地去扩大。

扩大人际信息网络覆盖面，是为了给企业竞争情报组织带来更多的信息资源和机会，而不是简单的凑数，必须考虑被扩充对象及其关系的性质。要考虑网络成员类型的丰富性，切忌为了追求覆盖面积单一地发展人际关系；切忌过于追求数量而忽略了质量，这样反而会增加网络管理的成本，降低网络的整体效应。

## 本章案例

### 三个电话与六度人脉

加里·劳什曾是康宁的员工，他花了近 10 年时间交给康宁的技术分析师、产品经理、市场人员和工程师最基本的情报知识：你和你所寻求的答案仅有几步之遥。劳什的绝活是只需要通过 3 个电话就能定位出恰当的人员，从而发现康宁竞争对手的"秘密"。

在他身上发生了一个出色的故事——关于一枚军人的戒指，这是军队给失去亲人的家庭的纪念物。这个故事时间跨度有数千英里，时间跨度超过30年，而劳什只用了3个电话就揭开了谜团。

2001年夏天，一个徒步旅行的人在加拿大新斯科舍省尘土飞扬的路边，发现了一枚戒指上面印有美国陆军直升机部队的徽记，于是给哈利法克斯的美国领事馆打电话。声称戒指上还刻有乔·瓦德（Joe Vad）的名字，但是在哈利法克斯没有人叫这个名字。

电话1：同一天，领事馆的海军少校联系了五角大楼的美国陆军网站的网管。网管让海军少校联系加里·劳什，因为作为前越战直升机飞行员，他与世界各地的其他前越战直升机飞行员都保持着联系。

那天，劳什开始试图找到乔·瓦德，他在数据库中翻查名字时，发现他在1968年进入飞行学校，有一个社会安全号码，还发现他1969年死于越南。

电话2：第二天劳什回复少校，并告诉他乔·瓦德已经死亡，但是将乔·瓦德的名字放到邮件用户服务器或互联网发布清单上。随后的一天，仅两天且两次接触后，劳什收到一个电子邮件，说休·米尔斯写了一本关于越南直升机飞行员的书，这本书是献给乔·瓦德的。

电话3：劳什致电该书的作者，被告知乔·瓦德的妻子和女儿住在哈利法克斯。劳什随后致电乔·瓦德的女儿，得知数月前她的公寓遭遇盗贼。瓦德的女儿说那个戒指对她们来说是不可替代的纪念物，她非常感谢劳什的帮忙。

故事结束了，但是也提出了一个问题。两天中的5次通话（劳什只打了3个）之后，联系就完全建立了。从哈利法克斯到越南、华盛顿特区，再到康宁，最后回到哈利法克斯。这是一个很有力的信息情报故事。从这个故事中我们不难得出这样的结论：没有信息资料能够长期被隐藏，任何人都可能去发现它，这就是人际网络的强大力量。

资料来源：伦纳德·M.富尔德（Leonard M.Fuld）.看穿混乱、失真、谣言和烟幕 [M].北京：机械工业出版社，2008.

**问题：**

1. 人际信息网络的构建有何重要意义？
2. 人际关系在获取信息、建立关联中起什么样的作用？

# 本章小结

★★★★

本章主要介绍了人际信息网络的相关知识。

人际信息网络是应信息活动的需要而构建的一种人际网络，是信息工作者获取、分析和传播非公开信息和隐性知识的重要平台，强调从人际关系网络中获取人际信息。它对于企业的竞争和发展具有至关重要的作用。

人际信息网络以人际关系为基础，无论个人还是企业都要建立良好的人际关系。在建立人际关系时，要坚持人交往的原则，按照人际关系建立的阶段性规律，运用人际交往技巧，从而与目标对象建立起一定程度的关系。

企业人际信息网络建立应当按照需求分析、结点定位、模式选择、建立联系和评估反馈的过程完成，在建立和评估时要注意对 Activity（中心结点）、Betweenness（中转结点）和 Closeness（捷径结点）三个关键测度的分析。

企业人际信息网络管理可以借鉴管理信息系统的模式，按照创造活跃和谐的企业氛围、建立人性化管理机制、借助虚拟平台交流信息的管理策略落实具体行动，对人际信息进行及时有效的管理。从高度和广度两方面不断优化企业人际信息网络。

## 本章复习题

1. 什么是人际信息网络？其构成要素是什么？
2. 人际信息网络的作用何在？
3. 人际交往的原则有哪些？
4. 简述企业人际信息网络构建的过程。
5. 人际信息网络的关键测度是什么？
6. 如何从人际关系中准确定位并获取信息？
7. 管理和优化企业人际信息网络的具体做法是什么？
8. 企业人际信息网络与企业情报管理如何有效结合？

161

# 第七章

## 商业信息调研

## 学习目的
★★★★

知识要求 通过本章的学习，掌握：

- 访谈调查的概念、分类及特点
- 网络调研的概念
- 访问调查
- 电话调查
- 座谈会调查
- 深入访谈

技能要求 通过本章的学习，能够：

- 实施访问调查
- 实施电话调查
- 实施座谈会调查
- 实施深入访谈

## 学习指导
★★★★

1. 本章内容包括：访谈调研的方法及网络调研的方法。

2. 学习方法：阅读教材，学会借助网络，把握概念、术语之间的内在联系和区别；熟悉商业信息调研的方法以及技巧。

3. 建议学时：6 学时。

## 引导案例

### 巴克希尔食品公司广告形象调查

巴克希尔食品公司的销售经理迈克·吉尔正在与公司的广告代理商讨论巴克希尔咖啡的广告战略前景。此刻讨论的焦点转向杂志广告及其设计样式。吉尔先生刚刚参加了一个关于心理感应的会议。会上指出，尽管有"不能以貌取人"这个格言，但在实际的人际交往中，还需要这样做。一个人对另一个人的第一感觉和反应很大程度上取决于他的外表的吸引力。其研究结果简单地说就是"美的就是好的"。会议上用来引证这个观点的例子，给人留下很深的印象。然而给吉尔先生印象特别深刻的是，一个人对另一个外表吸引人的好感并不取决于与其的实际交往。如果我们把外表吸引人和不吸引人的照片都给判断者看，这种现象就会发生。

吉尔认为对这个现象的认识有利于巴克希的广告设计。他建议在广告中应出现一个很有魅力的女性形象。而广告代理商则持相反的观点，他认为应用外表并不出众的人做广告而使得广告更为可信和有效。另外，代理商还建议用男性而不是用女性形象来做广告。经过充分讨论后，广告代理商建议进行如下的研究以回答这些问题：应该用外表吸引人的还是一般的人做广告？应该用男性形象还是女性形象？

实验设计：

准备四种不同的广告。四个广告其他都一样，只是手拿咖啡的人不同。四种分别是：有魅力的男士、有魅力的女士、普通的男士、普通的女士。四种形象的吸引力是这样确定的，让一组样本看20张照片，男、女各10张，然后评分，1分最低，7分最高。最高分和最低分被选作实验广告中采用。然后，四种彩色的广告和设计好的杂志就产生了。接着，在纽约市的电话号码簿上通过随机抽样产生参加实验的样本。联系上的被告知邀请参加一项市场研究的实验，并给予报酬，到广告代理商总部的车费可以报销。96名愿意参加者到广告商总部后，被随机地分派到某个广告的实验组中。首先，48名男士和48名女士被随机地分为12组，每组四人，每组中有一人分派到四个广告中的一个。每个人看到且只看到一个实验的广告。然而，另外还有三个虚构的广告，用来掩盖那个我们感兴趣的广告的独特性。每个参加实验者所看到的虚构广告是一样的。在实验开始时，我们对每个参加实验者作以下介绍：我们希望得到你们关于实验广告的观点；每次将向你们出示四个广告，看过之后，将询问你们对广告及广告中的产品的反应。请注意这个实验并不是比较哪一个广告更好，你们在评价时无须把四个广告相互比较，仅就各个广告本身评价。

在回答完问题之后，实验者把第一个广告给受实验者。受实验者看完之后，广告被拿走；实验者再给受实验者一份样本调查表。填完表后，再给第二个广告，重复上述过程，在实验过程中，受实验者不能再回头看已经看到的广告。为了使受实验者适应这种工作，实验的广告通常放在第三个。

通过实验分析得到以下结论：

1. 有魅力的男士形象产生的认知性分数最高。

2. 有魅力的形象在异性受实验者中产生的情感性分数最高。

3. 有魅力的男士形象在女性实验个体中的意向分数最高。

同时，普通的女性形象在男性实验个体中的意向分数最高。在这些结论的基础上，广告代理商建议在广告中采用有魅力的男士形象。

资料来源：佚名.市场调研案例分析 [J/OL]. 百度文库，2010-09-03.

➡ **问题：**

1. 商业信息调研在企业调研中的意义是什么？

2. 商业信息收集调研的作用是什么？

商业信息调研是运用科学的方法，有目的、有计划地收集、整理和分析有关供求和资源的各种情报，信息和资料。把握供求现状和发展趋势，为营销策略制定和企业决策提供正确依据的信息管理活动。它是个人或组织根据特定的决策问题而系统地设计、搜集、记录、整理、分析及研究市场各类信息资料、报告调研结果的工作过程。市场调研是市场预测和经营决策过程中必不可少的组成部分。

# 第一节　访谈调研

访谈调查法是调查者与被调查者通过面对面的接触、有目的的谈话，以寻求研究资料的方法。包括访问调查、电话调查、座谈会、深度访问等。

这种方法的最大特点：

第一，它是一种研究性的访谈，是一种有目的、有计划、有准备的谈话，而且，在谈话的过程中要有非常强的针对性，始终围绕着研究的主题而进行。这与日常的谈话有很大的区别，日常的谈话是一种非正式的谈话，没有明确的目的，也不需要进行相关的准备，而且，谈话方式也比较松散，随意性很强。

第二，访谈调查是以口头提问形式来收集资料的，整个访谈过程是调查者与被调查者直接见面，并相互影响、相互作用，形成互动，而以书面提问形式来收集资料的问卷调查法却不需要调查者与被调查者的直接接触，它们也由此形成了各自的特点与优势。

## 一、访问调查

访问调查又称派员调查，它是通过调查人员和受访者（被调查者）之间面对面地交谈，从而得到所需资料的调查方法。

### （一）访问调查的优点及缺点

访问调查具有许多优点，例如可以和受访者面对面交流，容易调动受访者积极性，不易被拒绝，可以在调查进行过程中观察受访者的表情和态度，当受访者产生误解或敷衍了事时可以适时地采取相应对策，所以它的回答率会较高。但有时优点也是缺点，因为它要消耗众多人手，花费大量的人力、物力和财力，所以成本较高。

访问调查的优点：

(1) 回答率较高。

(2) 可使用较复杂的问卷。

(3) 调查结果较为准确。

访问调查的缺点：

(1) 调查成本高、周期长。

(2) 对调查人员难以控制。

(3) 受访者有一定心理压力。

### （二）访问调查法的类型

由于分类的标准不一样，访谈调查法可以有很多种类型。

1. 根据研究者对访谈结构的控制程度分

（1）结构式访谈。也称标准化访谈或封闭式访谈，是按照调查人员事先设计好的、有固定格式的标准化问卷，有顺序地依次提问，并由受访者做出回答。其优点是能够对调查过程加以控制，应答率高，结构性强，易于量化，但灵活性差，对问题的深入程度不够。

（2）非结构式访谈。是事先不制定完整的调查问卷和详细的访谈提纲，也不规定标准的访谈程序，而是由访谈员按一个粗略的访谈提纲或某一个主题，与被访者交谈。这种访谈是访谈双方。它是相对自由和随便的访谈。这种访谈较有弹性，能根据访谈员的需要灵活地转换话题，变换提问方式和顺序，追问重要线索。所以，这种访问收集资料深入和丰富。通常，心理咨询和治疗常采用这种非结构性的"深层访问"。

（3）半结构性访问。是有调查表或访问问卷，它有结构性访问的严谨和标准化的题目，访问员虽然对访问结构有一定的控制，但给被访者留有较大的表达自己观点和意见的空间。访问员事先拟定的访问提纲可以根据访问的进程随时进行调整。

2. 根据正式程度分

（1）正规式访问，是双方事先约好时间、地点，就一定问题范围进行交谈，这种形式有利于获取较为深入和细致的资料。

（2）非正规式访问。是研究者根据研究对象日常生活的安排，在与对方一起参加活动时，根据当时情景自然地交谈，这种形式有利于获得更加自然、真实和灵活的资料。

3. 根据访问场所分

（1）入户访问。是由访问员对被抽到的样本逐一进行访问，一般是在被访者家中或单位进行，访问时，访问员严格按照问卷的题目顺序向被访者询问并作记录。入户访问被认为是最佳的访问方式，它能够确保受访者在一个自己感到熟悉、舒适、安全的环境里轻松地接受访问。

（2）街头拦截法。是一种十分流行的访问调查方法，约占个人访问总数的1/3。街头拦截调查主要有两种方式：第一种方式是街头流动拦截访问，是由经过培训的访问员在事先选定的若干个地点选取访问对象，征得其同意后在现场按照问卷进行简短的面访调查，这种方式常用于需要快速完成的小样本的探索性研究。例如，对某种新上市商品的反应，或反馈某类商品的使用情况等。第二种方式是街头定点拦截访问，是在事先选定的场所内，租借好访问专用的房间或厅堂，根据研究的要求，可能还要摆放若干供被访者观看、品尝或试用的物品，然后按照一定的程序和要求，在事先选定的若干场所的附近，拦截访问对象，征得其同意后，带到专用的房间或厅堂内进行面访调查。这种方式常用于需要进行实物显示的或特别要求有现场控制的探索性研究，或需要进行实验的因果关系研究。例如，广告效果测试、某种新产品的试用实验等。

4. 根据访问的次数分

（1）一次性访问。又称横向访问，是指在同一时段对某一研究问题进行的一次性收集资料的访问调查。一般来说，横向访问的内容比较单一，主要以收集事实性材料为主，更多地用于描述性的研究。被访者有一定数量，通常是从总体中随机抽样获得的，研究是一次性完成的。由于横向访问收集资料的时间较短，一次性解决问题，因此更多的人乐意采用此法。横向研究常用于定量的研究。

（2）多次访问。又称纵向访问或重复性访问，是指随时间的推移多次地收集固定研究对象有关资料的跟踪调查，即对同一样本进行两次以上的访问以获取资料的调查方式。纵向访问常用于个案研究或验证性研究。纵向访问是一种深度访问，它可以通过研究对象自身的前后比较来了解事物发展的变化趋势，逐步由浅入深，以探讨问题的深层意义。

**（三）访问调查实施与技巧**

访问调查是一种互动的社会交往过程，在这种互动过程中，调查者只有与调查对象建立起基本的信任与一定的感情，并根据对方的具体情况进行访问，才能使被访问者积极提供资料。这就要求访问人员必须具备良好的访问技能，并能掌握和灵活运用访问的各种技巧。一般来说，访问分为访问准备、访问过程的控制、结束访问和访问记录结果四个阶段。

**1. 访问的准备**

（1）准备详细的访问提纲。要根据研究的目的和理论假设，准备详细的访问提纲，并将其具体化为一个个访问问题。访问的问题要能涵盖研究主题所涉及的范畴，又要有层次性，提问的方式、用词的选择、问题的范围要适合被访者的知识水平和习惯，简单明了，通俗易懂。问题编制完成后，最好请有经验的研究者或同行提修改意见，有条件的话可进行小范围的"预访"。

（2）了解被访者。访问前尽可能收集有关被访者的材料，对其经历、个性、地位、职业、专长、兴趣等有所了解，了解得越清楚，访问时就会越有针对性；要分析被访者能否提供有价值的材料；要考虑如何取得被访者的信任和合作。

（3）确定访问的方式与进程。为了使访问规范，能获得实效，须事先安排访问行程，将访问人员、被访者、访问日期及时间作适当的安排。访问时间最好是被访者工作、学习不太繁忙，并且心情比较舒畅的时候。访问的地点和场合的选择要从被访者方便的角度考虑，要有利于被访者准确地回答问题，要有利于形成畅所欲言的访问气氛。一般来说，有关个人或家庭的问题，以在家里访问为宜；有关工作方面的问题，以在工作地点访问为宜。但是，如果被访者不愿在家或在工作单位会见访问人员，那么也可以选择其他合适的场所进行访问。

（4）准备访问所需的材料与工具。访问前要对访问内容所涉及领域的相关知识有充分的了解，对有关材料作充分的准备，如访问记录表、各种证明材料、证件、录音机、录音笔、摄像机等。

**2. 访问过程的控制**

（1）做自我介绍与访问介绍。访问者在接近被访问者时，首先要做自我介绍，必要时可出示身份证明，然后要说明来访的目的以及为什么进行这项研究，进而强调本研究的重要性，请求被访者的支持与合作。此外，还要告诉被访者，他是如何选出来的，并承诺保证机密处理其答案，为其保密。通过这些介绍，消除被访者的顾虑，建立起融洽的谈话氛围。

例如，可以这样说：

①我们是××××咨询公司的咨询顾问。我们对您的访问，主要是为了获取和您的工作相关的信息。您的信息对我们很重要。

② 我们需要了解您的职位性质、应该具备的能力素质、专业技能、工作内容以及工作流程等信息。本次访问将持续大概一个小时。

③这个项目将以×××××为原则，并且要设计以激励为主的绩效管理流程，我们保证我们的访问对事不对人，访问内容只会在×××××咨询公司×××项目组内部交流。如果要提取信息给公司，将会以整体提交，不会把个人的信息反馈。请您放心。

(2) 问题要清楚明确。所提问题要口语化，语气要委婉，要让被访者一听就明白意思。若采用结构式访问，必须使用统一的访问问卷，按事先准备好的访问问题依次提问，不得任意增删文字或更换题目顺序。若采用无结构访问，则要求所提实质性问题短小、具体，尽量避免使用深奥的、抽象的专业术语。在提问的过程中，发问要自然顺畅，发问的语气和态度不要咄咄逼人，切不可像老师问学生、法官审犯人那样。对被访者的跑题，以及转换话题和追问等，要根据当时的情境，及时而自然地进行。

(3) 要耐心听取回答，不要给予任何评价。访问人员发问后，要有礼貌地、耐心地倾听被访者的陈述，边听边记录。访问人员对所提的问题要保持客观、公正的立场，当被访者对问题不理解或理解错了，访问人员可以重复问题，有时候也可以适当做些解释，但不能给予任何暗示。尤其是涉及不同观点或是有争议的问题，访问人员更应该保持中立态度，无论被访者回答正确与否，都不宜作肯定或否定的评价，不要发表见解，不要表示批评、惊讶、赞成或不赞成的态度。但是，在问答过程中访问人员要适当地给予积极的反馈，让被访者明白自己的角色。如不断地使用"是"、"懂了"、"明白了"、"请继续说"等非指导性的话语，或用点头、目光和手势等非语言信息鼓励被访者继续讲下去。

(4) 积极维持被访者的访问动机。被访者的合作是访问得以成功的必要条件。当访问双方的关系趋向紧张，被访者回答情绪低落，开始厌倦于回答问题，这时访问人员必须设法缓解紧张气氛，可以转换一个被访者感兴趣的话题，也可暂停交谈休息放松一下，借此维持访问动机。

（5）注意非语言交流。访问是通过语言交流传递信息的，但是除了语言之外，服饰、语气、目光、动作、姿态等也能表达某种意义。有时非言语行为比言语行为更能表现交谈双方的态度、关系及互动的状态。因此，访问人员要善于察言观色，分析和利用有关身体语言信息。如，访问过程中，被访者连连点头，意思是"赞成"、"同意"；匆匆记录问题，表示问题可能非常重要；与访问者保持人际距离较远，可能暗示对访问不感兴趣或怀有敌意；东张西望，表明注意力已经转移；频频看钟表，意味着希望尽快结束访问等。

### 3. 结束访问

结束访问是访问的一个十分重要阶段和步骤，而绝不是无足轻重的一个细节。

访问结束时，不要忘了对被访者的支持与合作表示感谢。应该向被访者表示通过访问获得了很多有价值的材料和信息，学到了很多知识。如果这次访问尚未完成任务，还需进一步调查的话，那么必须与被访者约定下次再访的时间和地点，最好能简要说明再次访问的主要内容，让被访者有思想准备。

技巧：访问结束时机的掌握，如被访者要上班或上课，到了该吃饭的时间了等。另外，还要时刻体察访问过程中的情感表现。如，被访者说话的音调的转变，节奏的变慢，以及被访者行为的某些暗示等。当感到被访者有点不耐烦了，或不停地看时间；或已超过事先约定的时间；或家中来了客人需要接待；或有要事需要处理，这时应该考虑尽快结束访谈。当感到交谈难以进行，话不投机时，也是该结束谈话的时候。有时被访者十分健谈，难以以自然轻松的方式结束访问。这时访问者可有意地给对方一些语言和行为上的暗示，表示访谈可以结束了。

例如，"您还有什么要想说的吗"、"对今天的访问您有什么看法？"或断开话题问对方："您今天还有什么安排？"或做出准备结束访问的姿态。

例如，开始收拾录音机、合上记录本等。

### 4. 访问记录

访问的目的是为了收集资料，而资料的收集则是由访问人员的记录而来。

（1）访问记录的基本要求：

①访问过程中要随问、随听、随记，以免遗忘有关信息。

②要逐字逐句记录，尽量记录被访者的原话，不要添油加醋。

③少作概括性的记录，不要对被访者的回答内容作摘要，以免掺入主观成分。

④访问记录表上要写明访问人员的姓名、访问日期、时间、地点等资料，以便于日后分析查阅。

⑤访问记录中除了被访者的问答外，追问、评注、解释、访问情境和特殊事件的描述等都需要加括号，以示区别。

（2）访问记录的主要方式。访问的记录从记载的时间上分，有现场记录和事后记录两种；从手段上分，有纸笔记录手段和辅助记录手段。

①现场纸笔记录。它是边访问边用纸笔进行记录，并需要征得被访者的同意，其优点是资料完整，不带偏见，但可能会影响访问的进行。访问现场的记录主要是内容型记录，记的是被访者所说的内容。有时也可以记访问者在访问过程中看到的东西，如访问的环境、被访者的行为、神情、反应等；还可以记录访问者自己在访问现场的感受和体会，对事实做简略的评论。现场通常采用的纸笔记录方式主要有：

第一，速记即用缩略语和特定的符号来全面记录被访者的回答。这种记录方式需要速记的技巧，事后还要对速记进行翻译和整理。

第二，详记即用文字当场作全面详尽的记录，这种记录方式往往记录不全，因为纸笔记录速度跟不上讲话的速度。

第三，简记即只记录那些访问人员感兴趣的内容和要点。这种记录方式比较常用，为了快速、准确地记录，通常要有访问记录表，访问人员只需在事先设计好的记录表上勾勾画画，做上记号。

②事后记录是在访问之后靠记忆来补记访问的内容，这种方式用于被访者不希望现场记录，或当场记录会使谈话显得过于正式、拘谨、会影响被访者回答的情绪。但这种方式会因记忆不准或消失而影响资料的完整性。一般需要借助其他手段进行。

③辅助记录手段的使用。纸笔记录往往难以获得完整的谈话资料，为了获得更完整的访问资料、可利用录音录像的方法来辅助访问。采用录音录像可以保留完整的谈话资料，避免纸笔记录的误差，整个访问情境可以重复、再现，便于资料的分析和整理，访问人员也不必为笔录而分心，可专心于谈话内容。录音录像作为一种比较理想的访问记录方式，它的运用必须征得被访者的同意，如果被访者不喜欢谈话被录音录像，访问人员则不能强求。

## 二、电话调查

电话调查是调查人员利用电话同受访者进行语言交流，从而获得信息的一种调查方式。随着电话的普及，电话调查的应用也越来越广泛。电话调查可以按照事先设计好的问卷进行，也可以集中针对某一个专门问题进行电话采访。电话访问的访问形式适用于多种类型的信息收集，包括品牌形象、满意度、市场定位、市场占有率、民意等众多的研究方式。

## （一）电话调查的优点及缺点

### 1. 电话调查的优点

电话调查具有面对面调查的某些优点，如能够与受访者交流，调动其积极性，价格较低，而且富有机动性等。假设突然发生了一个事件，现在想及时了解人们听到这个新闻时的最初感想，若用其他方法进行调查，调查实施最快也必须在 2~3 天之后才能开始，这样调查开始时，人们的记忆可能已经淡化了，这时采用电话调查就比较方便。在现今的大城市，由于居民排斥陌生人入户调查，电话调查也就更具优越性了。主要优点有：

（1）成本低。入户调查需要的调查人员多，所花的费用很高。电话调查相对来说，费用较低。

（2）快速且节省时间。对于一些急于收集到的资料而言，采用电话调查法最快。例如，某一商品广告播出后若想了解其收视率，以打电话方式来调查最为快速。

（3）统一性较高。用电话调查，大多按已拟好的标准问卷询问，因此资料的统一程度较高。

（4）易于控制实施质量。访问员集中在同一中心位置进行电话访问，督导可以在现场随时检查访问操作、访问技巧等，其调查质量可得到大大提高。

（5）可能接触到不易接触的调查对象。

（6）在某些问题上能得到坦诚的回答。有些个人问题，比如教育水平、收入、分期付款等问题，在入户调查和拦截调查等面对面情况下，被调查者会感到有些不自然，而在电话访问中，则能获得较坦诚的回答。

①对作弊的访问员能够及时的处理，纯净访问员队伍。

②部门协作得到充分发挥。

③不受气候影响。

④及时地对每一个访问员的访问技巧、完成的质量进行过程监控。

⑤访问工具准备较为简单。

### 2. 电话调查的缺点

电话调查由于受访者不必顾及面子和反应（不在现场），容易以各种理由终止，所以用于电话调查的问题既要明确，数量也不宜过多。主要缺点有：

（1）问题不能深入。电话访问法询问时间不能太长，因而调查内容的深度远不如面谈访问和拦截访问。

（2）调查工具无法综合使用。在电话访问中，有关照片、图表、样品无法显示，会影响调查访问的效果。

（3）辨别真实性及记录准确性较差。由于调查员不在现场，对于回答问题的真实性很难作出准确判断。

（4）访问的成功率可能较低。由于电话号码的编制采用的是随机数表的方法，所以有些号码可能是空号，另外受访对象如果正在忙于其他事务，可能拒绝接受访问等。这些原因使得电话访问的成功率较低。

（5）抽样总体与目标总体可能不一致。抽样总体实际上是全体电话用户，而要调查的目标总体可能包括所有有电话和没有电话的消费者。

### （二）电话调查的类型

#### 1. 传统电话调查

传统电话访问就是选取一定的受访者样本，通过拨打电话的方式，访问问卷上所列出的一系列问题，在访问过程中用笔记下答案。访问员集中在某个场所或专门的电话访问间，在固定的时间内开始数据收集工作，现场有督导员对访问员进行访问监督和抽样控制。

#### 2. 全自动电话访问（CATS）

近年来，在美国出现了一种利用内置声音回答技术取代传统的调查方式的电话访问。这种全自动电话访问方式是利用专业调查员的录音来代替访问员逐字逐句地念出问题及答案的。回答者可以将封闭式问题的答案通过电话号码上的拨号盘键入，开放式问题的答案则被逐一录在磁带上。全自动电话访问主要有两种类型：向外拨号方式和向内拨号方式。向外拨号方式需要一份准确的电话样本清单，电脑会按照号码进行拨号，播放请求对方参与调查的录音。这种电话的回答率很低，因为人们通常容易挂断电话。而向内拨号方式是由被访者拨叫指定的电话号码进行回答，这些号码通常是邮寄给被访者的。

#### 3. 计算机辅助电话调查 CATI

计算机辅助电话调查是指在一个中心地点装上 CATI（Computer Assisted Telephone Interview）设备，该设备的软件系统包括四个部分：自动随机拨号系统，问卷设计系统，自动访问管理系统，自动数据录入和简单统计系统。调查员带着一副迷你耳机坐在计算机终端前。计算机代替了传统的纸和笔，耳机代替了电话。接到指令后，计算机拨打要呼叫的电话号码，调查员在接通后读出屏幕上显示的问题，并直接将调查对象的答案输入到电脑里。

计算机辅助电话调查的特点是：

（1）速度快。计算机辅助访问可向研究分析人员迅速提交数据。因访问过程中既不需要数据的再输入，也不需要再做数据编辑，其速度方面的优势十分明显。

（2）质量高。计算机访问可避免调查人员的逻辑性错误。计算机的自动跳问功能可控制调查员在适当的时候和适当的条件下提出正确的问题。计算机自动循环提问顺序功能可使被调查者在回答问题时更加中肯。

（3）效率高。计算机系统可以进行随机或配额抽样。如果已经知道被调查者的背景资料，那么计算机可根据要求自动抽出符合条件的被调查者。

（4）灵活性。计算机除了对数据和访问员能进行控制以外，其辅助访问系统还具有处理复杂情况的功能。

**（三）电话调查实施和技巧**

1. 电话调查访问的实施过程

（1）决定一份抽样计划（Sampling Design）确认抽样结构（Sampling Frame）在抽样单位（Samplin Gunit）中选取受访者时所使用的方法。

（2）选择在抽样中将被使用的方法，便于从抽样结构中产生电话号码的群集。

（3）针对每份抽样样本电话号码制作一份访问表格。

（4）开发一份草拟问卷调查表，将其表格化。

（5）开发一份草拟的简介/选项窗体及打退堂鼓时所用的声明窗体，以供电访员使用。

（6）雇用电访员与监督人员，制定与访问有关的时程表。

（7）先进行指引性测试（Pilot-testing），借此修正调查程序及方法。

（8）印制最后定稿的问卷调查表及其他各种表格。

（9）对访问人员及监督人员进行训练。

（10）进行完全受到监督的访问。

（11）对已完成的问卷调查表进行校订及编码的工作，并将所有资料转换成计算机可判读的格式。

（12）对资料进行分析，编制各种调查报告等。

2. 电话调查访问的实施技巧

（1）直接请求转接到对象部门，不要同电话第一接听人做过多解释，而要用肯定的语气请其接转可能存在相关访问对象的部门。由于电话第一接听人往往是单位的接线员或办公室一般职员，他们的工作只是按对方的要求接转电话，所以在这时通常不必向其说明你的来历。试图请电话第一接听人帮助找到合适的访问对象的正确方法是请其转接可能存在相关访问对象的部门，而不是向其说明你对访问对象的具体要求，请其判断转接人。

（2）主动介绍自己的身份。电话被转接到相关部门后，访问员应向该部门电话接听人主动介绍自己的身份，包括公司名称、个人的姓名，并简单介绍项目内容等，明确说明希望请什么样的人接听电话。在这一技巧中主动介绍自己的身份，有助于体现公事公办的态度。不做自我介绍，上来就提要求，有时也是可行的，但有失礼貌，特别在接听人恰恰是你要找的人时，显得唐突。

（3）问明对象身份信息。在电话转接前，问明被转接人的姓名、职位、所属部门等信息，以便在转接后直呼其姓名、职位，可产生快速拉近距离的效果。另外，在一时难以确定合适的访问对象时，可请其转接部门或单位领导处，通常领导较为有礼，又能帮助找到合适的人选，同时由领导安排的人选合作态度会更好。

（4）注意礼貌用语。俗话说，礼多人不怪，在电话交谈中，多使用感谢的话语，多使用恭敬的称谓，将使整个访问在和谐愉快的氛围中进行。不要为了追求速度而节约适当的感谢。但应注意感谢的表达要真诚，并且不要和公事公办的态度相矛盾，不要变成访问员在"求着"对方合作。

（5）模糊访问时间。在访问开始说明整个访问所需时间时，可以用一个比较模糊的概念表达，或说得相对短些。实践证明，当人们决定接受访问后，时间如果稍微超过事前约定，通常不会计较。所以在访问开始前，访问时间的说法可以表现得灵活一些，目的是能说服对方接受访问。但过于离谱的说法将增大访问难度，如说 10 分钟就行，实际超过了 30 分钟，就会让受访者感觉受骗上当而拒绝继续接受访问。

（6）避用"调查"一词。"调查"一词在中文里往往比较敏感，建议多使用"访问"、"请教"、"听取意见"等软性词代替"调查"，从而减少受访者的顾虑和不必要的误解。在人称方面，一些访问员在交谈中常称呼对方"你"，建议应该根据南北方对称谓不同的习惯，适当地使用"您"或"你"，或"贵单位"。这些细微之处，往往关系一次访问能否成功进行。

### 三、座谈会

座谈会即焦点小组座谈会，也称为集体访问，它是将一组受访者集中在调查现场，让他们对调查的主题（如一种产品、一项服务或其他话题等）发表意见，从而获取调查资料的方法。通过座谈会，研究人员可以从一组受访者那里获得所需的定性资料，这些受访者与研究主题有某种程度上的关系。为获得此类资料，研究人员通过严格的甄别程序选取少数受访者，围绕研究主题以一种非正式的、比较自由的方式进行讨论。这种方法适用于搜集与研究课题有密切关系的少数人员的倾向和意见。

参加座谈会的人数不宜太多，通常有 8~12 人，并且是所调查问题的专家或有经验的人。讨论方式主要取决于主持人的习惯和爱好。通过小组讨论，能获取访问调查无法取得的资料。而且，在彼此交流的环境里，受访者之间相互影响、相互启发、相互补充，并在座谈过程中不断修正自己的观点，从而有利于取得较为广泛、深入的想法和意见。座谈会的另一个优点是通常不会因为问卷过长遭到拒访。

为了保证创造一个畅所欲言的气氛，主持人一般都要求受过心理学或行为科学方面的训练，具有很强的组织能力，足以控制一群不同背景的陌生人，并尽可能多地引导受访者说出他们的真实意见或想法。

**（一）座谈会调查的优点及缺点**

1. 座谈会调查的优点

（1）收集资料快、效率高。在同一时间访问了多个被调查者，因此可以在较短的时间内完成调研任务。

（2）资料广泛、深入。

（3）调查与讨论相结合。

（4）可以进行科学监控。允许对数据的收集过程进行密切的监视，将讨论过程录制下来，以备后期分析使用。

（5）可通过主持人有效控制访问的覆盖面及深度。

2. 座谈会调查的缺点

（1）对主持人的要求较高。

（2）结果可能受到主持人的影响。

（3）小组成员的选择会影响结果的准确性。

（4）结果不具有代表性。

（5）一些隐私性的个人观点难以表现。

（6）资料比较散乱，不利于后期整理和分析。

**（二）座谈会的实施步骤**

1. 明确座谈目的，准备调查提纲

调查提纲是焦点小组座谈的问题纲要，既要给出小组要讨论的所有主题，还要把主题的顺序作合理的安排。

2. 甄选参与者

焦点小组一般以 8~12 人为宜。根据访问要求采用多种方法甄选。如在城市繁华区随机拦截、根据街区随机选择住户、随机拨打电话号码或者从以前使用过的随机样本中挑选被调查者等。为了保证焦点小组访问的顺利进行，避免讨论过程中的沟通障碍，需要注意不要把不同社会层次、不同消费水平、不同生活方式的人放在一组（同质同组）。

研究表明，参加焦点小组座谈的动因，按重要性排序是：报酬、对调查内容的兴趣、有没有时间、好奇心、有发表观点的机会。

3. 确定主持人

拥有一个优秀的主持人是座谈会成功的关键之一。一个主持人需要具备两方面的技能：第一，善于组织座谈会的品质；第二，良好的主持技巧，以便有效地与客户员工进行交往配合。

座谈会的实施实际上就看主持人的表现了。主持人在焦点小组座谈中的工作职责包括：

(1) 与参与者建立友好的关系。

(2) 说明座谈会的沟通规则。

(3) 告知调研的目的并根据讨论的发展灵活变通。

(4) 探寻参与者的意见，激励他们围绕主题热烈讨论。

(5) 总结参与者的意见，评判对各种参数的认同程度和分歧。

**（三）会场布置**

传统意义上的焦点座谈场所，从外观上看跟普通会议室差不多。不同的是在一面墙上会安装单向镜，在某个隐蔽的地方安装了麦克风和摄像头，为了保证录音效果，墙壁和天花板可能会用一些特殊材料。单向镜的那一边是个观察室，观察室内可能会有各种控制仪器，如图 7-1 所示。

177

单面透光镜子

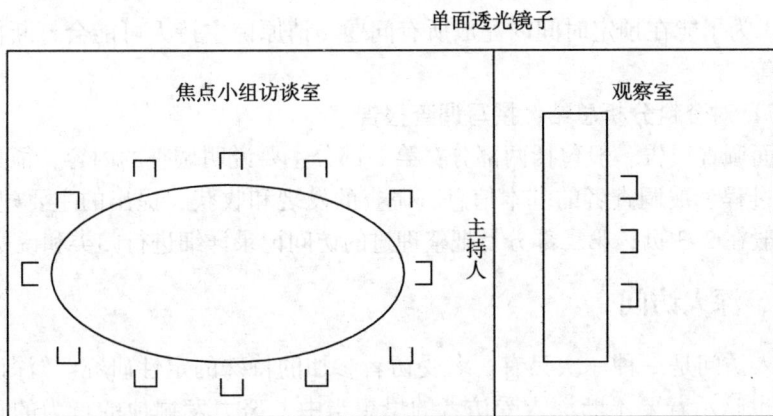

**图 7-1　座谈会布局**

对于研究人员而言，如果想有效地实施一次焦点小组座谈，单靠这些硬设备显然是远远不够的。不同的调研项目会需要不同的现场布置，比如广告效果座谈就需要投影仪和屏幕；概念测试需要制作概念板；口味测试则需要更多的准备，如水、饼干、笔、纸都要提早到位。

另外，我们在每次座谈前，都把参与者的名字写在桌牌上，预先放置妥当。这样做很有好处，首先，可以使参与者能够按照预先设定的次序就座，大大方便了记录和数据分析处理。其次，主持人在座谈过程中能够直接称呼参与者，能促进沟通关系的建立，也方便了主持人的工作。最后，每一位与会者能从此举中感受到被人尊重，树立自信，有利于调动与会者发言的积极性。

**（四）实施座谈**

主持人在座谈开始时就应该亲切热情地感谢大家的参与，并向大家解释焦点小组座谈是怎么一回事，使参与者尽量轻松。然后，真实坦诚地介绍自己，并请参与者都自我介绍一下。

沟通规则一般应该告诉参与者：

（1）存在不同的意见，你怎么认为就怎么说，只要你说出真心话就可以。

（2）你的意见代表着其他很多像你一样的消费者的意见，所以很重要。

（3）应该认真听取别人意见，不允许嘲笑、贬低。

（4）不要互相议论，应该依次大声说出自己的想法。

（5）不要关心主持人的观点，主持人对这个调研课题跟大家一样，主持人不是专家。

（6）如果你对某个话题不了解，或没有见解，不必担心，也不必勉强地临时编撰。

（7）为了能在预定时间内完成所有问题，请原谅主持人可能会打断你的发言，等等。

**（五）对资料分析总结，撰写调查报告**

书面调查报告一般包括两部分：第一部分主要说明调查的内容，征集被调查者的过程、被调查者的基本信息、调查的发现和收获、提出的主要建议等，篇幅一般在2~3页；第二部分是把整理过的访问记录详细进行归类和说明。

## 四、深入访问

深入访问是一种一次只有一名受访者参加的特殊的定性研究。"深访"这一技术也暗示着要不断深入受访者的思想当中，努力发掘他的行为的真实动机。深访是一种无结构的个人访问，调查人员运用大量的追问技巧，尽可能让受访者自由发挥，表达他的想法和感受。

深入访问常用于对有关问题进行深度讨论；对问题进行探索性研究；较敏感、保密的话题；专业、高层、影响大等重要人员，以发掘受访者非表面化的深层意见。如个人隐私问题等较隐秘的问题，或政治性的问题等较敏感的问题。对于一些不同人之间观点差异极大的问题，用小组讨论只会把问题搞糟，这时也可采用深入访问法。

深入访问也有不同方式，其中比较有代表性的是非结构性深入访问。通常是把受访者邀请到特定地点进行，如公司会见室等，调查人员应创造一种轻松舒适的访问环境，让受访者无拘无束地发言，这样将不会因为问题过多而造成拒访。非结构式深入访问的程序如图7-2所示。

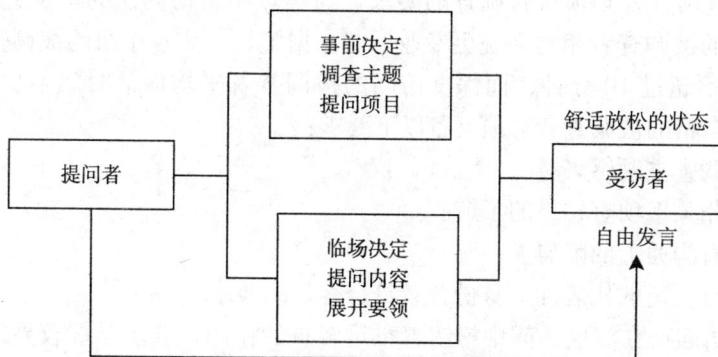

图7-2 非结构式深入访问的程序

## （一）深入访问的优点及缺点

1. 深入访问的优点

（1）可以获得较全面的材料。

（2）适合了解一些复杂和抽象的问题。

（3）有较多机会评价资料或答案的可信度。

（4）访问的弹性相当大。

（5）便于对一些保密、敏感问题进行调查。

2. 深入访问的缺点

（1）由于调查的无结构，使结果十分容易受调查员自身影响，其结果的质量依赖于调查员的技巧，对访员的要求比较高。

（2）由于只有一个受访者，无法产生受访者之间观点的相互刺激和碰撞。

（3）由于所占用的时间和所花的经费较多，因而在一个调研项目中深度访问的数量十分有限。

（4）深度访问后得到的信息常常难以分析和解释。

## （二）深入访问的实施步骤

1. 准备阶段

在准备阶段所需要做的工作包括：选择深入访问的地点、被调查者、访问员、预约访问时间、制定访问提纲、准备访问用品等。

（1）深入访问的地点要满足以下条件：

①面积大小适中，一般以 15~25 平方米为好。

②保持环境安静，深访的时间一般较长，环境安静才能使访问顺利进行。

③房间布置合理，应保证房间整洁，座椅舒适，光线柔和，避免放置过于引人注意的物品，防止受访者分心。

（2）被调查者必须符合调查的要求。与焦点小组访问法的被调查者相比，深入访问的被调查者相对来说更专业一些。据统计，焦点小组的被调查者平均发言时间不超过 10 分钟，而深度访问的被调查者平均谈话时间不少于 60 分钟。一个合格的被调查者必须具备以下要求：

①对调查主题感兴趣。

②对相关事项有相当的了解。

③没有沟通上的障碍。

④具有一定的代表性，身份背景符合客户的要求。

（3）访问员在深度访问中扮演着举足轻重的作用，要求掌握较高的访问技巧，要善于挖掘受访者的内心感受。一个合格的访问员必须具备两方面的条件：

①访问员应有丰富的知识，能够与被调查者展开讨论，善于发现受访者谈话中有价值的线索。

②应有熟练的谈话技巧，能够很好地掌握谈话节奏。

（4）由于深度访问的时间比较长，所以应事先预约，以便在被调查者方便时进行访问。

（5）访问员应该预先拟好访问提纲，以保证访问达到预期目的。提纲的内容一般包括谈话目的、谈话步骤和谈话重点问题等。

（6）在访问前，访问员还需准备好访问的用品，包括证件、笔、记录本、录音机等，如果需向被调查者展示样品，还需要准备样品、宣传资料等。

2. 实施阶段

（1）在开始访问之前，应该使被调查者完全放松下来，打消顾虑，介绍访问的目的和意图，并和被调查者建立融洽的关系。一般可以采用两种方式：一是开门见山；二是培养感情。

（2）访问员在访问过程中通常只是间歇性地提出一些适当的问题，或表示一些适当的意见，以鼓励被访者多说话。不可把深度访问变成访问员和被调查者之间一问一答的访问过程。

（3）在访问中，调查员应采取中立的立场，做到"不带有任何的偏见，也不左右别人的态度和思想。"

（4）访问员应注意礼貌，倾听、目光接触（注意表情和动作）；用语准确，避免使用审讯或命令语气的提问，不能随便打断对方的回答，也不能对被访者的回答流露出任何鄙视或不耐烦的表现，更不能使用一些令对方忌讳、反感的语言。

3. 结束阶段

结束访问也是访问工作的一个重要环节，调查人员要给予足够的重视。

结束访问时要做到三点：

（1）让受访者有良好的感觉。调查人员要感谢受访者抽出时间给予合作，并使受访者感觉到自己对这项调查研究做出了贡献。例如，可以说："谢谢您的合作，您对这件事情的看法和意见对我们这项研究很有价值。"

（2）尽快离开访问现场。访问结束后调查人员要尽快离开访问现场。有时，遇到的受访者十分健谈，恋恋不舍，可能难以离开，这时你可以找一些理由为自己脱身。

（3）离开访问现场前需要仔细核查问卷。离开访问现场时，调查人员要做仔细检查，需要检查的内容有以下四点：

①已完成的问卷是否填写完整和一致。

②问题的答案处无空白，确保正确地圈出答案。

③问题的答案有没有前后不一致的地方。

④是否有需要受访者澄清的含糊答案。

在结束访问时，应注意以下三点：

（1）离开前，给受访者一个事先准备好的礼物。

（2）离开前，给受访者一个最后提问的机会。

（3）必须感谢受访者：你应该告诉受访者，我们的调查需要依靠人们的友好合作。让受访者感到自己花时间被访问确实是值得的，使他感到你喜欢和他谈话。其目的是为回访开方便之门（你可能需要返回记录你忘了询问的内容，而重访的机会始终存在），让每个受访者感到愿意重新合作。

离开现场时，要表现得彬彬有礼，为受访者关好房门，对受访者及家人说再见，对送出门的受访者说"请留步，多谢！"等。

# 第二节　网络调研

## 一、网络调研的概念

网络调研是指利用互联网技术进行调研的一种方法。其大多应用于企业内部管理、商品行销、广告和业务推广等商业活动中。

## 二、网络调研的方法

目前，网络调研采用的方法主要有：在线询问、计算机辅助电话询问系统（CATI）、E-mail 问卷方式、虚拟店铺等方式。下面重点介绍常用的几种方法：

### （一）在线询问

通过 Java 编写的网站应用程序，随机选择访问者，并弹出问卷窗口，邀请其参加访问。在线询问与传统询问法相似，只是调查人员可以根据计算机显示器上读出的问题，同时向多个被调查者提问，并将他们回答的数据直接输入计算机。

### （二）计算机辅助电话询问系统（CATI）

计算机辅助电话询问系统目前在美国十分普及。它不仅加强了电话询问在时间和成本方面的优势，同时也突出了方法上的优势。当利用这种方式进行调研时，系统可以根据随机数抽样得出电话号码并拨号，每一位访问员都坐在一台计算机终端或个人电脑前，当被访问者电话接通后，访问员通过一个或几个键启动机器开始提问，需要提出的问题及备选答案便立即出现在屏幕上。同时，计算机系统还会根据被调查者对前面问题的回答，自动显示与被访者个人有关的问题或直接跳过去选择其他合适的问题。

### （三）E-mail 问卷方式

调研问卷就是一份简单的 E-mail，并按已选好的 E-mail 地址发出。被访问者回答完毕将问卷回复给调研机构。有专门的程序进行问卷准备，列制 E-mail 地址和收集数据。

### （四）虚拟店铺

虚拟店铺这种市场调研技术，是在三维计算机图形技术发展基础上出现的。通过此项技术，市场营销人员可以快速而廉价地在计算机上构建一个真实的零售商场环境。

## 三、网上市场调研的优势与劣势

### （一）网上市场调研的优势

1. 成本低廉

传统市场调研室是通过调查问卷的发放、回收及后期的统计计算进行的。这种方式需耗费大量的人力、物力、财力。利用互联网进行调研，上述调研过程及所需的人力、物力、财力可大大节约。被调研者距离越远，其节约效果越明显。

## 2. 方便快捷

网上市场调研消除了传统调研方式中的诸多不利因素，独特的网络优势可以使调研者十分方便地将各站点广泛联系起来展开联合调研，采集数据不必受地域限制，还可以全天候进行调研，使其更大范围内的人群都可以在方便的时段接受调研。网上市场调研的运作时间段，大部分都是实时进行，而且对调研信息的检索和处理基本上都是由计算机软件自动完成，从而大大节省了数据录入、整理和输入的时间。

## 3. 运用了多媒体技术

综合利用多媒体技术，让多种信息表现形式共同服务于调研，是网上市场调研方式的独特之处。调研者通过电子载体，向调研对象传送文字、图像、声音、动画、视频等非文字信息，加入多媒体元素的网上市场调研更具亲和力，使被调研者更愿主动参与。

## 4. 对敏感性问题的调研

对敏感性问题如个人收入来源或某些社会现象的看法，人们一般会对这类问题表示反感，从而拒绝回答或提供虚假信息。在网络环境下，可以利用网络的匿名性和保护隐私优势进行，它在某种程度上消除了被调研者可能存在的顾虑，有助于得到调研对象的真实答案。

## 5. 进行跟踪调研

随着网上统计调研的深入，网上固定样本的出现，调研人员能够通过跟踪被访者的态度、行为进行纵向调研。复杂的跟踪软件能够做到根据上一次的回答情况进行本次问卷的筛选，而且还能够填补落选项目。

## 6. 抽样框丰富

网上的被访者局限于上网人员，但这种局限在一定条件下也可以转化为优势，因为每一类站点都有自己特殊的访问群，如果能够对这种访问人群结构进行研究，则每个站点的访问人群都可以成为一个专业化的抽样框。

## 7. 减少调研人员的主观倾向和对被访问者的暗示及影响

在传统市场调研中，调研人员在对被访者进行访问时，很容易夹杂着自己的主观倾向，并在提问及阅读选项时向被访者进行暗示，结果使得调研结果存在偏差。但是在网上市场调研中，这一类主观因素被排除，使得调研结果更好地反映了被访者的态度和意愿。

### （二）网上市场调研的劣势

## 1. 调研内容受限

仅通过网上市场调研对于某些试用类调研是无法完成的，如食品类、化妆品类调研，调研员必须亲自指导被访者试用商品，然后调研才能进行。

### 2. 调研对象受限，样本没有代表性

网上市场调研的对象只限于网民。网民只占社会群体的一部分，因此总的样本的代表性不强。而且网民内部在性别、学历、收入、所在地理位置、职业等因素上分布不均衡，从而会影响网上市场调研的科学性。

### 3. 缺乏有效的激励及监控控制

填写问卷，尤其是过于复杂的问卷会占用被调研者一定的时间，如果不加以有效的激励措施，网民的积极性难以发挥，势必影响到其回答问题的真实性、完善性和问卷的回收率。但是如果激励措施实施不当的话，又会招致许多被访者在激励措施的诱使下，重复填写问卷。

### 4. 缺乏相应的法律及管理规定，存在合法性和安全性问题

网上市场调研是否合法主要是针对调研的内容和方式而言的。由于一些网上市场调研活动没有相关部门的认证，使得被访者在提供信息时有所顾虑。而企业自身投资进行的调研活动，有可能因为黑客的入侵、病毒泛滥、数据被毁、保密信息的泄露等给从事调研的企业带来巨大的损失。

## 本章案例

### 如何调查智能家居市场规模

霍尼韦尔安防隶属于霍尼韦尔国际公司自动化控制集团，是世界最大的电子保安系列产品和系统制造商之一，家庭自动化控制系统是霍尼韦尔自动化控制、安防和能源管理技术领域的核心优势产品，为用户提供真正的智慧家居。

智能家居是以住宅为平台，利用综合布线技术、网络通信技术、智能家居系统设计方案安全防范技术、自动控制技术、音视频技术将家居生活有关的设施集成，构建高效的住宅设施与家庭日程事务的管理系统，提升家居安全性、便利性、舒适性、艺术性，并实现环保节能的居住环境。

### 一、项目背景

中国经济经过30年的高速发展，居民的生活水平和消费能力有了很大提高，新需求的增长以及信息化对人民传统生活方式的改变，让许多人尤其是先富裕起来的一部分人，对智能家居的需求日益强烈。

2005年，霍尼韦尔在深圳滨海豪宅项目红树西岸开始涉足中国智能家居领域，从而让红树西岸成为中国首个具有国际顶级家居智能控制系统的住宅。中国高速发展的房地产业具备巨大潜力，霍尼韦尔希望正式进入中国市场，致力在中国发展壮大智能家居事业，努力获得更多业绩。

因此，霍尼韦尔计划开展一次调研工作，对中国智能家居市场进行深入了

解，以支持制定该业务未来几年的投资发展策略。

客户的问题是：

（1）中国的智能家居市场容量有多大？

（2）主要的竞争对手市场表现如何及如何管理市场？

（3）消费者需要怎样的智能家居产品？

（4）未来的发展趋势如何？

## 二、项目沟通

针对霍尼韦尔提出的需求，通常的市场调研解决办法是采用专家深访、二手资料分析来解决问题，这种办法的好处是执行比较简单，但是获取的数据比较粗糙，尤其是 2005 年左右"智能家居"在国内刚刚兴起，有深入行业认识的专业人士不多，客户对这样的调研方法在信息量是否足够和数据准确性方面把握不足。

这是一次行业调查，难题是"智能家居"涉及面很窄，还未成为一个行业。项目组先期对"智能家居"市场进行了初步了解，发现与"智能家居"关系最密切的是住宅面积和价格，两者的发展是呈正比关系的，当时"智能家居"参与厂家也比较少，少数几个厂家占据了较多的市场份额。因此赛立信竞争情报事业部认为，竞争情报研究、主要城市住宅情况、专家深访、消费者研究、二手资料分析相结合的调研方法能够更好地解决这个需求。具体解决问题思路如图 7-3 所示。

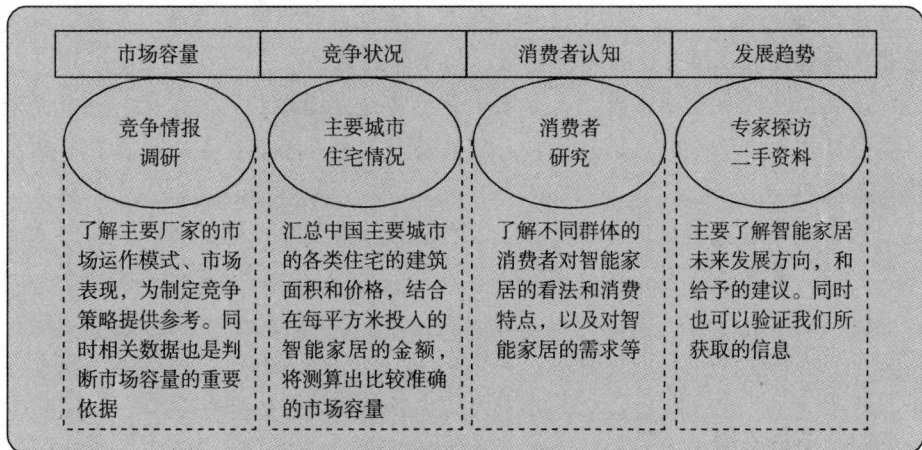

图 7-3 项目的具体解决问题思路

### 三、项目实施

**1. 竞争情报调研内容及实施**

调研前，我们和客户分别做了初步的了解，发现智能家居的竞争还不是很激烈，LG、罗格朗、青岛海尔等5家企业占据了大部分市场份额，因此我们对这5家企业设计了如下竞争情报调研内容。

(1) 产品生产（生产基地或产品来源）。

(2) 企业人数情况。

(3) 销售的产品规格介绍。

(4) 营销组织架构。

(5) 主要代理商。

(6) 销售业绩介绍。

(7) 售后服务制度。

(8) 财务状况。

(9) 企业发展方向。

根据以上调研内容，我们采用赛立信独特的竞争情报研究方式展开工作。调查人员主要与调查对象的营销人员、代理商等相关人员，在不违反法律法规的前提下进行深入交流和沟通，获取大量的市场运作模式、市场表现等有价值的数据和信息。

**2. 主要城市住宅情况调研内容及实施**

选取中国有代表性的城市广州、北京、上海、深圳、南京、无锡等22个城市为调研城市，并规范收集信息。信息主要包括楼盘项目名称、地址、开发企业、预售许可证编号、面积、套数、均价等内容。

该类信息的数量非常大，一开始尝试的办法是通过扫街的方式，也就是委派兼职访问人员逐条街道进行走访，但是这样碰到很多困难，尤其是执行时间和费用方面。

接着尝试用互联网搜寻的方式，但是当时互联网信息还不够，完整性是个问题。经过多渠道询问，最后调查人员通过当地政府部门（如建设规划局）帮助，结合互联网信息，获取22个城市10多万个楼盘的所需信息。

根据上述结果，我们与客户一起建立了一个数据模型，计算不同类型和档次的房子在智能家居的投入，为准确计算市场容量提供了翔实的数据支持。

### 四、项目成果

项目报告对智能家居行业及其发展趋势有了一个整体描述：2015年，我国建筑总面积将达到632.7亿平方米，较2009年新增132.2亿平方米。同时，我国2009年智能家居市场规模达到420亿元，由于一系列利好因素的刺激作用，之后几年市场规模增速将超过 20%，预计 2010 年将达到 510 亿元、2015 年将达到 1240 亿元。

由于经济的纵深和细分发展，类似智能家居这样的细分行业很多，目前已远远不止几百个。从调查的角度来看，要获取这些细小行业的数据并不容易，一般性的市场研究方法并不能解决问题。利用竞争情报方法，调查行业中具有代表性的企业情况，从中推论出整体行业情况，比如市场规模、占有率等，应该说是比较靠谱也是比较经济可行的方法。

霍尼韦尔根据调研结果，制定了详细的市场策略，研发并整合了小区智能安防系统最全的产品线及成熟的一体化解决方案，包括出入口控制、视频监控、周界及室内防盗报警、可视对讲、智能家居等多个子系统及全系列产品，提供社区规模和单户型智能家居解决方案。并且，霍尼韦尔在业务推广同时，引导和影响着中国住宅智能化、网络化的发展趋势和相关标准制定。

资料来源：黄引敏等.商业情报战——企业竞争情报搜集与应用 [M].广州：羊城晚报出版社，2011.

➔ 问题：

1. 商业信息调研的方法、手段是什么？
2. 商业信息调研的在企业中是如何应用的？

## 本章小结
★★★★

本章主要对商业信息调研的方法、手段和应用进行了讲述。

商业信息调研是运用科学的方法，有目的、有计划地收集、整理和分析有关供求和资源的各种情报，信息和资料。

访谈调查法是调查者与被调查者通过面对面的接触、有目的谈话，以寻求研究资料的方法。包括访问调查、电话调查、座谈会、深度访问等。

网络调研是指利用 Internet 技术进行调研的一种方法。其大多应用于企业内部管理、商品行销、广告和业务推广等商业活动中。网络调研采用的方法主要有：在线询问、计算机辅助电话询问系统（CATI）、E-mail 问卷方式、虚拟店铺等。

## 本章复习题
★★★★

1. 访问调查的优缺点有哪些？访问调查法的类型有哪些？

2. 电话调查的优缺点有哪些? 电话调查的类型有哪些?

3. 座谈会调查的优缺点有哪些? 座谈会如何实施?

4. 网上市场调研的优缺点有哪些?

5. 如果让你组织一个座谈会，应该如何组织?

6. 深入访谈的实施步骤有哪些?

# 第八章

## 信息组织

## 学习目的

**知识要求** 通过本章的学习，掌握：

● 什么是信息组织
● 信息筛选与选择的原则和方法
● 信息描述中元数据的含义
● 信息组织的存储方法
● 信息的分析方法
● 信息组织的分类法和主题法

**技能要求** 通过本章的学习，能够：

● 熟练找到需要的信息源
● 根据不同的信息源进行正确的选择与筛选
● 灵活运用信息整理的方法
● 灵活运用信息分析方法，对不同的信息进行深入的加工整理
● 根据不同的信息源对信息进行选择、描述、分析、存储

## 学习指导

1. 本章内容包括：对信息组织的基本概念和基本内容进行讲解，讨论信息组织的两类主要方法——分类法和主题法，通过对信息内容中信息的选择、描述、处理（分析）、存储等进一步了解信息组织。

2. 学习方法：阅读教材，培养对信息的描述、选择、分析、存储的意识，

熟悉信息的两大分类方法。

3. 建议学时：6 学时。

## 引导案例

### 就业网信息组织比较分析

中国的大部分城市都有自己的高校毕业生就业网站（以下简称"就业网"），但是每个网站中的信息组织形式是不同的，而不同的形式给查找者带来的方便程度也是不同的。

我们在网上可以找到许多就业网站，这些就业网站均为教育部、省、直辖市教育机构主管的就业网（以地理名称作简称），如表8-1所示，能代表我国就业网建设的水平。这里我们介绍的网站只是作为我们信息组织应用的介绍，并没有特定的意义。

表8-1 高校毕业生就业网网址举例

| | 就业网名称 | 网址 | 域名含义 |
|---|---|---|---|
| 1 | 北京高校毕业生就业信息网 | www.bjbys.net.cn | 网络服务商 |
| 2 | 上海高校毕业生就业信息网 | http://www.firstjob.com.cn | 商业机构 |
| 3 | 安徽大中专毕业生就业信息网 | http://www.ahbys.com | 商业机构 |
| 4 | 重庆高校毕业生就业信息网 | http://www.cqbys.com | 商业机构 |
| 5 | 江苏毕业生就业网 | http://www.jsbys.com.cn | 商业机构 |
| 6 | 天津市高校毕业生就业信息网 | http://www.tjbys.com | 商业机构 |
| 7 | 湖南省毕业生就业信息网 | http://www.hunbys.com/ | 商业机构 |
| 8 | 福建毕业生就业公共网 | http://www.fjbys.gov.cn/ | 政府部门 |
| 9 | 湖北毕业生就业信息网 | http://job.e21.edu.cn | 教育机构 |
| 10 | 内蒙古毕业生就业信息网 | http://www.nmbys.com | 商业机构 |

不同就业网站的求职招聘栏目所采用的文字表示的语义不明确。例如：招聘单位有各行各业，用【企业招聘】设栏目不确切；同样是用人单位招聘信息的栏目名称，在"湖南"与"内蒙古"表示的完全不同；同样是毕业生个人求职信息的栏目名称"湖南"与"内蒙古"表示的也不同。因此，就业网站需要对求职招聘栏目文字进行描述控制，以便用户能够方便准确地理解，如表8-2所示。

各个就业网招聘信息的描述在形式和内容上各有风格、详略不同，在描述级别上：一般在表格列举时简单描述（一般仅有单位、职位、发布日期等信息）供求职者二次检索，在选择具体的信息后有详细的职位信息和/或单位信息

表8-2  求职招聘栏目设置比较网站

| 网站 | 查询用人单位招聘信息的栏目名称 | 查询毕业生个人求职信息的栏目名称 |
|---|---|---|
| 安徽 | [求职] | [招聘] |
| 江苏 | [个人求职] | [单位招聘] |
| 湖南 | [最新招聘] | [最新人才] |
| 天津 | [我想求职] | [我要招聘] |
| 福建 | [用人单位专区] | [毕业生专区] |
| 湖北 | [企业招聘] | [学生求职] |
| 内蒙古 | [单位招聘] | [个人求职] |
| 重庆 | [用人单位] [信息栏目] | [毕业生] |

注：网站内容实时变化，此表格的内容仅作为参考。

描述。单个信息显示时有将【职位信息】和【单位信息】分别在不同页面显示，也有同时在一个页面显示，描述格式各有千秋，所用描述文字各异。虽然能够表达出招聘信息的主要内容，但是在信息描述上也存在需要规范的问题。

专业分类比较如表8-3所示。

表8-3  专业分类比较

| 1 | 2 | 3 | 4 |
|---|---|---|---|
| 类目层次：1 | 类目层次：1 | 类目层次：1 | 类目层次：1 |
| 类目设置：1493类 | 类目设置：82类 | 类目设置：约570 | 类目设置：同本科目录 |
| 类名：不规范，例如：马克思主义理论类、马克思主义基础、中国共产党党史、中国革命史等，这些都有雷同之处 | 类名：不规范，有雷同的类目 | 类名：不规范，有雷同的类目 | 类名：规范，但是仅为本科目录名称 |

专业分类相差比较大。在类目设置上：作为省级以上的毕业生就业网，专业均比较齐全，覆盖面较广，甚至包括所有大中专专业。应该分层次（分学生层次、专业门类、大类）采用2~3次检索比较合适。关于专业名称的规范问

191

题，教育部有统一规定，颁布了高职、本科、研究生专业目录，大多数比较规范，有的专业因为专业发展合并改换名称，但也还是有类可归、有章可循，例如，"信息管理与信息系统"专业就是由"科技信息"、"信息学"、"经济信息管理"、"管理信息系统"、"林业信息管理"合并而成，但是应该注意给出类目注释；专业分类已经形成了相对固定的排列顺序，可以在类目排序时参照。

通过上述案例，可以体会到学习应用信息组织的必要性、实施标准化管理的必要性和重要性。为了提高检索效率，需要良好的有序的信息组织。

资料来源：张莹.高校毕业生就业网信息组织分析［J/OL］.百度文库，2011-02-03.

➡ 问题：

1. 信息组织在信息网建设中的重要性如何？
2. 在信息组织中如何实施标准化管理？

# 第一节 信息组织概述

## 一、信息组织的概念

### （一）信息组织含义

信息组织即信息的序化，是按照一定的科学规则和方法，通过对信息的外在特征和内容特征的描述和序化，对信息资源进行选择、分析、存储，实现无序信息向有序信息的转化。

序是事物的一种结构形式，是指事物或系统的各个结构要素之间的相互关系以及这种关系在时间和空间中的表现。当事物结构要素具有某种约束性且在时间序列和空间序列呈现某种规律性时，这一事物就处于有序状态；反之，则处于无序状态。

信息的外在特征是指信息的物质载体所直接反映的特征，它们构成信息载体外在的、形式的特征，如信息的物理形态、题名、责任者、信息的类型、信息生产和流通等方面的特征。信息的内容特征是对信息具体内容的规范化概括。信息组织的基本对象和依据就是信息的外在特征和内容特征。

信息资源通常是指一切记录形式存在的信息载体。按基本类型，包括书籍、期刊、报纸、论文、标准、档案等；按媒体的形式，包括印刷型资源，缩微型、机读型资源，网上资源等。

**（二）信息组织的要求**

（1）信息特征有序化：是要将内容或外在特征相同或者相关的信息有系统、有条理地集中在一起，把无关的信息区别开来。

（2）信息流向明确化：按照不同用户的信息活动特征确定信息的传递方向，要注意根据信息环境的发展变化不断调整信息流动的方向，尽量形成信息合力。

（3）信息流速适度化：面对的决策问题在不断地发展变化，信息需要也在不断地更新。为此必须适当控制信息流动速度，把握信息传递时机，提高信息的效用。

**（三）信息组织的目的**

信息组织的目的可以概括为"实现无序信息向有序信息的转换"。具体地说，信息组织的目的应包括：

（1）减少社会信息流的混乱程度。

（2）提高信息产品的质量和价值。

（3）建立信息产品与用户的联系。

（4）节省社会信息活动的总成本。

## 二、信息组织的内容

（1）信息选择：从采集到的处于无序状态的信息流中甄别出有用的信息，剔除无用的信息是信息组织过程的第一步。

（2）信息描述与揭示：也称为信息资源描述，根据信息组织和检索的需要，对信息资源的主题内容、形式特征、物质形态等进行分析、选择、记录的活动。

（3）信息分析：按照一定的逻辑关系从语法上、语义上对选择过的信息内、外特征进行细化、挖掘、加工整理并归类的信息活动。

（4）信息存储：将经过加工整理序化后的信息按照一定的格式和顺序存储在特定的载体中的一种信息活动。

## 三、信息组织的类型

**（一）按信息表现形式划分**

（1）文字信息组织。

（2）图像信息组织。

（3）声音信息组织。

（4）视频信息组织。

**（二）按信息的加工程度划分**

（1）一次信息组织。

（2）二次信息组织。

（3）三次信息组织。

**（三）按信息的传播载体划分**

（1）文献信息源。

（2）非文献信息源。

## 四、信息组织的原则

**（一）客观性原则**

信息组织中进行描述和揭示的基本依据就是信息本身，因此，我们描述和揭示信息的外在特征和内在特征必须客观而准确，要根据信息本身所反映的各种特征加以科学地反映和序化，形成相应的信息组织成果。

**（二）系统性原则**

系统性原则要求在信息组织中把握好四个关系：

（1）宏观信息组织与微观信息组织的关系。

（2）信息组织部门与其他部门的关系。

（3）信息组织工作各个环节之间的关系。

（4）不同信息处理方法之间的关系。

**（三）目的性原则**

信息组织具有鲜明的目的性，必须围绕用户的信息需求开展工作，注意信息机构的目标市场的需求状态及其变化特征，满足成本收益对称的原则。

**（四）现代化原则**

信息组织现代化原则包括思想观念现代化和技术手段现代化两个方面。

# 第二节　信息组织的分类法

## 一、分类法概述

**（一）分类法概述**

1. 分类的含义

所谓"类"，是指具有某种共同属性的一组事物的集合。分类是认识事物、区别事物，并在此基础上组织事物的一种科学方法。

2. 信息分类的含义

信息分类是根据信息内容的学科属性与其他相关的特征，对各种类型的信息予以系统的揭示和区分，并进行组织的一种方法。

3. 信息分类法及其类型

在人类已有的对信息进行分类的社会实践中，所面对的"信息"主要是"文献"信息，因此，信息分类法主要是指文献分类法。

### （二）分类检索

人们采用分类检索，主要是希望在一个类下能集中地查找到他所需要的与该类相关的全部（或尽量齐全的）信息、知识、事物。当检索不知道或不确切的一些信息的表述形式时，或不知道它们的载体形式，不知道某个类中究竟有多少与此相关的信息时，从分类这个角度进行查找，是最简便实用的检索方法。

1. 要有一个清晰、明了的分类大纲

分类大纲是进行分类检索的初始入口，对于检索用户迅速把握分类体系的脉络、准确地选定入口是很重要的。用户在浏览分类大纲时，就是将他的信息需求及他的认知结构与系统的知识结构相匹配的心理过程。在这个过程中应该尽量减少用户的犹豫、提高其判断的自信。这就要求分类大纲不仅要清晰地展示，而且要用科学、通用的语言加以描述，如图 8-1 所示。

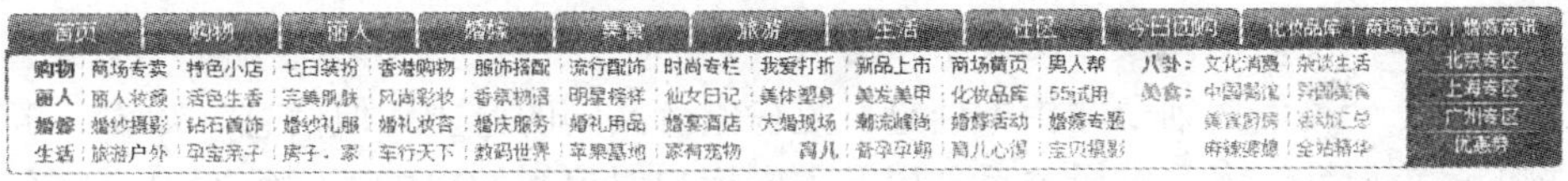

195

图 8-1　某网站首页目录分类

2. 类目划分的层次要适当

类目划分的层次决定着分类体系、知识地图、知识树的详略程度。划分的层次越多越深，知识被组织得越细密，每一个类目下信息的相关性就越高。但随着类目划分层次的增加，也会使知识树的枝叶越来越茂密，处于较深层次的信息就越隐秘，越不容易被查找出来，削弱了分类浏览功能，如图 8-2 所示。

3. 类目划分的标准要易于理解

类目在层层划分过程中，会因分类对象的不同而变换划分标准，形成极为错综复杂的分类体系。如果在某一层使用了多种划分标准，那么以统一分类标准划分出来的子目一定要集中排列，否则用户难以把握类目的含义，如图 8-3 所示。

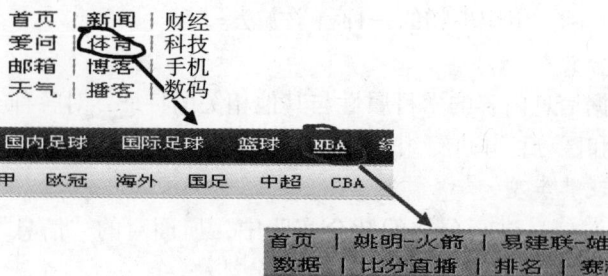

图 8-2　某网站某一类目下分支体系

## 大 家 电

| | |
|---|---|
| 空调 | 冰箱 |
| 平板电视 | 家电配件 |
| 热水器 | 洗衣机 |
| 烟机/灶具 | 消毒柜/洗碗机 |
| 家电下乡 | 家庭影院 |
| 迷你音响 | DVD播放机 |
| 酒柜/冰吧/冷柜 | |

图 8-3　某网站对于大家电的详细分类

4. 在一定的范围按主题集中信息

在一个类下找到全部相关信息，是检索者共同的愿望。但信息、知识、事物的多重属性、多重隶属关系，以及不同用户对聚类的要求不同等原因，这个愿望是无法实现的。但在一定的划分层次下相对按主题集中信息是可以实现的。例如在"鞋"类下输入"男鞋"会聚男士皮鞋、凉鞋、旅游鞋等，如图 8-4 所示。

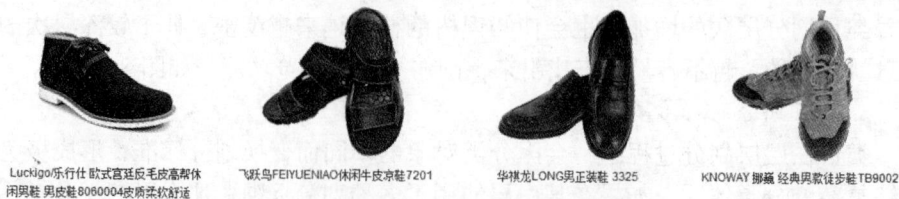

Luckigo/乐行仕 欧式宫廷反毛皮高帮休闲网鞋 男皮鞋8060004皮质柔软舒适　　飞跃鸟FEIYUENIAO休闲牛皮凉鞋7201　　华祺龙LONG男正装鞋 3325　　KNOWAY 挪威 经典男款徒步鞋TB9002

图 8-4　某网站输入男鞋后显示所有男鞋的类型

## 二、分类法的分类

### （一）文献分类法

文献分类是指根据文献内容和形式的异同，按照一定的体系有系统地组织和区分文献。文献分类法是依照文献的内容、性质分门别类地组织和揭示文献的方法。对文献工作者而言，熟悉文献分类法是为了更科学地组织和揭示文献；对一般读者而言，掌握文献分类的基本知识有助于了解文献。

（1）四分法成为古代文献分类方法的主流。唐初编纂《隋书·经籍志》，将图书分为经、史、子、集四部，下分40类，附道经、佛经。

（2）19世纪末20世纪初，由于西学东渐和新的科学文献的大量涌现，中国传统的四分法已不能适应文献的需要，于是出现了许多种过渡性的文献分类法。新中国成立后，以《中国图书馆图书分类法》应用得最为广泛。第4版的《中国图书馆图书分类法》设有22大类，各大类用汉语拼音字母作标记符号，具体如下：

A 马克思主义、列宁主义、毛泽东思想、邓小平理论

B 哲学、宗教

C 社会科学总论

D 政治、法律

E 军事

F 经济

G 文化、科学、教育、体育

H 语言、文字

I 文学

J 艺术

K 历史、地理

N 自然科学总论

O 数理科学和化学

P 天文学、地球科学

Q 生物科学

R 医药、卫生

S 农业科学

T 工业技术

U 交通运输

V 航空、航天

X 环境科学、安全科学

Z 综合性图书

### （二）网络信息分类法（非文献）

网络信息分类法以数百万计服务器上的信息资源为处理对象，对它们进行组织筛选，信息数字式、多媒体、动态、虚拟的。网络分类法组织虚拟信息，一个类目就是一类相关信息的结点，不涉及物理排列，用户不需要根据分类标记索取信息，也无须使用分类标记，但作为网络分类法的后台运作，分类标记有用。

## 三、类目的划分与排列

### （一）类目的设置

（1）类目要有文献、信息的保证。

（2）类目应当是稳定的。

（3）类目应当是发展的。

（4）类目应当是均衡的。

（5）类目概念应当是清楚的。

### （二）类目的划分原则

（1）类目的划分应以事物本质属性中最有检索意义的属性作为主要划分标准。

（2）类目的划分应基本遵循逻辑划分的规则。

（3）类目的划分应当力求全面（一般在类列的最后编制"其他"类，用以容纳尚未列举的内容）。

### （三）类目的排列

一般我们常用同位类序列方法进行排列类目。从同一个上位类区分出来的一组处于同等地位的子目，称为同位类。同位类如何排列的问题，决定着并列类目之间的排列次序，是类目体系保持逻辑性、系统性的一个重要方面。

（1）按时间先后顺序排列，如将历史类子目按先后次序排列为：上古史—古代史—中世纪史—近代史—现代史。

（2）按事物进化顺序排，即按照事物本身发展的客观过程和先后程序序列，如按照自然进化顺序序列生物学类目：古生物学—微生物学—植物学—动物学—昆虫学—人类学。

（3）按空间次序排，如按地理次序序列各国政区，如中国—亚洲各国—非洲各国—欧洲各国—澳洲各国—美洲各国。

（4）按逻辑次序排，即按照从总到分、一般到个别、理论到应用的次序加以排列。如按照从总到分：工业经济理论—工业部门经济理论—世界工业经济—中国工业经济—各国工业经济。

（5）按依存次序排列，如按照各部门的依存次序关系排列工业技术门类的有关类目：矿业工程—石油、天然气工业—冶金工业—金属学与金属工艺—机械仪表工业。

（6）按惯用的次序排，即按照科学、教育中普遍采用，为人们所熟悉掌握的次序排列。如按照惯用次序序列群众运动类目：工人运动—农民运动—青年运动—妇女运动。

（7）按实用顺序排，即根据便于用户实际使用需要所确定的次序排列。如将各种语言排列为：汉语—我国少数民族语言—常用外国语—按语系区分的其他外国语言。

（8）按字顺次序排，通常在级别较深的子类排列中使用，多用于西方的类表。

为了加强类目排列的规律性、可预见性，对相关类目的排列，除采用上述常用序列方法外，分类体系一般均注意类目排列的一致性和对应性。此外，各门类中划分特征相近的类目，在类目排列上也尽可能采用一致或接近的方式。

## 四、分类符号

### （一）标记符号

1.单纯数字——《科图法》、《杜威法》

516 几何学

516.1 总论

516.3 解析几何学

516.32 平面

516.35 古典代数几何学

516.352 投影和平面的曲线与表面

2. 单纯字母——多为专业分类法，如《伦敦教育分类法》

Tab 异常儿童

Tap 残疾

Tas 身体残疾

3. 混合号码——《中图法》、《国会法》

TU 建筑科学

TU-0 建筑理论

TU-8 建筑艺术

TU-9 建筑经济

TU1 建筑基础科学

TU19 建筑勘测

TU2 建筑设计

TU3 建筑结构

**（二）标记制度**

**1. 顺序制**

顺序制是采用若干字母或数字连续编号的方法，配号时不管类目的等级，只按类目排列顺序分配号码的标记制度。这种标记制度只反映类目的先后次序，不显示类目的等级层次结构。

《国会法》：H 社会学

HD 经济史：农业及工业

HD101-2200 土地与农业

HD4801-4890 劳动

**2. 层累制**

层累制又称为小数制，用类号的位数来反映类目的级别及其关系。类号位数越少，类目级别越高；反之则越低。由于能反映类目的层次关系，方便信息检索时扩检和缩检。

《中图法》：F 经济

F5 交通运输经济

F59 旅游经济

F590 旅游经济理论与方法

F591 世界旅游事业

F592 中国旅游事业

F593/597 各国旅游事业

**3. 混合制**

混合制是把分类号分成两部分，一部分采用层累制，一部分采用数序制，两部分结合组成一部分类法，这种方法简明易记，且能反映类目之间的等级关系和并列关系，所以被分类表广泛使用。

《科图法》：516 几何学

516.1 总论

516.3 解析几何学

516.32 平面

516.35 古典代数几何学

516.352 投影和平面的曲线与表面

## 五、国内外主要分类表简介

### （一）《杜威十进分类法》

1. 简介

《杜威十进分类法》（Dewey Decimal Classification，DDC）是信息分类领域使用历史最长、流行最广的一部等级式分类法。初版发表于 1876 年，是一部首创的十进制分类法，因而闻名世界。该法 1910 年被介绍到我国，对我国近代分类法向现代分类法的演进起到了很大的推动作用。在美国，有 95%的公共图书馆及学校图书馆、25%的学院及大学图书馆及 20%的专门图书馆使用 DDC。此外，DDC 更能用来组织国际网络上的各种资源。

2. 类目体系

DDC 是用传统的学科来分类，总共以 10 个主要的学科来涵括所有的知识体系，每个大类下细分 10 类，接着又再分成 10 小类。DDC 中每个学科都会给予特定范围的数字来表示，它的 10 个大类分别是：

（1）000 总类。

（2）100 哲学及心理学类。

（3）200 宗教类。

（4）300 社会科学类。

（5）400 语文类。

（6）500 自然科学及数学类。

（7）600 应用科学类。

（8）700 艺术类、美术和装饰艺术。

（9）800 文学类。

（10）900 地理、历史及辅助学科。

### （二）《国际十进分类法》

1. 简介

国际十进分类法（Universal Decimal Classification——UDC）是继 DDC 之后另一个历史悠久的分类体系。由比利时目录专家保尔·奥特勒和亨利·拉芳丹编制。1905 年正式出版第 1 版，至今已修订再版多次并已有 23 种文本，应用于世界许多国家 10 万个以上单位，是现在西方使用最广泛的分类法之一。UDC 的类目表由正表、辅助符号和辅助表组成，是一部层层展开的等级式体系分类法。标记符号采用纯数字和十进制度，类号排列采用小数制。运用多种辅助符号来代表各种主题概念。并使用组配方法充分全面反映多主题，复合主题，以标识各种复杂的信息资料主题。UDC 类目详细，总量达 15 万条。

2. 类目体系

UDC 由主表和辅助表及索引组成。主表分为以下 10 大类（据 1989 年英文中型版）：

（1）0 总类、科学和知识。

（2）1 哲学、心理学。

（3）2 宗教、神学。

（4）3 社会科学。

（5）4（语言）。

（6）5 数学和自然科学。

（7）6 应用科学、医学、技术。

（8）7 艺术、娱乐、体育。

（9）8 语言、语言学、文学。

（10）9 地理、传记、历史。

**（三）《美国国会图书馆图书分类法》**

美国国会图书馆图书分类法（Library of Congress Classification，LCC）是美国国会图书馆编制的大型综合性分类法。分类表大纲始于 1901 年，早期由 J.C. M.Hanson 和 Charles Martel 负责编制，整个分类法主要是根据美国国会图书馆藏书的分类需要进行的。

LCC 是一部列举式等级分类表。共分 21 个大类，大类之下从一般到特殊详细列出子目。标记符号采用拉丁字母与阿拉伯数字组成的混合号码。字母表示基本大类和二级类，用数字表示三级以下类目，数字采用序数制。LC 目前被美国的各图书馆广泛采用。

**（四）《中国图书馆分类法》**

《中国图书馆分类法》，简称《中图法》，是在我国文物事业管理局的支持下，由北京图书馆倡议，集中全国 36 个大型文献单位的力量共同编制的一部大型综合性文献分类法。1975 年出版第 1 版，并陆续为全国图书馆和文献单位使用。1999 年第 4 版出版时改为现用名。2001 年，《中图法》第 4 版电子版问世。

例如：H1 汉语

H1.0 汉语理论与方法论

H102 汉语的规范化、标准化、推广普通话

H109.2 古代汉语

H109.3 近代汉语

H109.4 现代汉语

# 第三节　信息组织的主题法

## 一、主题法与主题词表

### （一）主题法的含义

在信息组织中，"主题"是指信息所论述的主要对象，包括事物、问题、对象等。而经过选择，用来表述信息主题的词语，则称为主题词。主题法是直接以表达主题内容的词语作检索标识、以字序为主要检索途径，并通过详尽的参照系统等方法揭示词间关系的标引和检索信息方法。

### （二）主题法的类型

从不同角度对主题法的类型进行划分可以有许多不同的分法。按照选词方法划分，主题法可分为以下几类：

#### 1. 标题法

标题法是一种以标题词作为主题标识，以词表预先确定的组配方式标引和检索的主题法。所谓标题词，是指经过词汇控制，用来标引文献的词或词组，通常为比较定型的事物名称。如"信息科学"就是典型的标题词。目前，使用最广泛的标题表是《美国国会图书馆标题表》。

#### 2. 单元词法

单元词法又称元词法，是随着在文献数量剧增、文献主题日益复杂的情况下，为克服标题法的不足而发展起来的主题法类型。它是一种以元词作为主题标识，通过字面组配的方式表达文献主题的主题法。所谓字面组配，是指几个主题词的组配只着眼于形式而不考虑其概念之间关系的组配方法。单元词是用来标引文献主题的、最基本的、词义上不可再分的语词，如"山"、"水"、"氧"、"玻璃"、"逻辑"、"火车"、"资料"、"马克思"、"乌鲁木齐"等，而"文献分类"和"主题标引"则可进一步分解成"文献"和"分类"、"主题""标引"。在元词系统中，文献主题的标引和检索通过元词的组配进行。

#### 3. 叙词法

叙词法是以从自然语言中精选出来的、经过严格处理的语词作为文献主题标识，通过概念组配方式表达文献主题的主题法类型。所谓概念组配，是指几个相互组配的主题词之间，在概念上必须具有交叉或限定的逻辑关系。叙词，

203

国内亦称主题词，是经过规范化处理的，以基本概念为基础的表达文献主题的词和词组。

叙词语言的概念组配虽然与字面组配一样，都是通过语词标识的组配表达文献主题的，但两者存在以下不同：

（1）语词单元不同。

① "猎户星座"（叙词）。

② "猎户"和"星座"（元词）。

（2）组配的依据不同。

在标引橡胶工业的文献时，元词用"橡胶"和"工业"两个词组配，会出现"橡胶工业"和"工业橡胶"两种含义。而叙词则可以直接用"橡胶工业"加以标引，不会引起误会。

比较标题词、元词与叙词：

①标题词：图书馆建筑设计。

②元词：图书馆—建筑—设计。

③叙词：图书馆建筑—建筑设计。

### 4. 关键词法

关键词法是直接以文献中能够表达主题概念的关键词作标识的一种主题法。所谓关键词，是指出现在文献题名、文摘、正文中，能够表达文献主题，具有检索意义的语词。例如，某一文献的题名为《略论数字图书馆建设中的著作权保护》，其中的数字图书馆、建设、著作权、保护都是关键词。

关键词的特点：

（1）关键词是自然语言的语词，一般不作规范化处理。

（2）一般不编制受控（词表关键词表）进行词汇控制，不显示词间关系，只是编制禁用词表（非关键词表）来控制抽词。

### （三）主题词表

主题检索工具一般称主题词表或叙词表。与分类表一样，国内都有很多主题词表，下面我们会介绍国内外主要主题词表。

## 二、国内外主要主题词表简介

### （一）《美国国会图书馆标题表》

《美国国会图书馆标题表》（Library of Congress Subject Heading，LCSH）是美国国会图书馆在编目实践的基础上编制起来的标题表。

目前 LCSH 有三种形式：

（1）印刷本。按年出版，现为 20 版，共收入 25 万条记录。

（2）机读版。也以 CD-ROM 的形式，称为 CDMARC Subject。

（3）微缩版。LCSH 每周更新，并将新主题及标题变化及时并入主题规范档，同时按月出版每月的更新。微缩版、CD-ROM 版每月出版一次，收入在此期间的增补变化。

LCSH 由主表、副表和使用说明三部分组成。其中，主表是标题表的主体。

## （二）《汉语主题词表》

《汉语主题词表》是我国第一部大型综合性叙词表，由中国科技信息研究所和北京图书馆负责主持，1975 年开始编制，1980 年正式出版。分为社会科学、自然科学和附表 3 卷，共 10 个分册，全表收录主题词 108568 个。其中，正式主题词 91158 个，非正式主题词 17410 个，词族数 3707 个，一级范畴数 58 个，二级范畴数 674 个，三级范畴数 1080 个。

选词原则：

（1）选定的主题词，主要是各学科领域文献中经常出现、在情报检索中有使用价值和一定的使用频率、能作为主题汇集一定量文献或具有叙词组配功能的名词术语。

（2）选定的主题词，必须词形简练、词义明确、严格遵守一词一义原则，并且通过概念组配应能表达文献或用户查询的特定主题。

（3）选定的主题词，应符合我国科技发展的实际需要，尽量与国内外主要科技主题词表相兼容，并应注意主题词的科学性与思想性。

## （三）《中国分类主题词表》

《中国分类主题词表》是在《中图法》编委会的主持下，从 1987 年开始由全国 40 个图书情报单位共同参加编制，1994 年出版的一部大型文献标引工具书。2000 年 4 月，《中图法》第六届编委会成立，决定开始修订《中国分类主题词表》，并确立了《中国分类主题词表》修订的指导思想和原则。2001 年 5 月，在国家社科基金委员会批准立项为"数字信息资源组织工具的研发与应用"，《中国分类主题词表》第 2 版和电子版是该项目的主要研制成果，已于 2005 年 9 月由北京图书馆出版社出版。

第一卷为"分类号—主题词对应表"部分，是《中国分类主题词表》从分类到主题、从类号到叙词的对照索引体系。

第二卷为"主题词—分类号对应表"部分，是《中国分类主题词表》从主题词到分类号，从标题到分类号的对照索引体系。

# 第四节 信息的选择与筛选

## 一、信息源

信息源是人们在科研活动、生产经营活动和其他一切活动中所产生的成果和各种原始记录，以及对这些成果和原始记录加工整理得到的成品，都是借以获得信息的源泉。信息源内涵丰富，它不仅包括各种信息载体，也包括各种信息机构；不仅包括传统印刷型文献资料，也包括现代电子图书报刊；不仅包括各种信息储存和信息传递机构，也包括各种信息生产机构。

## 二、信息的选择与筛选

### （一）信息收集的方法

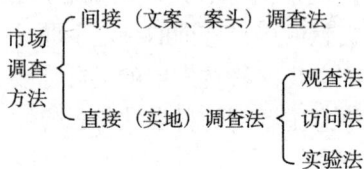

市场调查方法
- 间接（文案、案头）调查法
- 直接（实地）调查法
  - 观查法
  - 访问法
  - 实验法

这部分内容在前面的章节中已经做了详细的介绍，我们将主要讲解信息的选择与筛选。

### （二）信息的选择与筛选

信息选择与筛选的目的就是从采集到的处于无序状态的信息流中找到有用的信息，从而有效地排除其他不需要的信息，选择所需要的信息。现代信息社会已从提供信息发展到选择信息的阶段。

一般来说，信息价值的判断主要包括信息的真实性判断、权威性判断、时效性判断、趣味性判断和覆盖性判断等原则。我们在对采集到的信息进行选择和筛选时也要考虑这些因素。

1. 信息的真实性判断

信息的真实性是指信息中涉及的事物是客观存在的，同时信息的各个要素都是真实的。在网络中，不真实信息传播的速度可能快得多，后果可能也要严重得多。

要判断信息的真实性，需要注意以下三个方面：

（1）查看信息来源。对于来历不明的信息，无论多么重要，也不能轻易使用。如果信息具有传播价值，就应该首先查明来源，并通过对信息提供者的身份、背景等因素的考察，判断信息是否具有真实性。

（2）判断信息要素。判断信息要素是否齐全，如事件发生的时间、地点、人物、原因、过程等。具备这些因素不仅能让读者获得必要的信息量，同时，在必要的时候也可以用来与事实进行核对。对于信息中的引语、背景资料等也要进行考察，证明其真实性。

（3）判断信息的准确性。信息的准确性包括：文字和语言表述正确；能客观、准确地反映事实本身。如今网络中大多数信息还是文字信息，文字信息表述的正确与否，在很大程度上影响着人们对信息的理解和交流，只有客观、准确的信息才能客观、准确地反映事实。

获取准确信息的方法：浏览权威网站；多浏览几个网站，对信息进行综合判断。

2. 信息的权威性判断

在浩瀚的信息海洋中，对于同一个问题，从不同来源获得的信息有时会大相径庭，甚至相互矛盾。这使得人们无所适从，不知道应该相信哪条信息。

保证信息的权威性是保证信息质量的一个重要方面，也是逐步提高网站知名度与影响力的一个重要方面。

判断信息的权威性，需要注意以下三个方面：

（1）查看信息来源是否具有权威性，考察网页主办者的声誉，网站及其建站机构的权威性与知名度。

一般来说，权威机构或者知名机构发布的信息在质量上比较可靠，尤其是政府机构、著名研究机构或大学发布的文献信息，在可信度上是比较好的。

（2）查看文献的作者的个人情况，如作者的声誉与知名度，作者的E-mail地址、电话等。通常某领域的著名专家、学者或者社会知名人士发布的文献信息可信度较高，更能赢得用户的信任。

（3）对于一些涉及重大问题的研究成果，还要同时考察其研究方法是否科学、研究是否具有代表性、普遍性等，以此判断研究结论是否具有权威性。

一般来说，一个好的网站，其所提供的信息质量是比较高的。好网站的衡量标准包括以下六个方面：

（1）易用性、稳定性与连续性。

（2）被访问的次数。

（3）被其他网站"链接"的数量。

（4）是否由学科或专业的权威机构所设立。

（5）专门评价网络信息的网站的评价意见。

（6）权威机构公布的上一年度最佳网站等。

3. 信息的时效性判断

信息的时效性是指信息的新旧程度，即与社会现实、科技前沿的接近程度。在信息社会，由于信息量大，信息更新速度加快，所以信息的时效性逐渐成为人们获取信息时关心的主要问题之一，尤其在新闻和商业活动中，拥有了最新的信息在某种程度上就意味着拥有成功的资本。

信息时效性的重要性，主要表现在它是各种网站之间进行竞争、吸引用户的一个主要手段。如果信息的时效性太差，那么对用户来说，信息的可使用性较差。此外，由于时过境迁，一些信息要素在经过一段时间后，会发生变化，所以有些陈旧的信息其准确性也会受到影响。

在信息时效性的判断方面，要注意以下三种不同的情况：

（1）信息中涉及的事实本身的发生或变动是突发性的或者跃进性的。对于这类事实，在第一时间里做的报道，就具有很强的时效性。

（2）事实本身的变化是渐进的，即表现为一个过程，如一个活动的开展、一种现象的发展等。对于这类事实，时效性似乎表现不强烈。但如果能想办法，在事实变动中找到一个最新、最近的时间点，就可以实现时效性。

（3）有些信息所涉及的事件虽然是过去发生的，但最近才发现或披露出来，那么这类信息可以通过使用"由头"的办法加以弥补，即说明自己得到信息的最新时间、来源。

4. 信息的趣味性判断

是否具有趣味性也是判断网络信息价值的一个方面。当然，趣味性不是信息价值的一个必要方面。

信息的趣味性可以表现为两种情况：

（1）信息本身内容轻松有趣，能让人读后心情愉快。按照一般心理，人们喜欢轻松幽默的文字、逸闻趣事，或有关动物、自然的话题。

（2）趣味性也可表现为它能引发人们的情感，如人的爱憎、喜悦、同情等各种感情。这也被称为人情味。

但是，在提供有关逸闻趣事的报道时，应该注意它们是否符合科学原理，不能仅凭道听途说，传播一些没有根据的小道消息。

另外，重视信息的趣味性，还要防止将趣味性与庸俗性画等号。目前，网络中庸俗信息泛滥的确存在，因为网络是一个相对自由的空间。因此重视信息的趣味性，而又不对此作庸俗的理解，才能提供真正能引发人们轻松情绪、唤起人们美好情感的信息。

### 5. 信息的覆盖性

信息的覆盖性是指信息资源所涵盖的范围是否广泛，是否针对相关领域或专业；有何针对性，是否面对特定方向的用户；所提供的信息的广度、深度如何；包括哪些资源类型，是书目、索引、文摘，还是网络期刊或者网上图书；等等。这些都可作为用户评价和选择网络信息资源的标准。

## 三、信息筛选的基本方法

### （一）信息筛选的基本方法

筛选信息的方法通常有查重法、时序法、类比法等。

#### 1. 查重法

查重法是筛选信息资料最简便的方法，目的是剔除重复资料，选出有用的信息资料。

#### 2. 时序法

时序法即逐一分析按时间顺序排列的信息资料，在同一时期内，新的取、旧的舍，这样可能使信息资料在时效上更有价值。

#### 3. 类比法

类比法是将信息资料按空间、地区、产品层次分类对比接近实质的保留；否则舍弃。这种方法需要信息资料收集人员有比较扎实的专业知识，即对自己所熟悉的业务范围，仅凭市场信息资料的题录就可以决定取舍。

### （二）网络信息资源选择的途径及工具

#### 1. 搜索引擎

搜索引擎是一个对互联网信息资源进行搜索整理和分类，并储存在网络数据库中供用户查询的系统。搜索引擎是用于网上信息资源选择的主要工具，按其工作方式可分为：全文搜索引擎和目录索引类搜索引擎。

垂直搜索是针对某一个行业的专业搜索引擎，是搜索引擎的细分和延伸，是对网页库中的某类专门的信息进行一次整合，定向分字段抽取出需要的数据进行处理后再以某种形式返回给用户。专业性搜索引擎信息相对集中，查找速度快，查准率较高。

#### 2. 网站

专业网站所提供的信息容量大、内容全面、数据准确。专业网站是最简单、最直接地获取信息的方式。

一般来说，网站被用户访问的次数越多，说明该网站上的信息越有价值，而一个网站被链接的数量越多，也可以断定该网站的内容比较重要。

### 3. 网络数据库

网络数据库具有信息量大、更新快，品种齐全、内容丰富，数据标引深度高、检索功能完善等特点，是经济研究最重要的信息源，也是获取信息的一个有效方式。例如，用于收集商务信息的网络数据库有：万方数据资源系统（http：//www.wanfangdata.com.cn）、中宏数据库（http：//www.macrochina.com.cn）等。此外，还有学术领域的专家推荐；数字图书馆；一些传统出版商经常根据用户的需要出版一些网络信息资源指南工具书，在国际上较有名的如Internet International Directory、World Wide Web Yellow Pages 等；通常一些网络管理机构会定期地通过调查问卷的方式组织网络用户投票评选"用户推荐的优秀站点排行榜"。这些由网络用户提供的排行榜在一定程度上反映出某些网站的影响力。

# 第五节　信息的描述

信息描述是根据一定的管理规则和技术标准，对信息的外在特征和部分内容特征进行全面描述并给予记录的过程。对信息的描述主要是侧重于信息的外在特征的描述，对部分内容特征的描述也主要是对部分显性内容特征即信息载体上标注的内容特征的描述，而且并不放在重要地位。因此，信息描述从信息组织的加工层次上看是一种初级组织形式。

信息描述在信息组织中具有非常基础的地位，信息描述是信息揭示、信息分析和信息存储的重要前提。

## 一、元数据

### （一）概述

元数据是关于数据组织、不同数据域及其相互关系的信息。简言之，元数据就是"关于数据的数据"。例如：

（1）数据库中的关系名、每个关系的字段和属性、属性区域。

（2）文本相关的元数据包括作者、出版日期、出版商、文献长度（如页数、字数、字节数）以及文献的类型（如书、文章、备忘录等）。

（3）个人资料表中姓名、生日、电话等项目。

（4）电脑档案摘要中的标题、主旨、作者等项目。

**（二）元数据的描述对象**

（1）早期：元数据主要指网络资源的描述数据。

（2）后来：逐步扩大到各种以电子形式存在的信息资源的描述数据。

（3）现在：元数据适用于各种类型信息资源的描述记录。

**（三）元数据的基本功能**

（1）识别。确认并对要进行组织的信息资源进行个别化描述，使用户能识别被组织的资源对象。

（2）定位。提供信息资源位置的信息，以便用户访问时使用。

（3）检索。通过在描述数据中提供检索点，便于用户对资源的检索和利用。

（4）选择。通过记录信息资源的特征，诸如主题、作者、类型、物理形式、层次和日期等，供用户对信息资源的使用价值进行判断，决定是否使用该资源。

## 二、信息描述的概述

将信息的外在表现形态或其载体形态使用一定的标准与方法记录下来。

描述外部形态时，主要是通过描述事物信息区别于其他事物、信息的独特的属性以及该事物信息所属的类别的共同属性特征（元数据）来实现信息描述的基本要求。

1. 信息描述工作的要求

（1）准确：真实反映其内容特征。

（2）规范：严格遵守相应的描述规范。

（3）完备：描述项目较完备。

2. 信息描述工作的方式

（1）描述的资源对象，分为文献编目、档案编目、博物馆藏品编目、网络资源编目。

（2）描述操作的设备分为手工编目、机读编目、联机编目（联机状态下进行编目操作和编目数据)。

（3）编目采用的组织形式分为集中编目、共享编目。

3. 信息描述工作程序

（1）查重：确认是否为新资源。

（2）描述：描述规范。

（3）标引：分类标引、主题标引。

（4）复核。

211

## 三、信息描述的方法

### 1. 传统文献著录规范

题名包括正题名、并列题名、副题名及说明题名的文字等多种形式，文献著录规则对每种题名类型的描述均有明确的规定。正题名是文献的主要名称，包括单纯题名、交替题名、合订题名等。

单纯题名由一个单一的题名构成，前后没有任何附加的文字，一般可直接加以著录。

合订题名由两个题名构成，为同一作者所作，则连续著录两个篇名，其间以";"隔开：荒野的呼唤；~t/（1）杰克.伦敦。如两个题名分别为两个作者所作，则先著录第一个题名和责任者，再著录第二个题名和责任者，中间以"."隔开：百川书志/（明）高儒著.古今书刻/（明）周宏祖著。

### 2. 责任者项

责任者说明由责任者和责任方式组成。信息资源的责任者通常分为个人责任者、集体责任者两种。个人责任者可以是一人或多人，集体责任者则指机构团体、会议活动等。责任方式表示责任者对文献所做的贡献类型。传统文献通常有著、编、改编、执笔、口述、译、注、作词、作曲等多种形式。

### 3. 版本项、出版发行项

版本项由版本、版刻与版本有关的责任者组成，主要提供文献版本的有关信息。版刻指制版形式，如刻本、抄本、铜版、影印本等。与本版有关的责任者指新版的责任参加者，包括新版的修订者、增补者、审订者、作序者等。出版发行项包括出版地或发行地、出版者或发行者、出版日期或发行日期、印刷地、印刷者、印刷日期、版本项、出版发行项著录，例如：信息组织/戴维民/出版社：高等教育出版社/ISBN：9787040266559/出版时间：2009-05-01/版次：2/页数：419/装帧：平装/开本：16开。

# 第六节　信息分析

信息分析是指在通过已知信息揭示客观事物的运动规律。这些规律是客观上已经产生和存在的，信息分析的任务就是要用科学的理论、方法和手段，在对大量的信息进行搜集、加工整理的基础上，通过由各种关系交织而成的错综复杂的表面现象，把握其内容本质，从而获得对客观事物运动规律的认识。

## 一、信息分析概述

### （一）信息分析的特点

作为内容广泛的信息深加工活动，信息分析既有一般科学分析的通性，也具有自己的特点：针对性、系统性、科学性、近似性、局限性。

### （二）信息分析方法的功能

信息分析方法是实现信息分析各项具体工作目标或任务的工具。因此，方法的结构应该从总体上保证信息分析各项功能的实现。通过归纳、比较、综合各种不同范畴、不同性质、不同层次的信息分析，结合信息分析工作的性质和社会对信息分析工作的需求，得出信息分析一般是围绕下列三个方面的功能而开展工作的。

1. 相关分析

在事物之间普遍存在三类基本关系——相关关系、因果关系、虚无关系，信息分析的基本工作对象是相关关系，包括分辨因素之间、内容之间是否存在相关关系，相关的程度。

2. 预测

从已知的信息推演未知的信息，从过去和现在的状况估计未来可能出现的状况，信息分析中这类面向未来的研究已占有较大的比重，预测已成为其重要功能之一。

3. 广义的评估

评估是信息分析中一类常见的基本工作。水平比较、方案选择、优劣评价等多种形式的研究论证都是以评估为基础和核心的，尤其在管理决策领域中，需要信息分析广泛进行各类评估，充分发挥广义评估的功能。

## 二、信息整理

信息整理是对信息的加工处理。由于收集的信息是原始的信息，所以在利用前必须进一步整理，筛选出对设计有用的信息。

### （一）信息整理的常见方式

（1）归类——按性质和内容分类。

（2）去伪存真——进行鉴别，区分信息的真伪和可靠性。

（3）抓住重点，突出主要因素——按重要性排队。

### （二）信息整理的常用方法

（1）逻辑法——通过逻辑分析发现信息的可靠性和合理性。

（2）文献法——查阅有关的最新文献确定信息的先进程度。

（3）评估法——请专家对信息的价值和可靠性进行鉴定。

（4）比较法——对同类信息进行对比分析。

（5）核对法——对可能有用的信息进行审核查对。

（6）佐证法——对信息的关键性、相关因素开展证据的收集和鉴定。

（7）调查法——对信息的真假和来源开展调查研究。

总之，通过收集和整理信息，我们获得了与设计问题相关的各种信息资料。一方面为制订方案提供了素材，为设计者提供了设计的源泉；另一方面为选择材料做了准备。

## 三、信息的加工与处理

在实践中，信息分析一般可分为定性、定量、拟定量三种分析方法。

1. 定性分析方法

定性分析方法是凭借专家、个人判断定性分析信息的一种主观分析方法。一般有德尔菲法、社会调查法、因素分解法等。

2. 定量分析方法

定量分析方法是借助于量化指标，运用模型、曲线、公式等手段定量分析信息的一种方法，除了图形上的几种类型，我们还可以把定量分析法分为：

（1）频度分析。

①条形图：能清楚地表示出各个项目的具体数目，如图8-5所示。

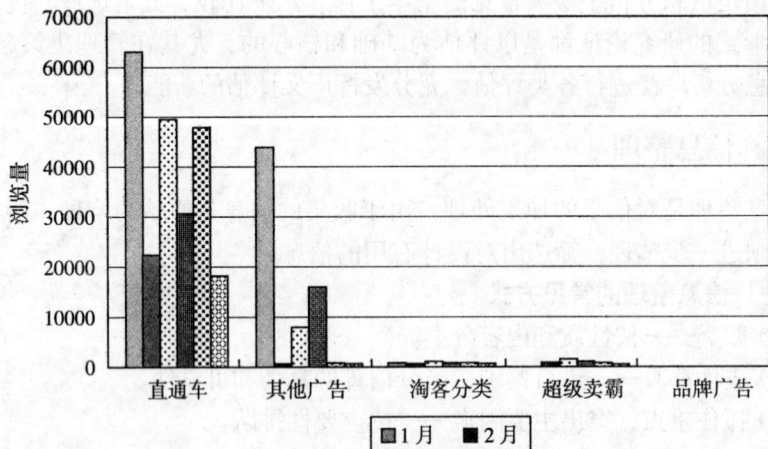

图8-5 淘宝推广数据

②饼形图：形型的大小反映了部分在总体中的百分比大小，是总体和部分的关系，如图 8-6 所示。

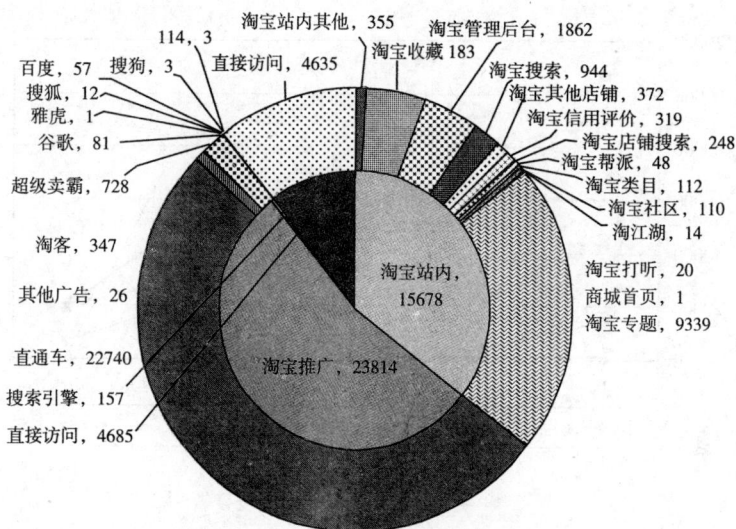

淘宝站内其他，355　淘宝管理后台，1862
114，3　直接访问，4635　淘宝收藏183
百度，57　搜狗，3　　　　　　　　　淘宝搜索，944
搜狐，12　　　　　　　　　　　　淘宝其他店铺，372
雅虎，1　　　　　　　　　　　　淘宝信用评价，319
谷歌，81　　　　　　　　　　　淘宝店铺搜索，248
超级卖霸，728　　　　　　　　淘宝帮派，48
　　　　　　　　　　　　　　淘宝类目，112
淘客，347　　　　　　　　　　淘宝社区，110
其他广告，26　　　　　　　　淘江湖，14
　　　　　　淘宝站内，15678　淘宝打听，20
直通车，22740　　　　　　　　商城首页，1
搜索引擎，157　淘宝推广，23814　淘宝专题，9339
直接访问，4685

**图 8-6　淘宝店铺访问量的分配**

（2）表格法：可以做一维、二维甚至多维的表格，直观地看到数字关系，如图 8-7 所示，可以清楚地看到每个来源每个月的浏览量和所占的百分比。

| 来源 | | 1月 浏览量 | 1月 百分比 | 2月 浏览量 | 2月 百分比 | 3月 浏览量 | 3月 百分比 | 4月 浏览量 | 4月 百分比 |
|---|---|---|---|---|---|---|---|---|---|
| | 淘宝专题 | | | 9339 | 20.77% | 18 | 0.02% | 1225 | 1.15% |
| | 淘宝看图购 | | | | | 1 | 0.00% | | |
| | 阿里旺旺 | | | | | | | | |
| | 淘宝资讯 | | | | | | | | |
| | 淘宝首页 | | | | | | | | |
| 淘宝推广 | | 107086 | 78.05% | 23841 | 53.03% | 59704 | 57.86% | 48356 | 45.24% |
| | 直通车 | 62484 | 45.54% | 22740 | 50.58% | 49709 | 48.17% | 30863 | 28.88% |
| | 其他广告 | 44410 | 32.37% | 26 | 0.06% | 7978 | 7.73% | 16141 | 15.10% |
| | 淘客 | 192 | 0.14% | 347 | 0.77% | 814 | 0.79% | 489 | 0.46% |
| | 超级卖霸 | | | 728 | 1.62% | 1203 | 1.17% | 863 | 0.81% |
| | 品牌广告 | | | | | | | | |

**图 8-7　不同来源每个月的数据**

（3）折线统计图：折线统计图能清楚地反映事物的变化情况，如图 8-8
所示。

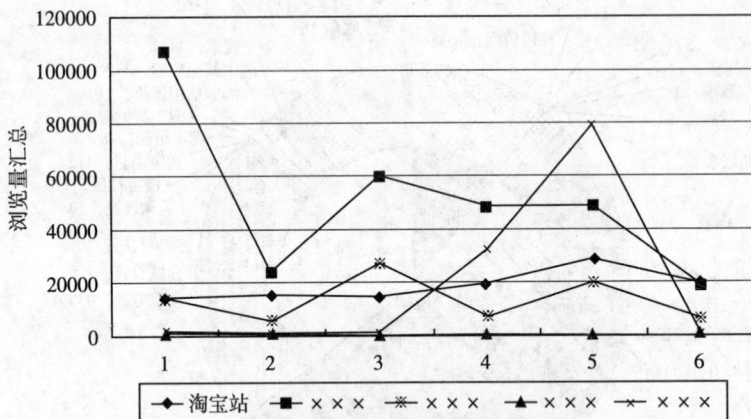

图 8-8　每月浏览量

**3. 拟定量分析方法**

拟定量分析方法是定量方法与定性方法的结合，也是最常用的一种方法。
该方法在定性分析中引入数学手段，使定性问题得以量化处理。

# 第七节　信息存储

信息存储是经过描述和揭示后的信息按照一定的格式与顺序进行科学有序
的存放、保管于特定的载体中，以便查找、定位和检索信息的过程。

信息存储是通过各种介质来记录信息并使之有序化。是按照一定的规律将
各种信息（包括一次信息、二次信息和三次信息，即包括信息及其描述、揭示
和分析的结果）有效地存放在一定的空间中，并且能够有效地得以索取。

## 一、传统时期的信息存储方法

传统时期的信息存储主要有两种方式：①手工存储。信息的手工存储的核
心是分区存储问题，即存储空间如何划分。②计算机存储。信息的计算机存储
主要是利用计算机技术及其现代化存储技术，如光盘技术和数据库技术等多种
信息技术，实现信息的自动化存储和管理。

1. 文本形式

信息存储常用文本格式有 Word、Excel、纯文本格式、PDF 等多种形式。

2. 图像和图形

图像指景物在某种介质上的再现，是通过描绘或拍摄等方法得到景物的相似物或视觉印象。

图像文件一般包括文件头和像素阵列两个部分，其中文件头记录图像的说明信息，如图像的宽度、高度、像素深度等。常见的格式有 TIFF、JPEG、GIFD、TGA、BMP 等。

3. 视频

媒体可分为两类：一类是离散媒体（文本、图像、图形）；另一类是连续媒体时基媒体（视频、音频）。

视频：从电信号传播的角度看，指电视系统产生或传输的动态图像图形。包括影像，为实时获取的自然景物图像；动画，为人工、模型或计算机产生的。

4. 音频

听觉媒体包括两类。

语音：语言的载体，具有丰富的语义。表达人类语言的各种声音，本身与具体的语言有关，具有内在的语言和语音要素（文字是语音的符号化形式）。

音乐：具有一定规律的声音，音乐家的语言。符号化的声音（乐谱是音乐的符号化形式），主要格式包括 CD、MP3、MIDI。

## 二、网络时期的存储方法

### （一）网络存储的现状与发展

1. 需要解决的几个主要问题

容量、速度、易于管理、安全（防止数据破坏、容灾、备份）扩展性等。

2. 存储系统的发展

（1）硬盘，磁带，磁光盘。

（2）SCSI 技术，SSA 技术，FC 技术，iSCSI 技术。

（3）DAS，NAS，SAN。

3. 直接连接存储（DAS）

直接连接存储（Directly Attached Storage，DAS），又称服务器附加存储（Server Attached Storage，SAS），即直接连接在各种服务器或客户端扩展接口下的数据存储设备。以服务器为中心，该服务器同时提供应用程序的运行，即数据访问与操作系统、文件系统和服务程序紧密相关。

优点：

（1）以服务器为中心，价格相对便宜，数据存储设备直接挂接在各种服务器或客户端扩展接口下。

（2）结构简单，模式固定，安装方便。

缺点：

（1）DAS 数据存储设备不是独立的存储系统。

（2）扩展性差，单一主机的 disk/array 扩充受限于主机规格。

（3）DAS 存储设备采用分散式管理，每台主机各自拥有 disk/array，无法统一规划应用，形成浪费。

（4）采用通用服务器，不适于专用网络存储。

**（二）附网存储 NAS**

自 20 世纪末开始，存储技术的发展进入"存储网络"（Storage Network）时代。它将存储设备从应用服务器中分离出来，进行集中管理。存储网络具有以下特点：

（1）存储设备与主机之间是多对多的关系。

（2）统一性：在逻辑上是完全一体的，实现数据的集中管理。

（3）面向网络应用，容易扩充，伸缩性强。

（4）共享存储系统。

（5）关键技术：带宽。

**（三）存储区域网络（SAN）**

存储区域网络（Storage Area Network，SAN）：以数据存储为中心，是一种以光纤通道（Fiber Channel，FC）实现服务器和存储设备之间通信的网络结构。SAN 的核心是 FC，其中的服务器和存储系统各自独立，地位平等，通过高带宽（传输速率为 800Mbit/s，双全工时可达 1.6Gbit/s）FC 集线器或 FC 交换机相连，可避免大流量数据传输时发生阻塞和冲突。

## 本章案例

### 美国政府网站的信息构建

美国政府网站（www.usa.gov）是一个纯粹的门户网站，只需要通过它就可以比较容易地链接到 2 万多个美国政府网站的几千万个页面。它的信息构建很有特色。

（1）在信息构建的组成成分方面：①信息的组织系统充分体现网站的功能，符合用户使用信息的逻辑。②信息标识规范、一致。名称符合人们的使用习惯，又能够囊括该类下的所有项目的内容，能区分其他类的所有项目。不论是链接标识还是标题标识，都体现了明确、规范和一致的特点。③导航清晰、全面。信息构建必须尽可能地为用户提供导航工具和巡航帮助，让信息内容可访问，让用户明确自己的位置，知道如何到达要去的地方，明确前行的方向和路线，准确地到达目的地。www.usa.gov 提供了清晰的浏览结构、目录、站点地图、索引及各种全局和局部导航模式，可以让使用者确立自己的位置和前行的方向，在 www.usa.gov 的首页有清晰的主题导航。④提供多种检索或搜索手段。为了让使用者有效地使用信息，信息构建必须提供多途径的检索入口和搜索引擎，让信息能够快速、简便地为用户所用。

　　（2）在信息构建的目标方面：美国政府网站信息构建的四大特点是清晰化、易理解、有用和可用、用户体验良好。①信息结构和内容清晰：www.usa.gov 由于信息组织系统的良好分类标准和标识系统的明确、规范和统一，其信息结构和内容清晰、简洁、朴素、美观。②分类逻辑易于理解和使用：www.usa.gov 的各项信息组织的分类逻辑易于理解、易于使用，极少模糊和歧义。③网站的信息内容有用和可用：www.usa.gov 有着丰富的可用信息，作为一个免费网站，用户可以通过它查询到所有网上政府文档的信息。"白宫"方面称，网站可引导用户查询近 5 亿份文档，所需时间不到 1/4 秒。网站每天将至少可以接待 1000 万次的查询。④用户体验良好：www.usa.gov 充分体现了美国政府为公民服务的意识，本着"用户至上"的思想提供服务，并通过很多的细节来体现这种思想。从服务的项目数量、提供服务的便利程度、查询和搜索的便捷性看，都堪称一流。注意细节，这些细节都体现了一个真心为民的政府形象，给用户体贴入微的感觉，因此它具有极为良好的用户体验。

资料来源：周联英. 政府网站的信息构建 [J/OL]. 百度文库，2007-08-10.

➡ **问题：**

1. 在美国政府网站中类目划分的层次有多少？
2. 美国政府网站信息构建方面的特点有哪些？

# 本章小结

　　本章对信息组织的基本概念和基本内容进行了讲解，讲解了信息组织的两类主要方法——分类法和主题法，并通过对信息内容中信息的选择、描述、处理（分析）、存储进一步了解信息组织。

　　信息分类法是根据信息内容的学科属性与其他相关的特征，对各种类型的信息予以系统地揭示和区分，并进行组织的一种方法。主题法是直接以表达主题内容的词语做检索标识、以字序为主要检索途径，并通过详尽的参照系统等方法揭示词间关系的标引和检索信息方法。通过对信息的选择、描述、处理（分析）、存储四个过程完成对信息完整的加工过程。

　　信息组织是信息从采集到数据分析的核心过程，它将采集到的信息进行合理的选择，并对其描述、分析，最后进行存储以备后续对数据分析时所用。

## 本章复习题

1. 简述信息筛选与选择的原则和筛选的基本方法。
2. 举例说明什么是信息描述中的元数据？
3. 简述信息的分析方法。
4. 简述信息整理的方式、方法。
5. 根据引导案例中提到的就业网站，在现在热门的招聘网站上找寻某一特定的工作岗位，并对找到的工作岗位进行必要的筛选与选择。
6. 将第5题筛选的结果进行合理的归纳、整理与分析，根据所学的信息组织内容说明哪个网站的信息组织比较好。

# 第九章

## 信息处理工具

## 学习目的
★★★★

知识要求 通过本章的学习，掌握：

● 统计分析的基本概念
● 假设检验的原理
● 方差分析的原理
● 相关和回归分析

技能要求 通过本章的学习，能够：

● 按照要求对数据进行正确录入
● 对数据进行排序与筛选
● 进行正确的参数假设检验分析
● 熟练利用图表进行信息的处理
● 灵活运用各种分析方法，对不同的信息进行深入的处理

## 学习指导
★★★★

1. 本章内容包括：统计分析的基本概念，数据正确录入的能力，数据排序和筛选的方法，利用图表进行信息处理的能力，频率分析的方法，假设检验的原理和方法，相关和回归分析。

2. 学习方法：阅读教材，实践操作，把握概念间的内在联系和区别；培养统计分析理念，熟悉 Excel 和 SPSS 软件的操作方法。

3. 建议学时：6 学时。

## 引导案例

### 宝丽来公司利用信息分析调整生产

1947 年，宝丽来公司创始人埃德文·兰德博士（Dr.Edwin Land）宣布，他们在研究即时显像的技术方面迈出了新的一步，这使得一分钟成像成为可能。紧接着，公司开始拓展用于大众摄影的业务。宝丽来的第一台相机和第一卷胶卷诞生于 1949 年。在那之后，它们不断地在化学、光学和电子学方面进行试验和发展。以生产具有更高品质、更高可靠性和更为便利的摄影系统。

宝丽来公司的另一项主要业务是为技术和工业提供产品，目前，正致力于使即时显像技术在现代可视的通信环境下，成为日益增长的成像系统中的关键部分。为此，宝丽来公司推出了多种可进行即时显像的产品，以供专业摄影、工业、科学和医学之用。除此之外，公司还在磁学，太阳镜、工业偏振镜、化工、传统涂料和全息摄影的研制和生产力方面有自己的业务。

用于衡量摄影材料感光度的测光计，可以提供许多有关胶片特性的信息，比如它的曝光时间范围。在宝丽来中心感光实验室中，科学家们把即时显像胶片置于一定的温度和湿度下，使之近似于消费者购买后的保存条件，然后再对其进行系统地抽样检验和分析。他们选择专业彩色摄影胶卷，抽取了分别已保存 1~13 个月不等的胶卷，以便研究它们保存时间和感光速率之间的联系、数据显示，感光速率随保存时间的延长而下降，它们之间相应变动的关系可用一条直线或线性关系近似表示。

运用回归分析，宝丽来公司建立起一个方程式，它能反映出胶卷保存时间长短对感光速率的影响。$Y=-19.8-7.6x$ 式中，Y——胶卷感光率的变动；x——胶卷保存时间（月）。

从这一方程式可以看出，胶卷的感光速率平均每月下降 7.6 个单位。通过此分析得到的信息，有助于宝丽来公司把消费者的购买和使用结合起来考虑，调整生产，提供顾客需要的胶卷。

资料来源：佚名.案例：宝丽来公司 [DB/OL].圣才学习网，2010-08-14.

➡ 问题：

1. 信息数据分析对企业发展有什么意义？
2. 如何利用数据分析提升企业竞争力？

# 第一节　信息处理工具概述

（1）面对浩瀚的数据，如何提炼信息，把需要的信息快速展示给客户和领导？

（2）销售收入、成本、费用是否正常？是否出现了异常情况？如何简便发现异常费用流向和预警机制的建立？

（3）如何即时发现资金流、销售、财务中的问题？

（4）如何快速分析不同部门不同岗位对公司的满意率，以便及时发现并解决问题？

（5）如何管控现有的信息，将信息议程转化为可预测性的成果，同时提高制定决策的能力，实现更好的业务成果？

上面提到的这些问题都要通过各种直接或者间接的手段收集数据，都要利用一些方法来整理和分析数据，最后通过分析得到结论，这个方法就是统计方法。

## （一）统计学

统计学（Statistics）是用以收集数据、分析数据并进而由数据得出结论的一组概念、原则和方法，因而有学者也将统计学称为统计方法。就是用定量和定性相结合的研究方法来达成目标。

比如要得到某电视节目的收视率，可能首先要在该节目播出时，利用电话对看电视的人进行采访，同时问他们在观看什么节目。在得到了被采访的看电视的总人数和其中观看该节目的人数之后，就有可能得到这部分观众中观看该节目的比例，即大致的收视率了。之后还要经过统计分析，评估这个收视率的可信度和代表性等。显然，这是一个收集数据，然后通过分析数据得到结论的简单例子。

## （二）计算机与统计软件

现代生活越来越离不开计算机了。最早使用计算机的统计当然更离不开计算机了。计算机的使用，也从过去必须学会计算机语言发展到只需要"傻瓜式"地单击鼠标；结果也从单纯的数字输出发展到包括漂亮的表格和图形在内的各种形式。

统计软件的发展，也使得统计从统计学家的圈内游戏变成了大众的游戏。人们不必记忆各项计算方法及公式，只要输入数据，点几下鼠标，做一些选项，马上就得到令人惊叹的漂亮结果了。

统计软件的种类很多，有些功能齐全，有些价格便宜，有些容易操作，有些需要更多的实践才能掌握。还有些是专门的软件，只处理某一类统计问题，介绍最常见的三种统计软件。

1. SPSS

SPSS 是一个很受欢迎的统计软件，是世界著名的统计分析软件之一。它操作容易，输出漂亮，功能齐全，价格合理。它也有自己的程序语言，但基本上已经"傻瓜化"。对于非专业工作者，它是很好的选择。

2. SAS

SAS 是美国赛仕软件研究所研制的一套大型集成应用软件系统，具有比较完备的数据存取、数据管理、数据分析和数据展现的系列功能。这是功能非常齐全的软件。虽然在我国 SAS 的逐步应用还是近几年的事，但是随着计算机应用的普及和信息事业的不断发展，尽管价格相当不菲，越来越多的单位采用了SAS 软件。尤其在教育、科研领域等大型机构，SAS 软件已成为专业研究人员实用的进行统计分析的标准软件。然而，由于 SAS 系统是从大型机上的系统发展而来，其操作至今仍以编程为主，使用 SAS 时，人们需要编写 SAS 程序来处理数据，进行分析，人机对话界面不太友好，系统地学习和掌握 SAS，需要花费一定的精力。也正是基于此，它是最难掌握的软件之一。

3. Excel

Excel 严格说来并不是统计软件，但作为数据表格软件，必然有一定统计计算功能，而且凡是有 Microsoft Office 的计算机，基本上都装有 Excel。对于简单分析，Excel 还算方便，但随着问题的深入，Excel 就不那么"傻瓜"了。

当然，还有很多其他的软件，如 Minitab、Matlab、S-plus 等，我们就不一一介绍了。

**（三）统计基本概念**

1. 个体、总体与样本

所考察对象的某一数值指标的全体构成的集合看做总体，构成总体的每一个元素作为个体，从总体中抽取一部分的个体所组成的集合叫做样本，样本中的个体数目叫做样本数量。[①]

2. 抽样

抽样又称取样，从要研究的全部样品中抽取一部分样品单位。其基本要求

---

① 资料来源：http://baike.baidu.com/view/64216.htm。

是要保证所抽取的样品单位对全部样品具有充分的代表性。抽样的目的是从被抽取样品单位的分析、研究结果来估计和推断全部样品特性，是科学实验、质量检验、社会调查普遍采用的一种经济有效的工作和研究方法。

3. 变量和数据

变量是说明事物个体特征的概念，数据是变量的具体表现。

（1）变量定义。变量（Variable）是用来描述总体中成员的某一特性。例如，性别、年龄、身高、收入等。变量值是变量的具体表现。

（2）变量类型。变量可以是定性的，也可以是定量的，一个定量变量要么是离散的，要么是连续的。社会科学中研究变量的关系，通常把一个变量称为自变量（独立变量），另一个变量称为因变量（依赖变量）。

①定性变量。定性变量（Qualitative Variable）也称离散变量或分类变量。定性变量是用来记录质量数据的变量，一般是用非数字来表达其类别。例如，性别、宗教信仰、手机的种类、眼睛的颜色、民族、党派、参加的社团、喜好的运动、就读的班级、最喜欢的饮料类别、最喜欢的歌曲等，均是定性变量。

②定序变量。定序变量可以看成一类特殊的定性变量，是区别同一类别个案中等级次序的变量。定序变量能决定次序，也即变量的值能把研究对象按高低或大小排列。例如，文化程度可以分为大学、高中、初中、小学、文盲；工厂规模可以分为大、中、小；年龄可以分为老、中、青。

这些变量的值，既可以区分异同，也可以区别研究对象的高低或大小。但是，各个定序变量的值之间没有确切的间隔距离。比如大学究竟比高中高出多少，大学与高中之间的距离和初中与小学之间的距离是否相等，通常是没有确切的尺度来测量的。

③定量变量。定量变量（Quantitative Variable）也称数量变量，是用来记录数量数据的变量。例如，成绩、年龄、收入、国民生产总值、体重、身高、温度等均是定量变量。

定量变量有大小和倍数的关系，例如 3000>1000。[①]

4. 概率

从某种意义来说，概率描述了某件事情发生的机会。新闻中最常见的是"降水概率"，显然，这种概率不可能超过百分之百，也不可能少于百分之零。概率是在 0 和 1 之间（也可能是 0 或 1）的一个数，描述某事件发生的机会或

225

---

① 资料来源：http://baike.baidu.com/view/296689.htm#sub5145003。

可能性。

**5. 均值（样本均值）**

均值就是算术平均值。如果记样本中的观测值为 $X_1, \cdots, X_n$，则样本均值定义为：

$$\bar{x} = \frac{1}{n}\sum_{i=1}^{n} x_i = \frac{x_1 + \cdots + x_n}{n}$$

均值计算简捷方便，经济意义容易理解和解释，且应用非常广泛，但易受数列中极端变量值的影响。

**6. 中位数**

中位数是数据按照大小排列之后位于中间的那个数，或者中间两个数目的平均值。由于中位数不易受极端值影响，所以中位数比均值稳健。

**7. 众数**

样本中出现最多的数目，称为众数。最典型地代表了总体的集中趋势，主要用于分类数据，也可用于顺序数据和数值型数据。

**8. 极差**

极差就是极大值和极小值之间的差。

$$s^2 = \frac{1}{n-1}\sum_{i=1}^{n}(x_i - \bar{x})^2 = \frac{(x_1 - \bar{x})^2 + \cdots + (x_n - \bar{x})^2}{n-1}$$

226

**9. 方差**

方差是各变量值与其均值之差的平方的平均数，用来度量变量和其均值之间的偏离程度。它是测算数值型数据离散程度的最重要的方法。在样本容量相同的情况下，方差越大，说明数据的波动越大，越不稳定。

**10. 标准差**

标准差是方差的算术平方根，是一组数据平均值分散程度的一种度量。一个较大的标准差，代表大部分数值和其平均值之间差异较大；一个较小的标准差，代表这些数值较接近平均值。

**11. 直方图**

直方图又称柱状图、质量分布图，是一种统计报告图，将一个变量的不同等级的相对频数用矩形块标绘的图表（每一矩形的面积对应于频数）。直方图将数据根据差异进行分类，特点是明察秋毫地掌握差异。

**（四）假设检验**

假设检验是一类重要的统计推断问题。它的基本思想可以用小概率原理来解释。所谓小概率原理，就是认为小概率事件在一次试验中是几乎不可能发生的。也就是说，对总体的某个假设是真实的，那么不利于或不能支持这一假设的事件 A 在一次试验中是几乎不可能发生的；要是在一次试验中事件 A 竟然发生了，我们就有理由怀疑这一假设的真实性，拒绝这一假设。

例如，某公司想从国外引进一种自动加工装置。这种装置的工作温度 X 服从正态分布 $(\mu, 52)$，厂方说它的平均工作温度是 80℃。从该装置试运转中随机测试 16 次，得到的平均工作温度是 83℃。该公司考虑，样本结果与厂方所说的是否有显著差异？厂方的说法是否可以接受？

类似这种根据样本观测值来判断一个有关总体的假设是否成立的问题，就是假设检验的问题。我们把任一关于单体分布的假设，统称为统计假设，简称假设。上例中，可以提出两个假设：一个称为原假设或零假设，记为 H0：$\mu$ = 80℃；另一个称为备选假设或对立假设，记为 H1：$\mu \neq$ 80℃这样，上述假设检验问题可以表示为：

H0：$\mu$ = 80℃          H1：$\mu \neq$ 80℃

原假设与备选假设相互对立，两者有且只有一个正确，备选假设的含义是，一旦否定原假设 H0，则备选假设 H1 供你选择。所谓假设检验问题就是要判断原假设 H0 是否正确，决定接受还是拒绝原假设，若拒绝原假设，就接受备选假设。

应该如何做出判断呢？如果样本测定的结果是 100℃甚至更高（或很低），我们从直观上能感到原假设可疑而否定它，因为原假设是真实时，在一次试验中出现了与 80℃相距甚远的小概率事件几乎是不可能的，而现在竟然出现了，当然要拒绝原假设 H0。现在的问题是样本平均工作温度为 83℃，结果虽然与厂方说的 80℃有差异，但样本具有随机性，80℃与 83℃之间的差异很可能是样本的随机性造成的。在这种情况下，要对原假设做出接受还是拒绝的抉择，就必须根据研究的问题和决策条件，对样本值与原假设的差异进行分析。若有充分理由认为这种差异并非是由偶然的随机因素造成的，也即认为差异是显著的，才能拒绝原假设，否则就不能拒绝原假设。假设检验实质上是对原假设是否正确进行检验，因此，检验过程中要使原假设得到维护，使之不轻易被否定，否定原假设必须有充分的理由；同时，当原假设被接受时，也只能认为否定它的根据不充分，而不是认为它绝对正确。

假设检验的逻辑步骤为：

第一，写出零假设和备选假设。

第二，确定检验统计量。

第三，确定显著性水平 $\alpha$（一般为 0.05）。

第四，根据数据计算检验统计量的实现值。

第五，根据这个实现值计算 p 值。

第六，进行判断。如果 p 值小于或等于 α，就拒绝零假设，这时犯（第一类）错误的概率最多为 α；如果 p 值大于 α，就不拒绝零假设，因为证据不足。

### （五）卡方检验

卡方检验是用途很广的一种假设检验方法。卡方检验的统计量是卡方值，它是每个格子实际频数 A 与理论频数 T 差值平方与理论频数之比的累计和。每个格子中的理论频数 T 是在假定两组的概率相等的情况下计算出来的，故卡方值越大，说明实际频数与理论频数的差别越明显，两个率不同的可能性越大。

### （六）T 检验

T 检验亦称 Studentt 检验，主要用于样本含量较小（例如 n<30）的两个平均值差异程度的检验方法。即两总体方差未知但相同，用以两平均数之间差异显著性的检验。它是用 T 分布理论来推断差异发生的概率，从而判定两个平均数的差异是否显著。

例如，T 检验可用于比较药物治疗组与安慰剂治疗组病人的测量差别。理论上，即使样本量很小，也可以进行 T 检验。只要每组中变量呈正态分布，两组方差不会明显不同。如上所述，可以通过观察数据的分布或进行正态性检验估计数据的正态假设。方差齐性的假设可进行 F 检验，或进行更有效的 Levene 检验。如果不满足这些条件，只好使用非参数检验代替 T 检验进行两组间均值的比较。

228

T 检验中的 p 值是接受两均值存在差异这个假设可能犯错的概率。在统计学上，当两组观察对象总体中的确不存在差别时，这个概率与我们拒绝了该假设有关。一些学者认为如果差异具有特定的方向性，我们只要考虑单侧概率分布，将所得到 T 检验的 p 值分为两半。另一些学者则认为无论何种情况下都要报告标准的双侧 T 检验概率。

根据一个样本对其总体均值大小进行的检验称为单个样本 t 检验。

根据来自两个总体的独立样本对其总体均值进行的检验称为独立样本 T 检验。

### （七）方差分析

方差分析（Anova）是指将所获得的数据按某些项目分类后，再分析各组数据之间有无差异的方法。方差分析主要用于研究一个分类变量（或有序变量）与一个定量（数值型）变量之间的关系。研究的目的是想知道当影响因素取不同水平时，因变量是否有显著差异。换句话说，影响因素的不同水平是否对观测变量（因变量）产生了显著影响。

例如给植物施用几种肥料，调查分析作物产量在不同肥料处理之间有无真正的差异时一般常采用方差分析法。通过各个数据资料之间所显示的偏差与各组群资料中认为是属于误差范围内的偏差进行比较，来测验各组资料之间有无显著差异存在。

方差分析是通过比较各个类别的组内差异和类别之间的组间差异大小来确定变量之间是否相关。如果组内差异大而组间差异小，则说明两个变量之间不相关。反之，如果组间差异大而组内差异小，则说明两个变量之间相关。

### （八）相关和回归分析

相关分析是分析客观事物之间关系的数量分析方法。客观事物之间的关系大致可以归纳为两大类关系，分别是函数关系和统计关系。相关分析是用来分析事物之间统计关系的方法。

回归分析是一种应用极为广泛的数量分析方法。它用于分析事物之间的统计关系，侧重考察查量之间的数量变化规律，帮助人们准确把握变量受其他一个或多个变量影响的程度，进而为预测提供科学依据。

# 第二节　Excel 软件及其应用

## 一、Excel 软件简介

生活在"信息时代"的人比以往任何时候都更频繁地与数据打交道，Excel就是为现代人进行数据处理而定制的一个工具。Excel是微软公司的办公软件 Microsoft Office 的一个重要组成部分，是最优秀的电子表格软件之一，是个人及办公事务处理的理想工具。Excel可以进行各种数据的处理、统计分析和辅助决策操作，具有强大的数据处理和数据分析能力，提供了丰富的财务分析函数、数据库管理函数及统计数据分析工具。财务管理人员可以用它制作各种财务报表，统计工作人员可以用它进行统计数据分析，证券管理人员可以用它进行投资及证券交易的各类图表分析，办公人员可以用它管理单位的各种人员档案，如计算工资、考勤和职工绩效考评等。

无论是在科学研究、医疗教育、商业活动还是家庭生活中，Excel都能满足大多数人的数据处理需求，可以帮助用户将繁杂的数据转化为有用的信息。

Excel 的特点：

（1）方便的图形界面，操作简便。

（2）用表格管理大量的数据。

（3）强大的计算、分析、传递和共享功能。

（4）强大的数据处理功能。

本章将以 Excel 2003 版本为例，对 Excel 软件的操作进行讲解。

## 二、Excel 软件应用

应用案例：销售数据清单统计与分析。

随着"十一"黄金周的到来，又迎来了一个家电销售的旺季。各大卖场都使出浑身解数，拿出自己的必杀技，在风起云涌的家电浪潮中迎来一个接一个的销售高峰。7 天过去后，家电市场逐渐恢复平静，各大商家都开始整理核算各自的销售情况。

### （一）设计思路分析

本案例以某家电商城在"十一"黄金周期间的销售数据为例，使用 Excel 统计与分析该商城家电销售情况，设计流程如图 9-1 所示。

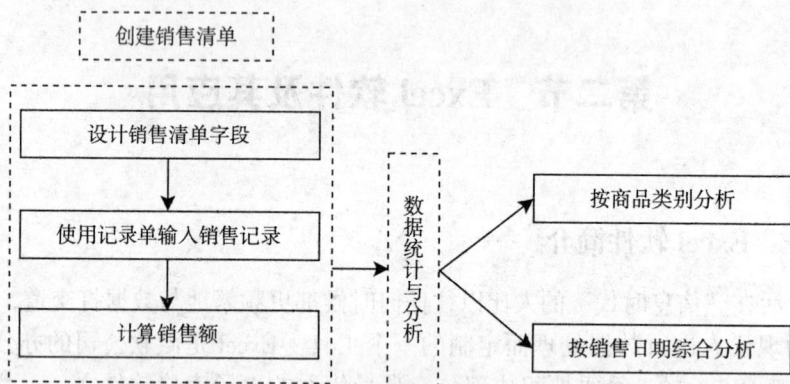

图 9-1 设计流程

### （二）创建销售清单

在进行数据统计分析之前，首先确定需要分析的原始数据。本案例将要分析的原始数据是某家电商城在"十一"黄金周期间的销售记录，因此应该先将这些数据输入到 Excel 工作表中。

1. 创建并输入销售清单

在确定好销售清单的字段项之后，可以使用记录单来完成销售清单的输入，操作步骤如下：

（1）新建"家电商城销售清单统计与分析"工作簿，在工作表 Sheet1 的单元格区域 A1：I1 中输入销售清单的字段名称并设置格式，如图 9-2 所示（例如要将 D、F、H 列设置为"货币"格式）。

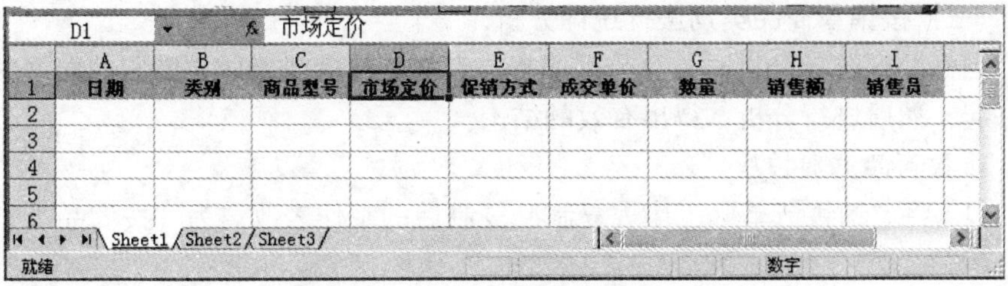

**图9-2 创建字段并设置格式**

（2）将 Sheet1 工作表名称更改为"销售清单"。

（3）选定单元格区域 A1：I1，单击菜单栏中的"数据"→"记录单"命令，弹出"销售清单"对话框，在对话框中的相应文本框依次输入各字段的具体值，如图9-3所示。

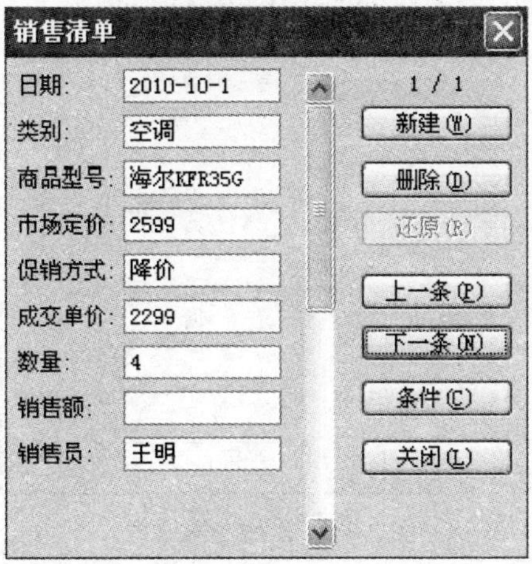

**图9-3 "销售清单"对话框**

在利用数据表单输入数据时，当完成一个字段数据的输入后，可以按<Tab>键快速移动到下一个字段的文本框中进行输入。

（4）当输入完一条记录后，单击"新建"按钮，重复该过程，直到完成所有记录的输入。

2. 计算销售额

在 Excel 中，可以用公式方便地计算出销售额。（销售额=成交单价×数量）

（1）在单元格 H2 中输入公式：=F2 × G2。

（2）拖动单元格 H2 右下角的填充手柄向下填充公式，计算出所有记录的销售额。

**（三）按销售商品类别进行统计分析**

当做数据统计分析时，总是需要将具有相同属性或者同一类别的数据归集到一起，然后进行分析，得出有效的结论。

1. 按商品类别排序

（1）将"销售清单"工作表复制，复制后的工作表改名为"按商品类别统计分析"。

（2）在"按商品类别统计分析"工作表中，单击菜单栏的"数据"→"排序"命令，弹出"排序"对话框。从"主要关键字"下拉列表中选择"类别"作为排序依据，并在右边选择"降序"排序；从"次要关键字"下拉列表中选择"数量"作为排序依据，并选择"降序"排序，如图 9-4 所示；单击"确定"按钮。

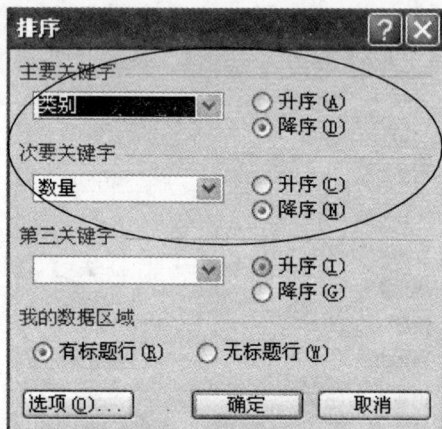

232

图9-4 "排序"对话框

（3）按"类别"和"数量"排序后的结果，如图 9-5 所示。

图9-5 按"类别"和"数量"的排序结果

2. 创建销售额图表

（1）选定单元格区域 C1：C5 后，按住<Ctrl>键，再选定单元格区域 H1：H5，单击"常用"工具栏中的"图表向导"按钮 ，如图 9-6 所示。

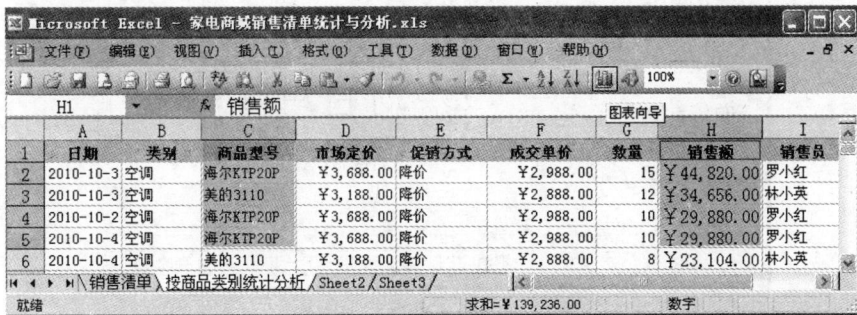

图 9-6 数据区域和图表按钮

（2）进入图表向导的第一个步骤，弹出的"图表类型"对话框如图 9-7 所示。在"图表类型"列表框中选择"柱形图"，在"子图表类型"列表框中单击"三维簇状柱形图"，单击"下一步"按钮。

图 9-7 选择图表类型

（3）进入图表向导的第二个步骤，会弹出"图表源数据"对话框。这里保持默认的数据区域和系列产生位置，单击"下一步"按钮。

（4）进入图表向导的第三个步骤，会弹出"图表选项"对话框。在"标题"选项卡中的"图表标题"文本框中输入"按商品统计销售额"，如图 9-8 所示。

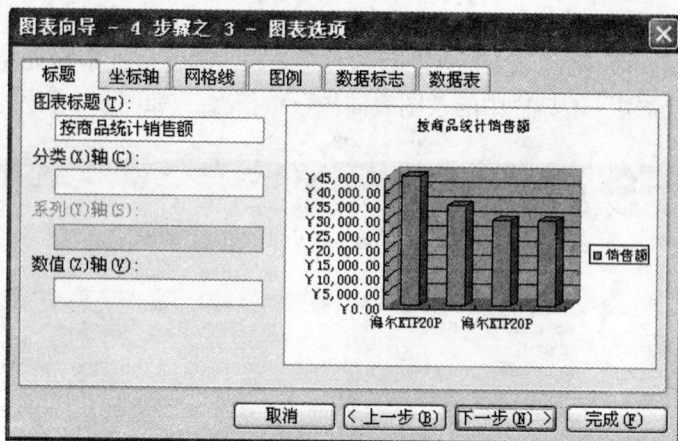

**图 9-8 "图表选项"对话框**

（5）进入图表向导的第四个步骤，会弹出"图表位置"对话框。这里保持默认"作为其中的对象插入"的位置，直接单击"完成"按钮。图表会自动以嵌入方式插入当前工作表中，拖动图表四周的控制点，适当地调整图表的大小，然后修改图表中文字的大小，调整图表格式，最终得到如图 9-9 所示的图表效果。

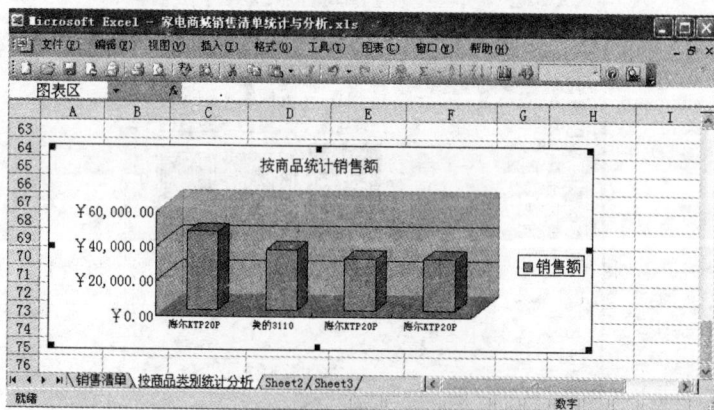

**图 9-9 修改图表格式**

从图 9-9 中，我们可以直观地看出在"十一"黄金周期间，部分空调销售额的情况。

**（四）日销售额综合分析**

每逢大假，总会掀起一股购买家电的热潮。为了更好地分析消费者的购买习惯和倾向，在以后牢牢地抓住商机，还需要对这 7 天的销售情况进行分析，以便寻找更多的市场契机和突破口。

1. 按日期进行筛选

自动筛选功能可以使用户快速寻找和使用数据清单中的数据记录。它可以把暂时不需要的数据隐藏起来，而只显示那些符合条件的数据记录。

（1）复制工作表“销售清单”并将工作表更名为“按销售日期统计分析”，单击菜单栏中的“数据”→“筛选”→“自动筛选”命令，在第1行每个字段名旁边都会有一个下拉列表，而且在“自动筛选”子菜单前面会出现一个复选标记 ✓，说明执行了这种筛选。

（2）单击“日期”字段名旁边的 ▾ 按钮，将弹出一个下拉列表，其中列出了该字段中的所有记录数据，如图9-10所示。在其中选择筛选的条件即可得到符合条件的记录。

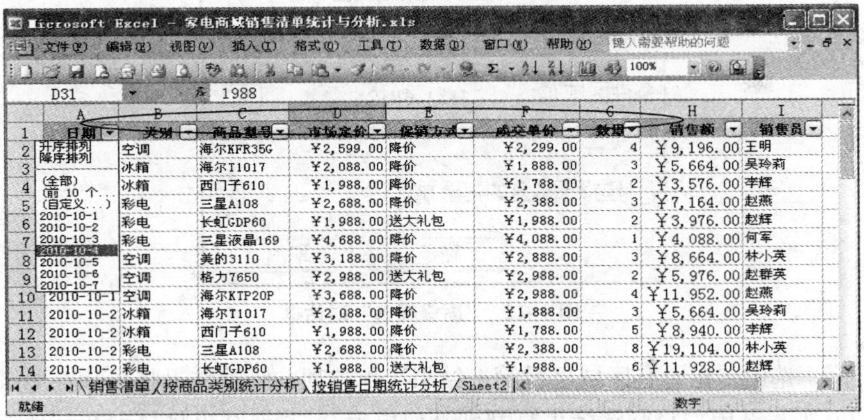


| | A | B | C | D | E | F | G | H | I |
|---|---|---|---|---|---|---|---|---|---|
| 1 | 日期 | 类别 | 商品型号 | 市场定价 | 促销方式 | 成交单价 | 数量 | 销售额 | 销售员 |
| 2 | | 空调 | 海尔KFR35G | ￥2,599.00 | 降价 | ￥2,299.00 | 4 | ￥9,196.00 | 王明 |
| 3 | | 冰箱 | 海尔T1017 | ￥2,088.00 | 降价 | ￥1,888.00 | 3 | ￥5,664.00 | 吴玲莉 |
| 4 | | 冰箱 | 西门子610 | ￥1,988.00 | 降价 | ￥1,788.00 | 2 | ￥3,576.00 | 李辉 |
| 5 | | 彩电 | 三星A108 | ￥2,688.00 | 降价 | ￥2,388.00 | 3 | ￥7,164.00 | 赵燕 |
| 6 | | 彩电 | 长虹GDP60 | ￥1,988.00 | 送大礼包 | ￥1,988.00 | 2 | ￥3,976.00 | 赵辉 |
| 7 | | 彩电 | 三星液晶169 | ￥4,688.00 | 降价 | ￥4,088.00 | 1 | ￥4,088.00 | 何军 |
| 8 | | 空调 | 美的3110 | ￥3,188.00 | 降价 | ￥2,888.00 | 3 | ￥8,664.00 | 林小英 |
| 9 | | 空调 | 格力7650 | ￥2,988.00 | 送大礼包 | ￥2,988.00 | 2 | ￥5,976.00 | 赵群英 |
| 10 | 2010-10-1 | 空调 | 海尔KTP20P | ￥3,688.00 | 降价 | ￥2,988.00 | 4 | ￥11,952.00 | 赵燕 |
| 11 | 2010-10-2 | 冰箱 | 海尔T1017 | ￥2,088.00 | 降价 | ￥1,888.00 | 3 | ￥5,664.00 | 吴玲莉 |
| 12 | 2010-10-2 | 冰箱 | 西门子610 | ￥1,988.00 | 降价 | ￥1,788.00 | 5 | ￥8,940.00 | 李辉 |
| 13 | 2010-10-2 | 彩电 | 三星A108 | ￥2,688.00 | 降价 | ￥2,388.00 | 8 | ￥19,104.00 | 林小英 |
| 14 | 2010-10-2 | 彩电 | 长虹GDP60 | ￥1,988.00 | 送大礼包 | ￥1,988.00 | 6 | ￥11,928.00 | 赵辉 |

**图9-10　设置筛选条件**

（3）比如选择“2010-10-4”。

（4）被筛选出来的记录的行标记和字段名旁的 ▾ 按钮均以蓝色显示。

（5）如果想要显示所有记录，单击“日期”字段名旁边的 ▾ 按钮，在弹出的下拉列表中选择“全部”即可。

（6）如果想要取消筛选，可以再次选择“数据”→“筛选”→“自动筛选”菜单命令，取消“自动筛选”子菜单前面的复选标记即可。

2. 综合筛选

自动筛选只能对一个字段进行筛选，不能使用太复杂的条件，如果要想进行综合筛选，就是同时要对多个字段执行复杂的条件，可以使用高级筛选。

（1）“按销售日期统计分析”工作表中，在K1：M2单元格中输入如图9-11所示的内容作为筛选条件。

| K | L | M |
|---|---|---|
| 日期 | 类别 | 数量 |
| 2010-10-2 | 空调 | >=5 |

图 9-11  设置筛选条件

（2）先用鼠标单击数据区域中的任一单元格，单击菜单栏中的"数据"→"筛选"→"高级筛选"命令，会弹出"高级筛选"对话框，如图 9-12 所示。

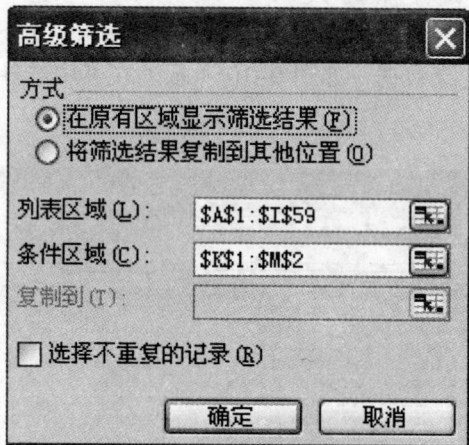

图 9-12  "高级筛选"对话框

（3）选中"在原有区域显示筛选结果"单选项，筛选结果将显示在原来的位置；如果选中"将筛选结果复制到其他位置"，筛选结果将显示在其他指定位置。

（4）在"条件区域"编辑框中，输入前面已经设置的条件区域 K1：M2，也可单击 按钮在工作表中选择条件区域；单击"确定"按钮，得到筛选结果，如图 9-13 所示。

（5）如果想要取消高级筛选，可以选择"数据"→"筛选"→"全部显示"菜单命令，即可恢复到筛选以前的状态。

从筛选结果中，我们可以清楚地看出在"十一"黄金周期间，指定的日期内制定商品销售额的情况。

3. 日销售额走势分析

（1）将"销售清单"工作表复制，复制后的工作表改名为"日销售额走势分析"。

（2）在"日销售额走势分析"工作表中，按照前面介绍过的方法将所有数

图 9-13　高级筛选结果

据，按照"日期"的升序进行排序。

（3）单击菜单栏中的"数据"→"分类汇总"命令，会弹出"分类汇总"对话框，从"分类字段"下拉列表中选择"日期"，从"汇总方式"下拉列表中选择"求和"，从"选定汇总项"列表框中选中"数量"和"销售额"复选框，如图 9-14 所示。其他选项默认当前选择，单击"确定"按钮。

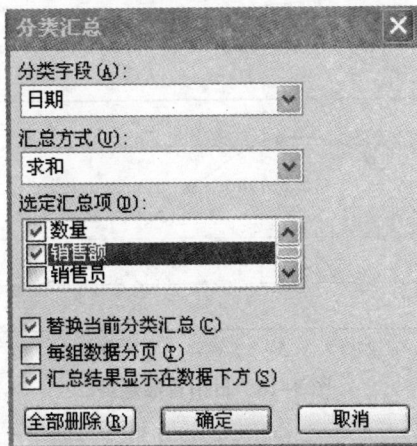

237

图 9-14　"分类汇总"对话框

（4）按日期分类汇总后的数据，每个日期的汇总结果显示在明细数据的下方，同时窗口左侧会显示分级显示符号。单击列标签左上侧的分级显示符号，则工作表中将只显示各日期的汇总值和总计值，隐藏了明细数据，如图 9-15 所示。或者单击列标签左侧的折叠符号，也可以隐藏明细数据，只显示需要的分类汇总结果。

| | A | B | C | D | E | F | G | H |
|---|---|---|---|---|---|---|---|---|
| 1 | 日期 | 类别 | 商品型号 | 市场定价 | 促销方式 | 成交单价 | 数量 | 销售额 |
| 11 | 2010-10-1 汇总 | | | | | | 24 | ¥60,256.00 |
| 21 | 2010-10-2 汇总 | | | | | | 61 | ¥183,568.00 |
| 30 | 2010-10-3 汇总 | | | | | | 77 | ¥206,276.00 |
| 39 | 2010-10-4 汇总 | | | | | | 53 | ¥153,364.00 |
| 48 | 2010-10-5 汇总 | | | | | | 28 | ¥80,164.00 |
| 57 | 2010-10-6 汇总 | | | | | | 15 | ¥45,520.00 |
| 66 | 2010-10-7 汇总 | | | | | | 12 | ¥33,756.00 |
| 67 | 总计 | | | | | | 270 | ¥762,904.00 |

图 9-15 分类汇总结果

（5）按照前面介绍过的方法将分类汇总的结果用直观的图表加以表示，在"图表类型"选择"XY散点图"，"子图表类型"选择"平滑线散点图"，"图表标题"设为"日销售额走势分析"。适当调整图表大小和格式，得到如图 9-16 所示的图表效果。

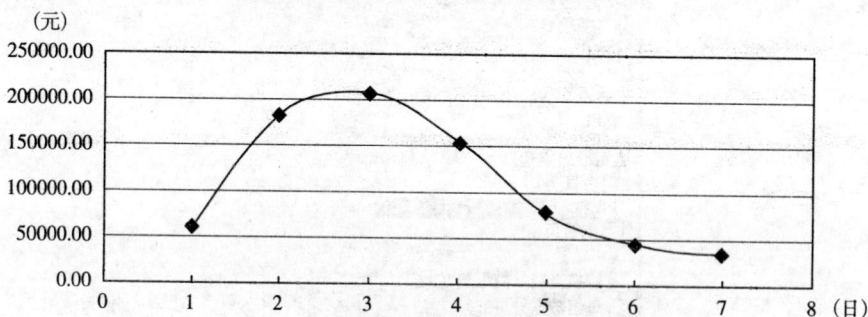

图 9-16 日销售额走势

从图 9-16 中可以直观地看出，在"十一"黄金周的销售中，1~3 日的日销售额呈现递增趋势，3 日该商城的销售额达到了顶峰，此后开始逐渐下滑。

# 第三节　SPSS 统计分析软件包及其应用

## 一、SPSS 统计分析软件包简介

SPSS（Statistical Productand Service Solutions），"统计产品与服务解决方案"软件。SPSS 是世界上最早的统计分析软件，也是世界著名的统计分析软件之一。由美国斯坦福大学的三位研究生于 20 世纪 60 年代末研制，并使其很快地应用于自然科学、技术科学、社会科学的各个领域，世界上许多有影响的报纸杂志纷纷就 SPSS 的自动统计绘图、数据的深入分析、使用方便、功能齐全等方面给予了高度的评价与称赞。全球约有 25 万家产品用户，它们分布于通信、医疗、银行、证券、保险、制造、商业、市场研究、科研教育等多个领域和行业，是世界上应用最广泛的专业统计软件。

SPSS 是世界上最早采用图形菜单驱动界面的统计软件，它最突出的特点就是操作界面极为友好，输出结果美观漂亮。它将几乎所有的功能都以统一、规范的界面展现出来，使用 Windows 的窗口方式展示各种管理和分析数据方法的功能，对话框展示出各种功能选择项。用户只要掌握一定的 Windows 操作技能，大致懂得统计分析原理，就可以使用该软件为特定的科研工作服务。SPSS 采用类似 Excel 表格的方式输入与管理数据，数据接口较为通用，能方便地从其他数据库中读入数据。其统计过程包括了常用的、较为成熟的统计过程，完全可以满足非统计专业人士的工作需要。SPSS 的分析结果清晰、直观、易学易用，而且可以直接读取 Excel 及 DBF 数据文件，现已推广到多种各种操作系统的计算机上，它和 SAS、BMDP 并称为国际上最有影响的三大统计软件。

SPSS 是一个组合式软件包，它集数据整理、分析功能于一身。用户可以根据实际需要和计算机的功能选择模块，以降低对系统硬盘容量的要求，有利于该软件的推广应用。SPSS 的基本功能包括数据管理、统计分析、图表分析、输出管理等。SPSS 统计分析过程包括描述性统计、均值比较、一般线性模型、相关分析、回归分析、对数线性模型、聚类分析、数据简化、生存分析、时间序列分析、多重响应等几大类，每类中又分好几个统计过程，比如回归分析中又分线性回归分析、曲线估计、Logistic 回归、Probity 回归、加权估计、两阶段最小二乘法、非线性回归等多个统计过程，而且每个过程中又允许用户选择不同的方法及参数。SPSS 也有专门的绘图系统，可以根据数据绘制各种图形。

239

SPSS 的特点：

（1）操作简便，输出结果美观漂亮。

（2）功能强大。

（3）全面的数据接口。

（4）灵活的功能模块组合。

（5）针对性强。

本章将以 SPSS18.0 版本为例，进行对 SPSS 软件操作的讲解。

## 二、SPSS 统计分析软件包应用

应用案例：新产品价格分析。

在商品经济社会，产品的任何一个环节都离不开市场定位。在企业成功开发一个新产品之前，通常还需要通过一系列的市场调查对产品的价格进行定位，从而得到最适当的价格，有助于将产品大力推广到市场中去。

### （一）设计思路分析

本案例以某数码相机生产厂商为某新款数码相机的价格定位调查所得到的30 份样本数据为例，分析产品的价格定位，设计流程如图 9-17 所示。

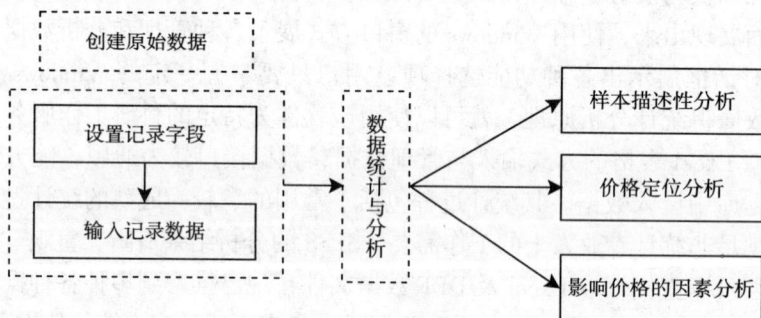

图 9-17 设计流程

### （二）创建原始数据

1. 设置记录字段

按照如图 9-18 所示的名称和类型进行变量字段的设置。

（1）打开 SPSS 软件，在数据编辑窗口中，单击 变量视图 选项卡，进入变量浏览窗口。在"名称"选项下的第 1 个单元格中输入"序号"，单击"类型"选项下的第 1 个单元格，出现默认的类型"数值（N）"，再分别修改"宽度"选项为"2"，"小数"选项为"0"，其他选项为默认值。

（2）在第 2 行"名称"选项下输入"性别"，单击"类型"选项下的单元

| | 名称 | 类型 | 宽度 | 小数 | 标签 | 值 |
|---|---|---|---|---|---|---|
| 1 | 序号 | 数值(N) | 2 | 0 | | 无 |
| 2 | 性别 | 字符串 | 8 | 0 | | 无 |
| 3 | 年龄 | 数值(N) | 8 | 0 | 年龄分组 | {1, 20岁以下}… |
| 4 | 月收入 | 数值(N) | 8 | 2 | | 无 |
| 5 | 价格 | 数值(N) | 8 | 2 | 数码相机价格 | 无 |

**图9-18 样本字段**

格，单击出现 ▬▬ 标志，在弹出的"变量类型"对话框中选择"字符串"单选钮，单击"确定"按钮。

（3）在第3行中依次输入和设置"年龄"，"数值"，"8"，"0"，"年龄分组"等选项内容，单击"值"选项下的单元格，单击出现 ▬▬ 标志，会弹出"值标签"对话框，如图9-19所示。

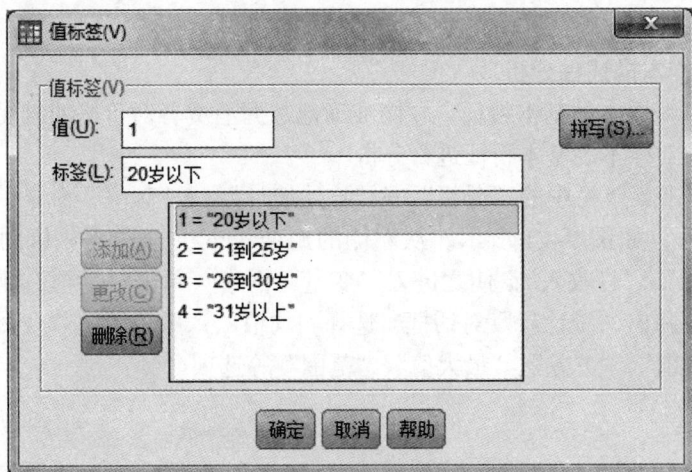

**图9-19 "值标签"对话框**

（4）在"值标签"对话框中的"值（U）"选项文本框中输入"1"，在"标签（L）"选项文本框中输入"20岁以下"，单击"添加"按钮；依此方法将如图9-19所示的值全部添加完成，单击"确定"按钮。

（5）按照如图9-18所示的字段名称和类型进行输入，完成样本字段的设置。

**2.输入记录数据**

（1）单击 **数据视图** 选项卡，进入数据编辑窗口。

（2）在第1行单元格中分别输入"1"、"男"、"2"、"1500"、"2588"等数据，如图9-20所示。

| | 序号 | 性别 | 年龄 | 月收入 | 价格 |
|---|---|---|---|---|---|
| 1 | 1 | 男 | 2 | 1500.00 | 2588.00 |
| 2 | 2 | 女 | 2 | 1800.00 | 2668.00 |
| 3 | 3 | 男 | 1 | 2000.00 | 2888.00 |
| 4 | 4 | 女 | 2 | 2000.00 | 2788.00 |
| 5 | 5 | 女 | 2 | 1500.00 | 2188.00 |
| 6 | 6 | 男 | 3 | 3000.00 | 2688.00 |
| 7 | 7 | 男 | 3 | 3500.00 | 3088.00 |
| 8 | 8 | 男 | 4 | 1500.00 | 2198.00 |
| 9 | 9 | 女 | 3 | 1600.00 | 2298.00 |
| 10 | 10 | 女 | 2 | 1200.00 | 2098.00 |
| 11 | 11 | 女 | 3 | 1800.00 | 2598.00 |
| 12 | 12 | 男 | 4 | 1900.00 | 2698.00 |

图 9-20　记录数据

（3）重复该过程，直到完成所有记录输入。

**（三）样本描述性分析**

通过了解样本的基本特征，才能准确地掌握消费者对价格的接受情况，所以首先需要对样本的基本特征进行分析。

（1）单击菜单栏中的"分析"→"描述统计"→"频率"命令，弹出"频率"对话框，如图 9-21 所示。从左侧的源变量框中选择要分析的变量"性别"、"年龄"、"月收入"，使之进入"变量"框中；单击对话框右侧的"统计量"按钮，弹出"统计量"对话框，选择"均值"、"中位数"、"众数"、"标准差"、"最小值"、"方差"、"最大值"、"范围"等选项。

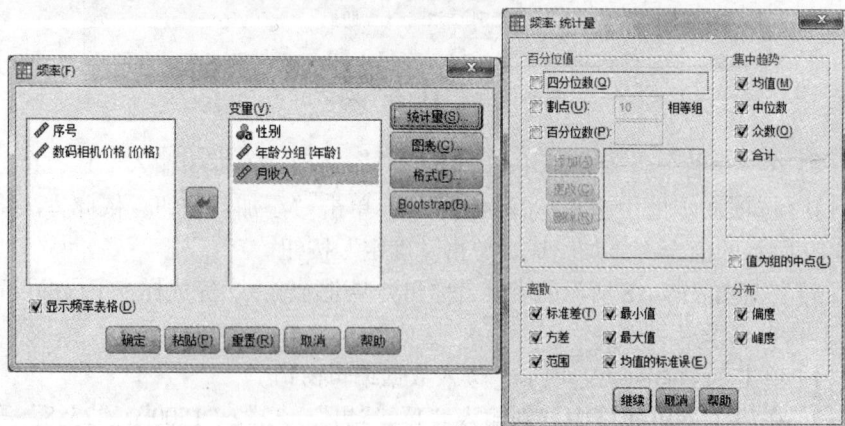

图 9-21　"频率"对话框

（2）单击"确定"按钮，系统将会在输出窗口中显示如图 9-22 所示的分析结果。从如图 9-22 所示的结果中我们可以看出，在全部 30 个样本中男性占 46.7%，女性占 53.3%；在样本中 20~30 岁的人居多，占到了 63.4%，也就是说样本年龄相对集中；在样本中月收入的均值是 1848.33 元，月收入最少的是 1200 元，月收入最多的是 3500 元，月收入中 1800 左右的样本居多，全距为 2300，说明样本收入差异较大。

统计量

| | 月收入 |
|---|---|
| N 有效 | 30 |
| 缺失 | 0 |
| 均值 | 1848.3333 |
| 均值的标准误差 | 1.6.09265 |
| 中值 | 1800.0000 |
| 众数 | 1800.00 |
| 标准差 | 581.09340 |
| 方差 | 337669.540 |
| 偏度 | 1.500 |
| 偏度的标准误差 | 0.427 |
| 峰度 | 1.976 |
| 峰度的标准误差 | 0.833 |
| 全距 | 2300.00 |
| 极小值 | 1200.00 |
| 极大值 | 3500.00 |
| 和 | 55450.00 |

性别

| | | 频率 | 百分比 (%) | 有效百分比 (%) | 累积百分比 (%) |
|---|---|---|---|---|---|
| 有效 | 男 | 14 | 46.7 | 46.7 | 46.7 |
| | 女 | 16 | 53.3 | 53.3 | 100.0 |
| | 合计 | 30 | 100.0 | 100.0 | |

年龄分组

| | 频率 | 百分比 (%) | 有效百分比 (%) | 累积百分比 (%) |
|---|---|---|---|---|
| 20 岁以下 | 4 | 13.3 | 13.3 | 13.3 |
| 21~25 岁 | 8 | 26.7 | 26.7 | 40.0 |
| 26~30 岁 | 11 | 36.7 | 36.7 | 76.7 |
| 31 岁以上 | 7 | 23.3 | 23.3 | 100.0 |
| 合计 | 30 | 100.0 | 100.0 | |

**图 9-22　描述结果**

### （四）价格定位分析

根据调查得到的数据，分析消费者给出的数码相机的价格，为该款数码相机寻找最合理的价格定位。

**1. 价格频率分析**

（1）单击菜单栏中的"分析"→"描述统计"→"频率"命令，弹出"频率"对话框，从左侧的源变量框中选择变量"价格"，使之进入"变量"框中。

（2）单击对话框右侧的"图表"按钮，弹出"图表"对话框，选择"图表类型"中的"直方图"单选钮，选择"在直方图上显示正态曲线"复选框。

（3）单击"确定"按钮，系统将会在输出窗口中显示如图 9-23 所示的分析结果。

统计量

| 数码相机价格 | |
|---|---|
| N　有效 | 30 |
| 　　缺失 | 0 |
| 均值 | 2544.6667 |
| 中值 | 2593.0000 |
| 众数 | 2188.00 |
| 标准差 | 324.58284 |
| 方差 | 105354.023 |
| 偏度 | 0.071 |
| 偏度的标准误差 | 0.427 |
| 峰度 | −1.638 |
| 峰度的标准误差 | 0.833 |
| 全距 | 990.00 |
| 极小值 | 2098.00 |
| 极大值 | 3088.00 |

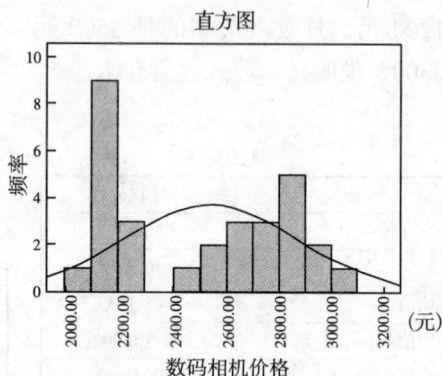

图 9-23　价格频率分析结果

　　从图 9-23 所示的结果中我们可以看出，消费者对数码相机能接受的价格均值是 2544.67 元，价格最低的是 2098 元，最高的是 3088 元，但是中值是 2593 元，而众数却是 2188 元，全距是 990 元，而且方差和标准差数字都很大，说明消费者对价格的接受度差距比较大；直方图中出现了两个峰值也说明了这点，这就给此新款数码相机的价格定位提供了参考。

　　2. 价格检验分析

　　我们假设给这款数码相机定价为 2700 元，看样本中的大多数消费者是否能接受，这需要用到假设检验中的"单样本 T 检验"的方法。也就是说零假设为样本中的大多数消费者能接受 2700 元的价格，而备选假设就是不能接受 2700 元的价格。

　　（1）单击菜单栏中的"分析"→"比较均值"→"单样本 T 检验"命令，弹出"单样本 T 检验"对话框，如图 9-24 所示。

　　（2）从左侧的源变量框中选择变量"价格"，使之进入"检验变量"框中，在下方的"检验值"文本框中输入"2700"。

　　（3）单击"确定"按钮，系统将会在输出窗口中显示如图 9-25 所示的分析结果。

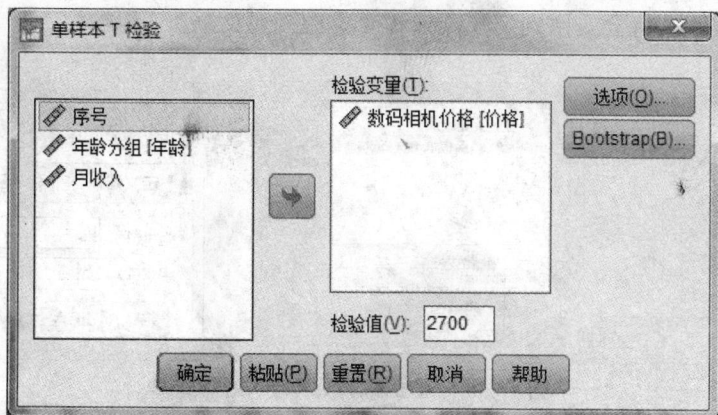

图 9-24 "单样本 T 检验"对话框

单个样本检验

| | 检验值=2700 | | | | | |
|---|---|---|---|---|---|---|
| | T | df | Sig.（双侧） | 均值差值 | 差分的 95%置信区间 | |
| | | | | | 下限 | 上限 |
| 数码相机价格 | -2.621 | 29 | 0.014 | -155.33333 | -276.5346 | -34.1321 |

图 9-25 价格检验结果

由图 9-25可以看出，在假设价格为 2700 元的情况下，检验结果的 T 值
为-2.621，同时得到单尾 p 值为 0.007（计算机输出的是双尾检验的 p 值 0.014，
应该除以 2），因此看来可以选择显著性水平为 0.05，而单尾 p 值为 0.007<
0.05，所以可以宣称拒绝零假设，接受备选假设；也就是说如果假设给这款数
码相机定价为 2700 元，样本中的大多数消费者是不能接受的。

**（五）影响价格的因素分析**

1. 性别与价格相关性分析

首先分析性别与价格的相关性。由于性别只有男女两个分组，所以需要用
到"独立样本 T 检验"的方法。设立零假设为性别不会影响所能接受的价格，
即性别与价格没有相关性。

（1）单击菜单栏中的"分析"→"比较均值"→"独立样本 T 检验"命
令，弹出"独立样本 T 检验"对话框。

（2）从左侧的源变量框中选择变量"价格"，使之进入"检验变量"框中；
从左侧的源变量框中选择变量"年龄"，使之进入"分组变量"框中。

（3）单击下方的"定义组"按钮，会弹出"定义组"对话框，在"组 1"
文本框中输入"男"，在"组 2"文本框中输入"女"，如图 9-26 所示；单击

"继续"按钮，将会返回到"独立样本T检验"对话框。

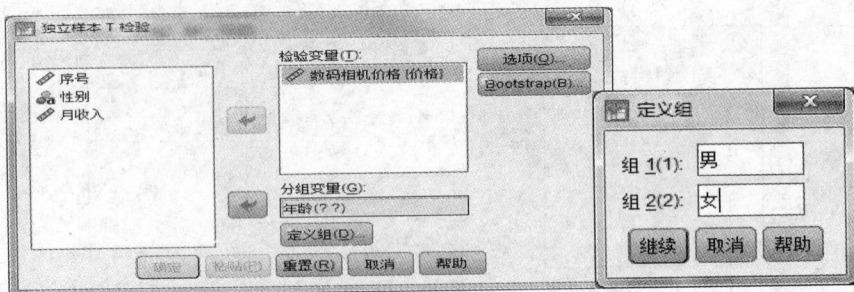

图 9-26 "独立样本 T 检验"对话框

（4）单击"确定"按钮，系统将会在输出窗口中显示如图 9-27 所示的分析结果。

组统计量

| 性别 | | N | 均值 | 标准差 | 均值的标准误差 |
|---|---|---|---|---|---|
| 数码相机价格 | 男 | 14 | 2755.1429 | 272.49357 | 72.82697 |
| | 女 | 16 | 2360.5000 | 248.60947 | 62.15237 |

独立样本检验

| | | 方差方程 Levene 检验 | | 均值方程 T 检验 | | | | |
|---|---|---|---|---|---|---|---|---|
| | | F | Sig. | T | df | Sig.（双侧） | 均值差值 | 标准误差值 |
| 数码相机价格 | 假设方差相等 | 0.004 | 0.947 | 4.148 | 28 | 0.000 | 394.64286 | 95.13984 |
| | 假设方差不相等 | | | 4.122 | 26.603 | 0.000 | 394.64286 | 95.74280 |

图 9-27 性别与价格相关性分析结果

首先我们来看独立样本检验的结果，在结果中可以看出，"方差方程的Levene 检验"的 p 值为 0.947>0.05，因此可以认为两个总体方差相等。这样我们就应该看第 1 行的 T 检验输出。可以看出 T 值为 4.148，双尾 p 值为 0.000，明显小于任何显著性水平，因此可以拒绝零假设。就是说性别会影响所能接受的价格，即性别与价格之间是有相关性的。再看"组统计量"中男性所选择的平均报价为 2755 元，而女性所选择的平均报价为 2360 元。可以推论，男性对该款数码相机的接受价格明显高于女性。

2. 年龄与价格相关性分析

年龄是否会影响所能接受的数码相机的价格呢？由于年龄的分组较多，我们需要用到单因素方差分析的方法。并且设立零假设为年龄不会影响所能接受的价格，即年龄与价格没有相关性。

（1）单击菜单栏中的"分析"→"比较均值"→"单因素 Anova"命令，弹出"单因素方差分析"对话框，如图 9-28 所示。

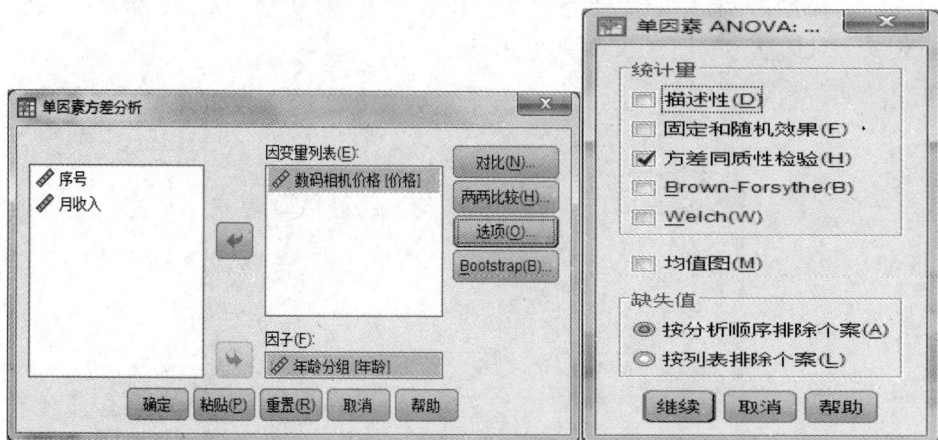

图 9-28　"单因素方差分析"对话框

（2）从左侧的源变量框中选择变量"价格"，使之进入"因变量列表"框中；从左侧的源变量框中选择变量"年龄"，使之进入"因子"框中。

（3）单击右侧的"选项"按钮，在弹出的"选项"对话框中选择"方差同质性检验"复选框，单击"继续"按钮，将会返回到"单因素方差分析"对话框。

（4）单击"确定"按钮，系统将会在输出窗口中显示如图 9-29 所示的分析结果。

方差齐性检验

数码相机价格

| Levene 统计量 | df1 | df2 | 显著性 |
|---|---|---|---|
| 0.868 | 3 | 26 | 0.470 |

Anova

数码相机价格

| | 平方和 | df | 均方 | F | 显著性 |
|---|---|---|---|---|---|
| 组间 | 124318.452 | 3 | 41439.484 | 0.368 | 0.777 |
| 组内 | 2930948.214 | 26 | 112728.777 | | |
| 总数 | 3055266.667 | 29 | | | |

图 9-29　年龄与价格相关性分析结果

在结果中可以看出，方差齐性检验的 p 值为 0.47>0.05，因此可以认为各总体方差相等。方差齐性检验这一检验很重要，是进行方差分析时需要进行的前提检验。在方差分析结果中，p 值为 0.777>0.05 的显著性水平，因此可以接受零假设。就是说年龄不会影响所能接受的价格，即年龄与数码相机的价格不存在明显的相关性。

3. 收入与价格的相关性分析

收入是否会影响购买数码相机的价格呢？

（1）单击菜单栏中的"分析"→"相关"→"双变量"命令，弹出"双变量相关"对话框，如图 9-30 所示。

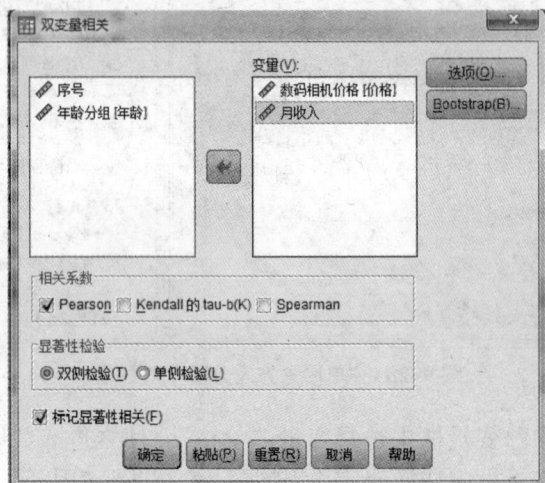

图 9-30 "双变量相关"对话框

（2）从左侧的源变量框中选择变量"价格"和"月收入"，使之进入"变量"框中。

（3）直接单击"确定"按钮，系统将会在输出窗口中显示如图 9-31 所示的分析结果。

相关性

|  |  | 数码相机价格 | 月收入 |
|---|---|---|---|
| 数码相机价格 | Pearson 相关性 | 1 | 0.509** |
|  | 显著性（双侧） |  | 0.004 |
|  | N | 30 | 30 |
| 月收入 | Pearson 相关性 | 0.509** | 1 |
|  | 显著性（双侧） | 0.004 |  |
|  | N | 30 | 30 |

注：** 表示在 0.01 水平（双侧）上显著相关。

图 9-31 月收入与价格相关性分析结果

在结果中可以看出，相关性指数 r 为 0.509，因此可以认为月收入和价格是中度相关的。可以推断，月收入的高低对该款数码相机的接受价格是有影响的。

提示：0 < | r | < 0.3 时，认为两个变量之间相关程度很低，可以视为不相关；0.3 ≤ | r | < 0.5 时，认为两个变量之间低度相关；0.5 ≤ | r | < 0.8 时，认为两个变量之间中度相关；0.8 ≤ | r | < 1 时，认为两个变量之间高度相关；r = 1 时，认为两变量之间完全正相关；r = –1 时，认为两个变量之间完全负相关。

4. 性别与价格回归分析

通过前面的分析，我们已经知道性别会影响所能接受的价格，即性别与价格之间是有相关性的，那么性别与价格之间有什么数量上的关联呢？

（1）由于字符型变量不能进行回归分析，为了方便分析，首先在"数据视图"中将"性别"字段中所有男性用 1 代表，女性用 0 代表；在"变量视图"中将"性别"字段的类型从"字符串"改为"数值（N）"，且设置"小数"选项为"0"。

（2）单击菜单栏中的"分析"→"回归"→"线性"命令，弹出"线性回归"对话框，如图 9–32 所示。

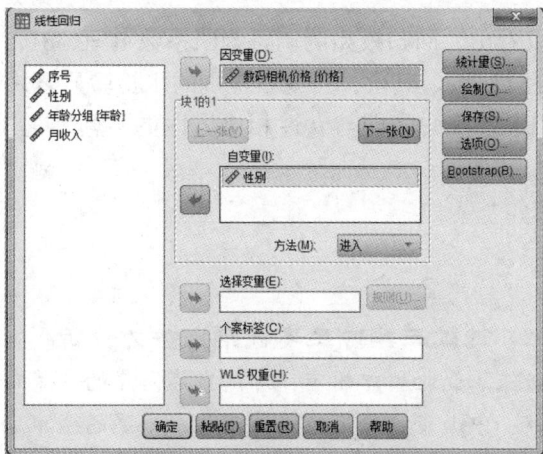

图 9–32　"线性回归"对话框

（3）从左侧的源变量框中选择变量"价格"，使之进入"因变量"框中，从左侧的源变量框中选择变量"性别"，使之进入"自变量"框中。

（4）单击"确定"按钮，系统将会在输出窗口中显示如图 9–33 所示的分析结果。

模型汇总

| 模型 | R | R² | 调整 R² | 标准估计的误差 |
|---|---|---|---|---|
| 1 | 0.617ª | 0.318 | 0.358 | 259.97154 |

注：a 代表预测变量：（常量），性别。

Anovaᵇ

| 模型 | | 平方和 | df | 均方 | F | Sig. |
|---|---|---|---|---|---|---|
| 1 | 回归 | 1162880.952 | 1 | 1162880.952 | 17.206 | 0.000ª |
| | 残差 | 1892385.714 | 28 | 67585.204 | | |
| | 总计 | 3055266.667 | 29 | | | |

注：a 代表预测变量：（常量），性别。
　　b 代表因变量：数码相机价格。

系数 ª

| 模型 | | 非标准化系数 | | 标准化系数 | t | Sig. |
|---|---|---|---|---|---|---|
| | | B | 标准误差 | 试用版 | | |
| 1 | （常量） | 2360.500 | 64.993 | | 36.319 | 0.000 |
| | 性别 | 394.643 | 95.140 | 0.617 | 4.148 | 0.000 |

注：a 代表因变量：数码相机价格。

**图 9-33　性别与价格线性回归分析结果**

在结果中可以看出，回归模型的调整判断系数 R²=0.381，即回归模型可以解释因变量变化的 15.8%。其次，自变量性别的 T 检验显著，Sig.=0.000，非常显著。回归系数 B=394.643，即与女性相比男性更愿意多花 394.643 元购买数码相机。

## 本章案例

### 珠江三角洲主要城市竞争力分析

珠江沿岸包括珠江最北端广州市，珠江东岸沿岸的东莞市、深圳市，珠江西岸沿岸的佛山市、中山市、珠海市等城市化水平高的城市。选取珠三角九个城市：广州市、深圳市、珠海市、佛山市、惠州市、肇庆市、江门市、东莞市、中山市，构建城市竞争力评价指标体系，运用经济学理论、多元统计分析方法中的因子分析法，综合评价珠三角九大城市的竞争实力，主要采用 SPSS11.0 软件和 Excel 软件进行数据处理，根据因子分析综合评价结果，比较它们之间的竞争力、竞争优势和劣势，并有针对性地提出完善珠三角城市社会经济发展的对策，促进珠三角地区的健康、快速发展，从而更好地发挥珠三角的辐射效应，带动周边落后地区发展起来，实现整个广东省的协调、快速发展。

**一、数据说明**

本文各指标数据来源于国家统计局城市社会经济调查总队编著，中国统计出版社出版的《中国城市统计年鉴2002》，其中肇庆市"人均城乡居民年末储蓄余额，即 X5"的数据是采用《中国城市统计年鉴2001》的数据。数据均以市区为统一的统计口径，各人均值均以年末总人口（单位：万人）计算所得。

**二、数据处理**

（一）运用 SPSS 软件对数据进行主成分分析

（1）将收集到的 n 个城市的 m 个评价指标的资料组成一个 n×m 的矩阵 $X_{ij}$(i=1, 2, n; j=1, 2, m)。将原始数据输入 SPSS 数据库，由于各个指标单位不同，为消除量纲和数量因大小不同对因子分析的影响，将原始数据标准化。

（2）计算其协方差。

（3）求 R 矩阵的特征值及相应的特征向量 Ikj，每一特征值占特征值和的百分率即各主因子的方差贡献率，以及按照特征值都>1 或累计方差贡献率≥85%，确定主因子数。根据特征值>1，累计贡献率大于 85% 的原则，提取了四个主因子，即变量相关矩阵 R 有四大特征根，它们一起解释了变量 X 的标准化方差的 89.924%。因此，可以认为前四个主因子提供了原始数据的足够信息，具有较高的代表性。第一个公共因子贡献率为 63.216%，解释了大部分信息，说明它是四个公共因子中对城市竞争力贡献最大的。

（二）运用 SPSS 软件对数据进行因子分析

（1）建立旋转后因子载荷矩阵及分类。

（2）城市综合评价与排序。计算各城市综合得分，用各因子的方差贡献率占四个因子总方差贡献率的比重作为权重加权汇总，得出各城市的综合得分后，用 Excel 软件对各因子得分和综合得分进行排序。

表9-1 是各主因子得分及综合得分给出了各城市竞争力的量化描述，得分越高，表示竞争能力越强，这样就可以从不同角度对各城市竞争力进行分析比较。

表 9-1　2001 年珠三角 9 个城市竞争力排名

| 城市 | F1(经济发展) | 排序 | F2(产业结构) | 排序 | F3(服务设施) | 排序 | F4(环境) | 排序 | 综合得分 | 排序 |
|---|---|---|---|---|---|---|---|---|---|---|
| 广州 | 0.15095 | 2 | 1.87884 | 1 | 0.48841 | 3 | -0.72186 | 7 | 0.3055414 | 2 |
| 深圳 | 2.46142 | 1 | -0.13771 | 5 | 0.38784 | 4 | 0.53184 | 4 | 1.7321397 | 1 |
| 珠海 | -0.0602 | 4 | -0.17813 | 7 | -1.53117 | 9 | 1.55855 | 1 | -0.085102 | 4 |

续表

| 城市 | F1<br>(经济发展) | 排序 | F2<br>(产业结构) | 排序 | F3<br>(服务设施) | 排序 | F4<br>(环境) | 排序 | 综合得分 | 排序 |
|------|------|------|------|------|------|------|------|------|------|------|
| 佛山 | -0.185 | 5 | -0.5985 | 8 | 1.35125 | 1 | -0.1456 | 5 | -0.052532 | 3 |
| 江门 | -0.6584 | 8 | 0.2872 | 3 | 0.23603 | 6 | 0.79887 | 2 | -0.303219 | 6 |
| 肇庆 | -1.0602 | 9 | 0.53402 | 2 | 0.89128 | 2 | 0.68984 | 3 | -0.479415 | 9 |
| 惠州 | -0.3101 | 6 | -1.89815 | 9 | 0.38493 | 4 | -0.76013 | 8 | -0.458832 | 7 |
| 东莞 | 0.12214 | 3 | 0.26129 | 4 | -1.14624 | 8 | -1.73396 | 9 | -0.188816 | 5 |
| 中山 | -0.4605 | 7 | -0.14887 | 6 | -1.06233 | 7 | -0.21756 | 6 | -0.469766 | 8 |

(3) 结果分析。从表9-1的综合得分排名来看，城市竞争力排名（由强到弱）如下：深圳、广州、佛山、珠海、东莞、江门、惠州、中山、肇庆。

### 三、结论与建议

(1) 城市竞争力的强弱很大程度上取决于城市的发展水平的高低，但并不是经济越发达的城市其竞争力就越强，也就是说经济水平并不是城市竞争力的唯一比较标准。因此，要从多方面、多角度对城市竞争力进综合性比较才能得到比较准确的评价结果。

(2) 观察原始数据和排序结果，可以知道对外开放程度高对城市的经济发展有着非常大的促进作用。经济发展水平排在前三强的深圳、广州、东莞，它们的对外开放程度都很高，在本文中表现为各自的实际利用外资金额都很高。而经济发展水平最低的肇庆，其对外开放程度也是最低的，因为其实际利用外资金额是最低的，只有12900万美元。经济发展水平很大程度上决定城市的竞争力，所以提高城市的对外开放程度对于提高城市竞争力有着事半功倍的作用。

(3) 现在城市化竞争激烈，要保持已有的竞争地位并不容易。如广州市和深圳市的社会经济总体发展优势明显，如本文分析结果显示，广州的环境指标、深圳的产业结构指标并不高，故广州、深圳除了进一步完善，还必须寻求新的经济发展点，充分利用其政治、经济、文化中心地位，实现它们的再次腾飞，稳居竞争前两位。佛山应充分利用广东省建设大佛山的历史机遇，加快调整产业结构步伐，从而保住其竞争地位。珠海的经济发展水平和生活环境条件较高，但产业结构过于单一，珠海应该在继续发展第三产业的基础上，适当发展三高农业以及附加值高的高科技工业。

(4) 竞争力强的前四位城市——深圳、广州、东莞、珠海应该发挥它们的辐射效应，扩大辐射圈边界，带动周围竞争力弱的城市发展起来，逐渐缩小各城市间的差距。这样才能发挥城市集群效应，各城市整合起来，优势互补，实现资源合理配置和充分利用，实现2003年专家们对于构建大珠三角的构想。

资料来源：李锦珠，方文明.珠江三角洲主要城市竞争力分析[J].统计与决策，2005 (11).

→ 问题：

1. 如何利用数据分析手段规划企业发展前景？
2. 信息数据分析如何能为整个社会创造价值？

## 本章小结
★★★★

本章主要是针对统计分析的方法、手段和软件应用进行了讲述。

Excel 可以进行各种数据的处理、统计分析和辅助决策操作，具有强大的数据处理和数据分析能力，提供了丰富的财务分析函数、数据库管理函数及统计数据分析工具。财务管理人员可以用它制作各种财务报表，统计工作人员可以用它进行统计数据分析，证券管理人员可以用它进行投资及证券交易的各类图表分析，办公人员可以用它管理单位的各种人员档案，如计算工资、考勤和职工绩效考评等。

SPSS 是一个组合式软件包，它集数据整理、分析功能于一身。SPSS 的基本功能包括数据管理、统计分析、图表分析、输出管理等。SPSS 统计分析过程包括描述性统计、均值比较、一般线性模型、相关分析、回归分析等几大类，每类中又分好几个统计过程，而且每个过程中又允许用户选择不同的方法及参数。

253

## 本章复习题
★★★★

1. 假设检验的原理和步骤是什么？
2. 什么情况下，选用单个样本 T 检验？
3. 什么情况下，选用独立样本 T 检验？
4. 什么情况下，选用单因素方差分析？
5. 利用 SPSS 软件对"销售数据清单统计与分析"案例中的数据进行分析和整理。
6. 利用 Excel 软件对"新产品价格分析"案例中的数据进行分析和整理。

# 第十章

## 商务智能和数据挖掘

### 学习目的

**知识要求** 通过本章的学习，掌握：

- 商务智能的基本概念
- 商务智能的技术组成
- 商务智能的应用
- 数据挖掘技术的含义
- 数据挖掘的功能和特点
- 数据挖掘技术的应用

**技能要求** 通过本章的学习，能够：

- 理解商务智能的基本概念和数据挖掘技术的含义
- 熟练使用数据挖掘技术分析信息
- 掌握数据挖掘技术的功能和特点
- 了解商务智能和数据挖掘技术的应用及发展趋势

### 学习指导

1. 本章内容包括：商务智能概述；数据挖掘技术概述；商务智能和数据挖掘技术的应用及发展趋势。

2. 学习方法：阅读教材，掌握概念，把握概念、术语之间的内在联系和区别；培养利用商务智能和数据挖掘技术分析信息情报的意识，熟悉商务智能和数据挖掘技术的应用领域。

255

3. 建议学时：6 学时。

## 引导案例

### Ben & Jetry's 公司、Bigelow Teas 公司与商务智能

组织渴望信息。组织需要信息。不过，信息必须以支持电子商务智能创造的格式来提供。否则，用 Researchat Nucleus 的副总裁 Rebecca Wettemann 的话说："它就像是在银行的账户上有几百万美元，但是却没有自动取款机的卡一样。如果你不能得到它（商务智能），不能让它为你工作，那么它就没有什么真正的用处。"

为了支持创造和使用商务智能，很多公司已经把注意力投向商务智能软件和数据挖掘工具。据 Merrill Lynch 在 2003 年的调查，商务智能软件和数据挖掘工具在 CIO 们的技术投入费用中位于首位。而且根据 A.G.Edwards 的统计，这类协同软件的市场份额已由 2003 年的 47 亿美元增长到 2006 年的 75 亿美元。

下面请看两个公司——Ben & Jetry's 和 Bigelow Teas——是如何创建和使用商务智能的。

1. Ben & Jetry's 公司

Ben & Jetry's 公司位于美国佛蒙特州的沃特伯里，每天生产 190000 品脱的冰淇淋和冰冻酸奶酪，并将产品运往位于美国和其他 12 个国家的 5 万多个食品杂货店中。每一品脱产品的信息都会先被输入到 Oracle 数据库中，然后被小心翼翼地予以追踪。在仔细组织信息的基础上，Ben & Jetry's 使用由 Business Objects 公司提供的复杂的数据挖掘工具。

例如，销售人员能够很容易地通过监视销售情况来判定 Cherry Garcia 牌冰冻酸奶酪正在多大程度上超过公司的销量冠军产品——Cherry Garcia 牌冰淇淋。负责消费者事务的部门甚至能将每星期内收到的几百个电话和电子邮件同精确的冰淇淋品脱数量相互关联。如果抱怨集中在某一特定批次上，负责消费者事务的部门就能通过深入挖掘找到为对应产品提供诸如牛奶或鸡蛋等配料的供应商。

在一个特别的实例中，Ben & Jetry's 公司收到了大量的投诉，抱怨其产品 Cherry Garcia 牌冰淇淋中的樱桃含量不足。抱怨来自全国各地，说明这不是某一个地区的问题。公司通过使用 Business Objects 的商务智能工具持续挖掘，判定生产流程（从原材料的供应到配料混合）是符合要求的，没有反常之处。最后问题被找到了，是由于装 Cherry Garcia 牌冰淇淋的盒子上粘贴的是冰冻酸奶酪的图片，而冰冻酸奶酪的樱桃含量要高于冰淇淋。于是简单地更换了包装盒

上的图片就解决了问题。

2. Bigelow Teas 公司

Bigelow Teas 公司提供的茶的类型包括含香料型、传统型、冰型、无咖啡因型和草药型，口味则有 50 多种。在过去的 50 年中，Bigelow Teas 公司依靠 B2B 商务智能来判断每一种茶的成功性，今天仍然如此。

向市场推出新茶是要冒风险的，它可能由于种种原因失败，也可能仅仅是侵占了本公司现有茶产品的市场，不论哪种情况在商业上都没有意义。Bigelow Teas 公司的员工们努力钻研有关消费者、销售、市场营销和财务方面的商务智能以确保他们在各方面做出正确的决策。

为了方便地创建和使用商务智能，Bigelow Teas 公司借助于安德鲁斯咨询小组和他们的 Business Objects 软件。在使用 Business Objects 之前，Bigelow Teas 公司曾经历了一段寻找和使用正确信息的艰难岁月。Bigelow Teas 的项目负责人 Melanie Dower 描述那段日子时说："我们现存的终端用户报告工具不是用户友好型的，所以用户根本不使用它。大多数用户无法创建自己的报告，因此我们要寻找一种提供自助式商务智能的方法来充分利用 IT 资源。"由于 Business Objects 很像微软公司的 Excel 软件，因此它既容易学也容易用。Dower 解释说："Business Object 企业版第 6 版的外表特征和操作方式类似于微软的 Excel 软件，这加速了我们终端用户的学习曲线。"

使用 Business Object 软件，Bigelow Teas 的员工能够实时访问和查看商务智能，基于发货程度更精确地预测销售前景，在某地区情况变糟糕之前识别出它是需要增加销售力度的地方，甚至能将当前消费者、销售和市场营销的信息与 5 年前的同种类型的信息进行比较。

美味咖啡大约在 7 年前进入消费者市场，美味茶叶很快就紧随其后了。Bigelow Teas 公司凭借着自己使用商务智能带来的成功正在乘风破浪地前进。

资料来源：佚名. 两公司与商务智能 [DB/OL]. 鼎捷软件网，2009-10-13.

➡ 问题：

1. 信息的商务智能化对企业发展的益处？
2. 如何方便地创建和使用商务智能？

# 第一节　商务智能

众所周知，互联网经济正在全球引起一场革命，它涉及商业、政府机构和整个社会。昨日刚写下的规则墨迹未干，新的规则就已跃然纸上。小公司迅速崛起，并使用互联网技术从大企业手中攫取市场份额。一些全新的市场，比如电子商务 B2B，也就是建设供应商和客户直接进行销售和服务的平台，正在改变着各行各业。随着商业竞争的日趋激烈，在一些领域网络的应用使得利润更低，甚至出现巨大的亏损，地理障碍正在消失，面对更多的选择和有些意外的惊喜，客户也变得更加挑剔和颐指气使。一场革命正以迅雷不及掩耳之势展开，除了变化，没有什么是不变的。公司需要让自己变得更快、更敏捷、更重要、更智能。

公司为什么需要智能？一个选择商务智能管理的企业能够更快地做出好决策，比对手更为精明，从而获得竞争优势，让企业总是在行业的第一方阵里竞争。在过度竞争的互联网经济环境下，商务智能越来越为各行各业所重视，并成为跨部门运营企业的制胜法宝。主要表现在以下五个方面：

（1）客户关系部门需要客户信息以留住客户，在实践中为客户着想，并建立相关的运营机制，以推进原有业务，发展新业务。

（2）销售部门需要了解哪种产品正通过哪个渠道销往哪些市场中的哪些群体。

（3）生产计划部门需要掌握销售率的变化，以便制定最佳产品规划，以及从供应商手里拿到最有利的合同。

（4）市场营销部门需要了解谁在购买什么样的产品，以便进行明智的市场推广和广告宣传策划。比如，是在大众市场中进行宣传，还是针对个体消费者开展促销？

（5）财务部门则需要获得企业盈利信息，以便调整成本结构，实现利润最大化。

无论身处哪个行业，每个企业都需要了解这些跨部门的新规则，决策者需要在第一时间内获取他们所需要的信息，并及时做出决策。通过各个部门——比如客户关系、销售、生产计划、市场营销和财务等部门之间进行有效地信息共享、提炼和分析，融合成完整的企业智能，其效果将远远超过各个部门信息的简单累加。

## 一、商务智能概述

### （一）商务智能的定义

商务智能的定义不说多如牛毛，也是众说纷纭。人们对商务智能的理解如同那七个印度盲人对大象的理解，有人认为它是高级管理人员信息系统（EIS），有人认为它是管理信息系统（MIS），有人认为它是决策支持系统

（DSS）；有人说它是数据库技术，有人说它是数据仓库，有人说它是数据集市，有人说它是数据整合与清洗工具，有人说它是查询和报告工具，有人说它是在线分析处理工具，有人说它是数据挖掘，有人说它是统计分析；有人把它当做分析性 ERP，有人把它当做分析性 CRM，有人把它当做分析性 SCM，有人把它当做企业绩效管理，有人把它当做平衡计分卡……

　　真正的商务智能包括上述的一切但又不止上述的一切，因而我们无法把上述的一切简单地加起来就给商务智能下定义。在总结商务智能定义的众多版本之后，给商务智能下了这样一个定义：

　　"商务智能是企业利用现代信息技术收集、管理和分析结构化和非结构化的商务数据和信息，创造和累计商务知识和见解，改善商务决策水平，采取有效的商务行动，完善各种商务流程，提升各方面商务绩效，增强综合竞争力的智慧和能力。"[①]

### （二）定义要素分解

　　企业——这里用"组织机构"或"实体"会显得更完整，因为所有的组织机构和实体（不只是企业）都可以而且应该利用商务智能；之所以仍用"企业"是为保持与"商务"的一致性。各行各业，包括非企业性机构，比如政府部门、教育机构、医疗机构和公用事业等，都应该而且能够利用商务智能。

　　利用现代信息技术——这是这一定义中的关键之一，现代信息技术的发展产生了信息经济和信息社会，在这一新型的经济和社会形态中，信息的爆炸式激增又产生了对能够处理和控制信息的新技术的强烈需求；商务智能就是新的信息技术在商务分析中的有效利用。商务智能过程中所涉及的信息技术主要有：从不同的数据源（交易系统或其他内容储存系统）收集的数据中提取有用的数据，对数据进行清理以保证数据质量，将数据经转换、重构后存入数据仓库或数据集市（这时数据变为信息），然后寻找合适的查询、报告、分析工具和数据挖掘工具对信息进行处理（这时信息变为辅助决策的知识），最后将知识呈现于用户面前，转变为决策。

　　收集——收集数据是管理和分析数据的前提，数据收集工作是十分重要的，必须引起企业的充分重视，在这方面中国企业与世界上发达国家中的先进企业之间的差距非常大，这是商务智能在中国还不能很快成熟起来的重要原因之一，这应了中国的一句俗话："巧妇难为无米之炊。"数据和信息的收集主要是通过各种交易系统进行的，比如企业资源规划（ERP）、客户关系管理

259

---

① 王苗，顾洁.三位一体的商务智能（BI）：管理、技术与应用［M］.北京：电子工业出版社，2004.

（CRM）、供应链管理（SCM）和电子商务等系统。第三方也是企业收集数据和信息的一个重要来源，这样的外部数据和信息包括市场调研报告、人口统计报告、顾客信用报告等。

管理——主要是指对数据的储存、提取、清洗、转换、装载、整合等工作，其目的主要是提高数据的质量和安全性。

分析——这是一个广泛的概念，这里包括数据查询、数据报告、多维分析、数据挖掘、高级统计分析等。大多数人理解的商务智能都集中在这些分析工具上。

结构化数据——主要是指储存于各个交易系统背后的关系型数据库中的数据，通常都是以表格形式存在和展现的。传统的商务智能概念只包括这种结构化的、可定量的数据。

非结构化数据——主要是指上面的提到的各个部门和各个员工创造和收集的、没有放在各种交易系统中的内容，通常是以零散的文件形式存在和展现的；新的商务智能概念纳入了非结构化内容的分析，但是对非机构化数据的管理仍然主要是通过文件管理和内容管理（Document Management & Content Management）软件来进行的。

商务数据和信息——商务数据和信息并不能加以狭隘的理解，这里所指的商务数据和信息包括一切可能对商务产生影响的、直接和间接的数据和信息，小到顾客的名字、地址和电话号码等，大到国际上的政治、经济、文化和军事情况等。

创造和累计商务知识与见解——这是商务智能的第一层的目的和功能，也是最直接的目的和功能；"知识和见解"正是"智能"得名的由来。

改善商务决策水平——这是商务智能的更高一层的目的和功能，企业能否利用好这一功能、实现这一目的在很大程度上取决于领导者的意识和胸襟，以及企业文化中决策科学化和民主化的成分。

采取有效的商务行动——这是创造和累计商务知识和见解、改善商务决策水平的目的和动力。商务智能是能够指导实战的高明兵法，而不是"无所不知但无能为力"的"纸上谈兵"。

完善各种商务流程——残缺、散乱、僵化、低效的商务流程是企业的顽疾，商务智能能够为这一顽疾的诊断和治疗做出一定的贡献；优化后，自动化（请注意先后顺序）的商务流程反过来也会促进商务智能的发展。

提升各方面商务绩效——这是商务智能在企业内部的最高目的和作用，有效的商务智能系统和技术能够帮助企业提升各个方面的绩效：财务的和非财务的、前台的和后台的、企业内的和供应链内的、组织的和个人的。企业绩效管理已成为热门的管理和技术概念，这既是因为各种软件厂商的推动，又是因为企业所面临的绩效方面的压力在增大。

增强综合竞争力——这是商务智能在企业中的最高目的和作用。商务智能事关企业的兴衰成败和生死存亡。如今以及未来企业之间的竞争主要是综合智能上的竞争，不管是中国企业还是外国企业，不管是国营企业还是民营企业，不管是大企业还是小企业，都必须提高企业经营和竞争活动中的智能水平，争取成为优秀的智能企业；否则一定会落后于智能上高人一等、捷足先登的企业。

智慧和能力——把商务智能分为智慧和能力是因为真正的商务智能既有思想层面也有行动层面，而且"智能"本身可以一分为二、合二为一。

## 二、商务智能的技术组成

从系统的观点来看，商务智能的过程是这样的：实施商务智能，首先，需要准备正确可用的数据；其次，要将这些数据转换成有价值的信息；最后用于指导商业实践。这一过程分别由数据仓库、联机分析技术、数据挖掘相关技术完成，这也组成了商务智能的技术核心。

### （一）　数据仓库

1. 数据库和数据仓库的概念

（1）数据库。数据库是存储在一起的相关数据的集合，这些数据是结构化的，无有害的或不必要的冗余，并为多种应用服务；数据的存储独立于使用它的程序；对数据库插入新数据，修改和检索原有数据均能按一种公用的和可控制的方式进行。当某个系统中存在结构上完全分开的若干个数据库时，则该系统包含一个"数据库集合"。

（2）数据仓库的概念。数据仓库之父比尔·恩门（Bill Inmon）在 1991 年出版的 "Building the Data Warehouse"（《建立数据仓库》）一书中所提出的定义被广泛接受，数据仓库是一个面向主题的（Subject Oriented）、集成的（Integrate）、相对稳定的（Non-Volatile）、反映历史变化（Time Variant）的数据集合，用于支持管理决策。

数据仓库是实现商务智能的基础，是企业长期事务数据的汇总，主要用于决策支持。它为商务智能存储大量原始信息，提供相关行业的数据分析模型，可进行识别客户群、分析用户访问路径、相应的检测与预测等应用。

数据仓库是一个过程而不是一个项目；数据仓库是一个环境，而不是一件产品。数据仓库提供用户用于决策支持的当前和历史数据，这些数据在传统的操作型数据库中很难或不能得到。数据仓库技术是为了有效地把操作型数据集成到统一的环境中以提供决策型数据访问的各种技术和模块的总称。所做的一切都是为了让用户更快、更方便地查询所需要的信息，提供决策支持。

数据仓库的典型工作是对集成、**清洗**、**聚集**、预计算和查询所需的大量数据进行批处理。数据源可以是操作型**数据库**、历史数据、外部数据或是已有数据仓库中的数据信息，也可以是相关数据库或是其他任何支持商务应用的数据结构。数据源可以存在于多种不同的平台，并且包括结构化信息，如电子表格；无结构信息，如普通文本、图片等。

（3）元数据、数据库与数据仓库的联系与区别。在任何方案中，元数据都是数据仓库的一种重要组成部分。元数据是很重要的，因为在数据仓库环境中正是通过元数据来对外部数据进行注册、访问与控制的。在数据仓库中对于外部数据来说，元数据的典型内容就是元数据重要性的最好解释，例如：文件标识符（ID）、进入数据仓库的日期、文件描述、文件来源、索引字、清理日期、物理地址引用、文件长度、相关参考等。正是通过元数据，管理者来判断许多有关外部数据的信息。在许多情况下，管理者甚至不看源文件，只看元数据。在清除不相关的或过时的文件中，浏览元数据可为管理者减少大量的工作。就外部数据而言，适当地建立和维护元数据对于数据库的操作是完全必要的。

数据库和数据仓库的区别如表 10-1 所示。

**表 10-1　数据库和数据仓库的区别**

| 对比内容 | 数据库 | 数据仓库 |
|---|---|---|
| 数据内容 | 当前值 | 历史的、存档的、归纳的、计算的数据 |
| 数据目标 | 面向业务操作程序、重复处理 | 面向主题域、管理决策分析应用 |
| 数据特性 | 动态变化、按字段更新 | 静态、不能直接更新、只定时添加 |
| 数据结构 | 高度结构化、复杂、适合操作计算 | 简单、适合分析 |
| 使用频率 | 高 | 中到低 |
| 数据访问量 | 每个事务只访问少量记录 | 有的事务可能要访问大量记录 |
| 对响应时间的要求 | 以秒为计量单位 | 以秒、分钟甚至小时为计量单位 |

**2. 数据仓库特点**

（1）数据仓库是面向主题的。数据仓库中的数据是按照一定的主题如客户、供应商、产品来建立的。这是数据仓库最重要的一个特征。事务型操作系统是以优化事务处理的方式来构造数据结构的，某个主题的数据常常分布在不同的数据库中。这对于决策支持来说是极为不利的，因为这意味着访问某个主题的数据实际上需要去访问多个分布在不同数据库中的数据集合。主题是一个抽象的概念，是指用户使用数据仓库进行决策时所关心的重点方面。主题会因企业的不同而有所不同，对于制造业来说，发货和存货是非常重要的主题；对于一家零售商来说，付款和销售就是一个非常重要的主题。

图 10-1 显示了数据在事务型操作系统中的存储和数据仓库中的存储的不同。

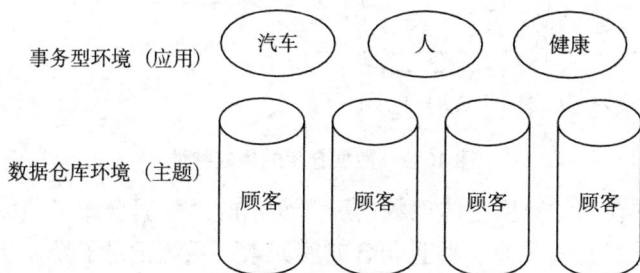

**图 10-1 数据仓库面向主题的例子**

（2）数据仓库的数据是集成的。所谓集成指数据仓库中的信息不是从各个业务处理系统中简单抽取出来的，而是经过系统加工处理的。不同的数据存放在不同的联机数据库中，与不同的应用逻辑捆绑在一起，有重复和不一致的地方。系统对收集起来的数据进行抽取、清洗、转换和装载等操作，确保数据仓库的信息是关于某一行业的一致的全局信息。

例如，有四个不同的应用系统，系统中对人的性别的标识如表 10-2 所示。

263

**表 10-2 示例**

|  | 男性 | 女性 |
| --- | --- | --- |
| 系统 A | 男 | 女 |
| 系统 B | m | f |
| 系统 C | 1 | 0 |
| 系统 D | M | F |

那么，在将四个系统的性别信息项数据仓库导入时就涉及集成问题，例如可以统一将性别信息表示为 m、f。

一般情况下需要标准化的项目有：命名规则、编码、数据特性、度量单位。如图 10-2 所示，说明了一个关于银行机构综合数据的简单处理过程。

（3）数据仓库的数据是相对稳定的。数据一旦进入数据仓库，一般情况下将作为历史数据被长期保留。数据状态在一定时段内相对稳定。数据仓库的数据主要供企业决策分析使用，绝大部分操作是插入和查询操作，修改和删除操作很少，通常只需要定期加载、刷新。

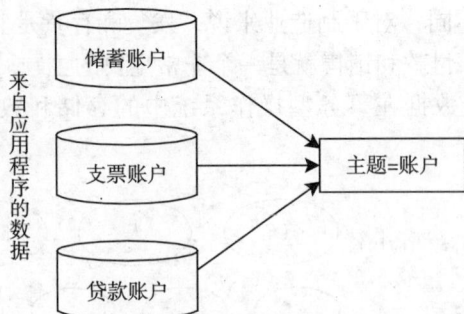

图 10-2 数据仓库的集成特性

（4）数据仓库的数据是体现数据历史变化的。数据仓库中的数据一般期限较长，通常包含历史信息，并且包含时间元素。系统记录了企业从过去某一时点（如开始应用数据仓库的时点）到目前的各个阶段的信息，通过这些信息，可以对企业的发展历程和未来趋势做出定量分析和预测。所以，数据仓库中的数据是和时间变化有关的数据：可以对过去的数据进行分析，与当前的信息相关，可以对未来进行预测。

## （二）联机分析处理（OLAP）

联机分析处理，英文名称为 On-Line Analysis Processing，简写为 OLAP。

随着数据库技术的发展和应用，数据库存储的数据量从 20 世纪 80 年代的兆（M）字节及千兆（G）字节过渡到现在的兆兆（T）字节和千兆兆（P）字节，同时，用户的查询需求也越来越复杂，涉及的已不仅是查询或操纵一张关系表中的一条或几条记录，而且要对多张表中千万条记录的数据进行数据分析和信息综合，关系数据库系统已不能全部满足这一要求。操作型应用和分析型应用，特别是在性能上难以两全，人们常常在关系数据库中放宽了对冗余的限制，引入了统计及综合数据，但这些统计综合数据的应用逻辑是分散而杂乱的、非系统化的，因此分析功能有限、不灵活、维护困难。在国外，不少软件厂商采取了发展其前端产品来弥补关系数据库管理系统支持的不足，他们通过专门的数据综合引擎，辅之以更加直观的数据访问界面，力图统一分散的公共应用逻辑，在短时间内响应非数据处理专业人员的复杂查询要求。1993 年，E.F.Codd（关系数据库之父）将这类技术定义为"联机分析处理"。

联机分析处理是共享多维信息的、针对特定问题的联机数据访问和分析的快速软件技术。它通过对信息多种可能的观察形式进行快速、稳定一致和交互性的存取，允许管理决策人员对数据进行深入观察。决策数据是多维数据，多维数据就是决策的主要内容。OLAP 专门设计用于支持复杂的分析操作，侧重对决策人员和高层管理人员的决策支持，可以根据分析人员的要求快速、灵活地进行大数据量的复杂查询处理，并且以一种直观而易懂的形式将查询结果提供给决策人员，以便他们准确掌握企业（公司）的经营状况，了解对象的需求，制定正确的方案。

联机分析处理具有灵活的分析功能、直观的数据操作和分析结果可视化表示等突出优点，从而使用户对基于大量复杂数据的分析变得轻松而高效，以利于迅速做出正确判断。它可用于证实人们提出的复杂假设，其结果是以图形或者表格的形式来表示对信息的总结。它并不将异常信息标记出来，是一种知识证实的方法。

### （三）数据挖掘

数据挖掘是从数据库或数据仓库等信息库的海量数据中挖掘特定知识与信息的过程。挖掘的结果需要进行评价才能最终成为有用的信息，按照评价结果的不同，数据可能需要反馈到不同阶段，重新分析计算。

数据挖掘技术用于商务活动中的研究方向主要集中在分类、关联、聚类、规则发现、神经网络、顺序模式等方面。这些基于商务智能应用的理论基础来自商务活动的基本假定：如能够找到客户基础特征的变化趋势，就可因势利导，掌握时机，在商业竞争中立于不败之地。对于数据挖掘技术的具体内容，我们将在第二节中阐述。

## 三、商务智能应用

### （一）商务智能在企业应用系统中的应用

商务智能支持企业内各种角色的应用，战略决策层通过建立战略企业管理模式的商务智能系统来实时了解企业对战略目标的执行程度；中、高层管理人员通过建立运营智能系统来随时了解企业运行情况；企业分析研究人员则可通过商务智能分析工具对企业现状进行分析，向高管管理者提供分析结果，支持决策。概括地说，在企业的应用系统中，商务智能的应用主要体现在以下五个方面：[1]

1. 简单的报表和查询

商务智能把数据进行粗加工，并使管理人员获得有用的信息。比如，去年我们×产品的销售量是多少，我们拥有多少客户等。用户向系统提出的问题是"告诉我发生了什么"。

---

[1] 陈进，张莉.商务智能应用教程［M］.北京：高等教育出版社，2010.

#### 2. 联机分析处理

商务智能的在线分析工具能够让用户有效分析信息，创造有价值的结果。比如，在哪个国家我们的产品获得了最大的成功，哪部分顾客购买了绝大部分的产品。用户不仅要问系统"发生了什么"，还要问"为什么会发生"。

#### 3. 高级管理人员信息系统

建立供管理人员使用的信息系统，可以使信息以容易使用的形式出现，比如说以一些主要业务指标的形式出现。用户希望能够在不太费力的情况下，从系统中获取大多数管理信息。

#### 4. 数据挖掘

通过对现有数据的挖掘可以详细展现未来的景象。比如，通过利用商务智能工具，我们能够预测哪种客户最有可能购买我们的新产品。市场营销战略由此可以集中在有限的一部分客户上。企业的市场营销战略由此也更为有效，成本也可以降低。在这种情况下，用户的问题就是"告诉我未来会发生什么"。

#### 5. 互联网应用

商务智能平台不仅局限在企业内部，还可以扩展到国际的范围，通过国际互联网，可以管理国际化企业总部和分支部门，同时也可以让更多的国际用户共享信息。

### (二) 商务智能的应用领域

#### 1. 客户分类和特点分析

根据客户历年来的大量消费记录以及客户的档案资料对客户进行分类，并分析每类客户的消费能力、消费习惯、消费周期、需求倾向、信誉度，确定哪类客户能给企业带来最大的利润、哪类客户仅给企业带来的利润很小但同时又要最大的回报，然后针对不同类型的客户给予不同的服务，以实现扩展和现有客户的关系、控制营销费用、快速转移市场的目的。

#### 2. 市场营销策略分析

通过对数据进行抽取、清洗、聚类、挖掘、预测等处理来产生可透析的各种展示数据。而这些数据可直观地显示分析者所要探寻的某种经营属性或市场规律，企业可以据此调整和优化其市场营销策略，使其获得最大的成功。

#### 3. 经营成本与收入分析

对各种类型的经济活动进行成本核算，比较可能的业务收入与各种费用之间的收支差额，分析经济活动的曲线，得到相应的改进措施和办法，从而降低成本、减少开支、提高收入。

#### 4. 风险管理与分析

利用联机分析和数据挖掘技术，总结各种骗费、欠费行为的内在规律后，在数据仓库的基础上建立一套欺骗行为和欠费行为规则库，就可以及时预警各种骗费、欠费，尽量减少企业风险和损失。

### （三）商务智能的应用行业

商务智能应用首先在金融、保险、证券、电信、税务等传统数据密集型行业中取得了成功，特别是在金融业中的应用已经取得良好的效果。国内外金融机构在经营管理、战略决策、客户关系管理等方面有巨大的需求。目前，许多优秀的软件厂商都参与了商务智能系统的开发，为企业应用商务智能提供了系统化解决方案。这些开发商包括数据库厂商（Sybase、Oracle、Db2 等）、独立软件厂商（Bo、CA 等）和数据分析软件厂商（SPSS、SAS 等）三类，它们的产品各有侧重。经过几年的发展和应用，目前商务智能应用方案已经十分成熟，应用效果良好。

商务智能在金融业中有广泛的应用前景，主要作用是提高银行管理能力、竞争力和经营效益；商务智能可以综合应用信息处理、加工分析、在线及时分析等方法，辅助管理者及时有效作出决策、制定政策。商务智能将面向金融企业管理层，以数据仓库为基础，整合企业内部、外部及与业务相关的所有重要数据，通过对数据进行快速而准确的分析和挖掘，提供全方位、多层次的在线式辅助分析报表及工具，帮助企业管理者在短时间内对市场变化及趋势作出更好的战略性商业决策；通过挖掘重点客户需求、提高服务质量、减少运作成本，有效管理银行，为金融企业带来有利的市场竞争优势。

商务智能应用主要体现在高端市场，金融企业为迎接市场的挑战，必须对市场运作有准确的分析。商务智能系统的最大好处是可以得到准确、及时的信息，帮助企业赢得竞争优势。

金融业的应用主要是客户管理、经营分析、战略决策及智能化信息服务等，商务智能系统将全面整合银行对公、储蓄、信贷、信用卡等各方面业务的数据，形成一个统一、全面的信息资源中心，以此为基础，可以为各类用户提供交易明细、业务汇总等各类信息的查询、分析和定制报表，并发现经营事实与规律，全面满足现代商业银行对决策支持信息的需求。借助商务智能的核心技术，利用企业中长期积累的海量数据，可以实现客户关系管理、市场营销、成本控制、风险管理及战略决策等方面的应用。

# 第二节 数据挖掘技术及其应用

## 一、数据挖掘概述

随着信息化的发展，企业积累了越来越多的数据，人们对数据的应用需求也日益强烈，许多对决策起重要作用的知识往往隐含在海量的数据中，为了充分利用这些数据资产，需要利用一定的方法把这些知识挖掘出来。数据挖掘（DM）就是从数据中获取知识的手段，例如，零售商可以利用数据挖掘分析顾客的购物行为和偏好，预测顾客消费的趋势。

数据挖掘又称为数据中的知识发现（Knowledge Discovery in Database，KDD），它是一个利用人工智能、机器学习和统计学等多学科理论分析大量的数据，进行归纳性推理，从事务数据库、文本数据库、空间数据库、多媒体数据库、数据仓库以及其他数据文件中提取正确的、新颖的、有效的以及人们感兴趣的知识的高级处理过程。数据挖掘的任务是从大量的数据中发现对决策有用的知识，发现数据特性以及数据之间的关系，这些知识表现为概念、规则、模式和规律等多种形式。

企业经常会需要从大量运营数据中获取信息和知识以辅助决策，但现有的管理信息系统难以满足这样的需求。常用的查询、统计和报表都是对指定的数据进行简单的统计处理，而不能对这些数据所蕴涵的模式进行有效的分析。此外，数据挖掘与信息检索也不同：信息检索是针对数据的特性来寻找信息。例如，使用 Google 等搜索引擎寻找含有某关键词的网页。如何从大量数据中提取出隐藏的知识，就成为数据挖掘发展的动力。

到目前为止，数据挖掘还没有一个公认的精确定义，在不同的文献或应用领域也有不同的说法。例如，有学者认为数据挖掘是一个从大型数据库中提取以前未知的、可理解的、可用的知识，并把这些知识用于关键的商业决策过程。也有学者把数据挖掘定义为在知识发现过程中，辨识存在于数据中的未知关系和模式的一些方法。数据挖掘的过程比较复杂，其结果的评价也不是一件轻松的事情：数据挖掘是否完成了预定的目标？数据挖掘是否能给企业带来价值？投资回报率（ROI）如何？在实际应用中，数据挖掘的结果最终还是要看挖掘出的知识转化为行动的效果。

概括而言，数据挖掘是从大量的、不完全的、有噪声的、模糊的、随机的数据中提取正确的、有用的、未知的、综合的以及用户感兴趣的知识并用于决策支持的过程。其中"正确"意味着提取的信息、知识应该是正确的，保证在挖掘结果中正确信息的比例。数据挖掘的结果往往很多，"有用"意味着挖掘出的模式能指导实践。要让客户接受一个挖掘出的业务模型，仅靠正确的结果是不够的，还需要考虑模型的可用性和可解释性，即模型有什么业务价值。数据挖掘毕竟不是为了建立一个完美的数学模型，而是要切实解决实际业务中出现的问题。"未知"强调挖掘的模式具有预测功能，不仅是对过去业务的总结，也可以预测业务的未来发展。"综合"说明数据挖掘的过程应当运用多种方法，从多个角度得出结论，挖掘结果不应该是片面的。此外，数据挖掘的结果是用户感兴趣的。同一组数据用不同的数据挖掘方法也可能得到不同的模式。在数据挖掘产生的大量模式中，通常只有一小部分是用户感兴趣的，这就需要过滤掉用户不感兴趣的模式，通过设定兴趣度度量评价。每一种兴趣度度量都可以由用户设定阈值，低于阈值的规则被认为是不感兴趣的。[①]

## 二、数据挖掘的特点

数据挖掘技术与传统的数据分析（如查询、报表、联机应用分析）的本质区别：数据挖掘是在没有明确假设的前提下去挖掘信息、发现知识。它具有如下四个特点：

### （一）处理的数据规模十分巨大

随着数据库技术的迅速发展以及数据库管理系统的广泛应用，人们积累的数据越来越多。激增的数据背后隐藏着许多重要的信息，人们希望能够对其进行更高层次的分析，以便更好地利用这些数据。目前的数据库系统可以高效地实现数据的录入、查询、统计等功能，但无法发现数据中存在的关系和规则，无法根据现有的数据预测未来的发展趋势。数据挖掘的知识和技术正是解决这些问题所运用的手段之一，缺乏数据挖掘，会导致"数据爆炸但知识贫乏"的现象。

### （二）可形成更精确的查询要求

查新一般是决策制定者（用户）提出的即时随机查询，往往不能形成精确的查询要求。而数据挖掘所得到的信息应具有先未知、有效和可实用三个特征，可提供更深度挖掘出的数据信息，满足更精确的查询要求。

---

① 赵卫东. 商务智能（第 2 版）[M]. 北京：清华大学出版社，2011.

**（三）对动态数据反应迅速**

由于数据变化迅速并可能很快过时，因此需要对动态数据作出快速反应，以提供决策支持。

**（四）规则不一定适用于所有数据**

数据挖掘主要基于大样本的统计规律，其发现的规则不一定适用于所有数据。

## 三、数据挖掘的功能

数据挖掘综合了各个学科技术，它最吸引人的地方是能建立预测模型，而不是回顾型的模型。利用功能强大的数据挖掘技术，可以使企业把数据转为有用的信息帮助决策，从而在市场竞争中获得优势地位。

数据挖掘功能用于指定数据挖掘任务中要找的模式类型。数据挖掘任务一般可以分为两类：描述和预测。描述性挖掘任务刻画数据库中数据的一些特性。预测性挖掘任务在当前数据上进行推断，并加以预测。通常我们把它们分为分类与预测、聚类、关联分析、异类分析、概念描述五种类型。[①]

**（一）分类与预测**

分类就是找出一组能够描述数据集合典型特征的模型（或函数），以便能够分类识别未知数据的归属或类别。预测是指把握分析对象发展的规律，对未来的趋势作出预见。分类模型具有预测功能。例如，银行部门根据以前的数据将客户分成了不同的类别，现在就可以根据这些来区分新申请贷款的客户，以采取相应的贷款方案。分类模型（或函数）可以通过分类挖掘算法从一组训练样本数据中获得。常用的分类算法有神经网络、决策树、k-近邻、遗传算法等。

**（二）聚类**

聚类就是把数据按照相似性归纳成若干类别，同一类中的数据彼此相似，不同类中的数据相异。聚类分析可以建立宏观的概念，发现数据的分布模式以及可能的数据属性之间的相互关系。例如，将申请人分为高度风险申请者、中度风险申请者、低度风险申请者。聚类与分类的区别在于：后者获取分类预测模型所使用的数据是已知类别归属的，是有监督的学习方法；而聚类分析所处理的数据是无类别归属的，属于无监督的学习方法。常用的聚类算法有k-均值聚类和神经网络。

---

① 陈进，张莉.商务智能应用教程 [M].北京：高等教育出版社，2010.

### （三）关联分析

关联分析就是从给定的数据集中发现频繁出现的项集模式知识（又称关联规则）。关联是某种事物发生时其他事物会发生的这样一种联系。例如，每天购买啤酒的人也有可能购买香烟，至于比重有多大，可以通过关联的支持度和可信度来描述。关联分析广泛应用于市场营销、事务分析等领域。

### （四）异类分析

异类分析是对分析对象少数的、极端的、特例的描述，揭示分析对象内在原因。例如，银行 100 万笔交易中有 500 例欺诈行为，银行为了稳健经营，就要发现这 500 例的内在因素，减少以后经营的风险。异类数据可以利用数理统计分析方法获得。

需要注意的是，数据挖掘的各项功能不是独立存在的，它们在数据挖掘中互相联系，发挥作用。

### （五）概念描述

概念描述就是对某类对象的内涵进行描述，并概括这类对象的有关特征。概念描述分为特征性描述和区别性描述，前者描述某类对象的共同特征，后者描述不同类对象之间的区别。生成一个类的特征性描述只涉及该类对象中所有对象的共性。生成区别性描述的方法很多，如决策树方法、遗传算法等。

## 四、数据挖掘的应用

需要强调的是，数据挖掘技术从一开始就是面向应用的。目前，在很多领域，数据挖掘都是一个很时髦的词，尤其是在银行、电信、保险、交通、零售（如超级市场）等商业领域。数据挖掘所能解决的典型商业问题包括：数据库营销、客户群体划分、背景分析、交叉销售等市场分析行为，以及客户流失性分析、客户信用记分、欺诈发现、故障诊断等。总体来说，数据挖掘可应用于以下几个方面。

### （一）在市场营销方面的应用

数据挖掘技术在企业市场营销中得到了比较普遍的应用，它是以市场营销学的市场细分原理为基础，其基本假定是"消费者过去的行为是其今后消费倾向的最好说明"。通过收集、加工和处理涉及消费者消费行为的大量信息，确定特定消费群体或个体的兴趣、消费习惯、消费倾向和消费需求，进而推断出相应消费群体或个体下一步的消费行为，然后以此为基础，对所识别出来的消费群体进行特定内容的定向营销，这与传统的不区分消费者对象特征的大规模营销手段相比，大大节省了营销成本，提高了营销效果，从而为企业带来更多的利润。

　　由于管理信息系统和 POS 系统在商业尤其是零售业内的普遍使用，特别是条形码技术的使用，从而可以收集到大量关于用户购买情况的数据，并且数据量在不断激增。对市场营销来说，通过数据分析了解客户购物行为的一些特征，对提高竞争力及促进销售是大有帮助的。利用数据挖掘技术通过对用户数据的分析，可以得到关于顾客购买取向和兴趣的信息，从而为商业决策提供了可靠的依据。数据挖掘在营销业上的应用可分为两类：数据库营销（Database-markerting）和货篮分析（Basket Analysis）。数据库营销的任务是通过交互式查询、数据分割和模型预测等方法来选择潜在的顾客，以便向他们推销产品。通过对已有的顾客数据的分析，可以将用户分为不同级别，级别越高，其购买的可能性就越大。货篮分析是分析市场销售数据以识别顾客的购买行为模式，例如：如果 A 商品被选购，那么 B 商品被购买的可能性为 95%，从而帮助确定商店货架的布局排放以促销某些商品，并且在进货的选择和搭配上也更有目的性。

　　（二）在金融行业的应用

　　数据挖掘技术在金融行业应用广泛。金融事务需要搜集和处理大量数据，并对这些数据进行分析，发现其数据模式及特征，然后可能发现某个客户、消费群体或组织的金融和商业兴趣，并可观察金融市场的变化趋势。商业银行业务的利润和风险是共存的。为了保证最大的利润和最小的风险，必须对账户进行科学的分析和归类，并进行信用评估。美国 Firstar 银行使用 Marksman 数据挖掘工具，根据客户的消费模式预测何时为客户提供何种产品。Firstar 银行市场调查和数据库营销部经理发现，公共数据库中存储着关于每位消费者的大量信息，关键是要透彻分析消费者投入到新产品中的原因，在数据库中找到一种模式，从而能够为每种新产品找到最合适的消费者。Marksman 能读取 800~1000 个变量并且给它们赋值，根据消费者是否有家庭财产贷款、赊账卡、存款证或其他储蓄、投资产品，将他们分成若干组，然后使用数据挖掘工具预测何时向每位消费者提供哪种产品。预测准客户的需要是美国商业银行的竞争优势。

　　另外，典型的金融分析领域有投资评估和股票交易市场预测，分析方法一般采用模型预测法（如神经网络或统计回归技术）。由于金融投资的风险很大，在进行投资决策时，更需要通过对各种投资方向的有关数据进行分析，以选择最佳的投资方向。无论是投资评估还是股票市场预测，都是对事物发展的一种预测，而且是建立在对数据的分析基础之上的。数据挖掘可以通过对已有数据的处理，找到数据对象之间的关系，然后利用学习得到的模式进行合理的预测。

### （三）欺诈甄别

银行或商业上经常发生诈骗行为，如恶性透支等，这些给银行和商业单位带来了巨大的损失。对这类诈骗行为进行预测可以减少损失。进行诈骗甄别主要是通过总结正常行为和诈骗行为之间的关系，得到诈骗行为的一些特性，这样当某项业务符合这些特征时，可以向决策人员提出警告。

# 第三节 商务智能和数据挖掘技术的发展趋势

## 一、商务智能的发展趋势

商务智能的未来颇受关注。China BI 发表的《2006~2007 年中国商务智能发展报告》预见了商务智能将在制造、零售等行业兴起，尤其在顾客管理、供应链管理等领域存在无限商机。从 2007 年开始，商务智能将在企业信息化中占有重要地位。同时将与 ERP、CRM、SCM 和企业门户等相融合，形成集成化的解决方案。

有关商务智能的发展，并不是只有业界关心，学术界也是众说纷纭。SAS公司 CEO Jim Goodnight 认为：未来五年中，商务智能将成为企业信息化不可或缺的一部分。商务智能将会在企业管理应用市场中得到迅速发展，同时针对企业效益增长的服务会有大幅提升。目前以业务为驱动的商务智能应用还欠成熟，仍然有很长的路要走。总体来看，商务智能的发展有以下七个特点。[①]

### （一）实时性

传统的商务智能专注于分析历史数据，但随着竞争的激化，企业需要对面临的问题和机遇做出快速反应。为了满足快速变化的顾客需求，企业需要实时或准实时管理，以满足业务的需要。在这种情况下，操作型商务智能（Operational BI）也称为事务型商务智能、动态企业职能等，已成为商务智能发展的一个方向。例如，某厂家促销活动举行半天后，需要了解促销效果。当实时绩效指标与企业目标差距过大时，就需要管理者采取适当对策。又如，客服人员在处理顾客问题时，不仅需要了解顾客的最新交易情况，也需要该顾客的历史交易、信用和积分等信息，为顾客提供个性化的服务，有针对性地推荐产品。

273

---

① 赵卫东. 商务智能（第 2 版）[M]. 北京：清华大学出版社，2011.

## （二）标准化

随着企业信息化水平的不断提升，对商务智能的要求也在不断提高，单一的商务智能产品很难满足用户的所有需求。多年来，企业大多都是以部门为单位开展商务智能应用的，商务智能往往嵌入在 ERP、CRM 和 SCM 等项目中，缺乏企业级的整体应用。每一部门都有局部的分析工具，有独特的用户范例、专用格式和元数据以及不同是数据提取与转换方法，但没有统一的平台，产品功能交叉，分析的结果不一致，因此不同的商务智能产品之间很难做到界面统一、信息共享、互融互通。这种不统一的商务智能应用带来的成本是很大的，导致软件许可证和维护等额外的成本。此外，还有为多种产品提供支持的相关间接成本，例如，耗时的内部支持、变化控制和用户的培训等。最后得到的是对于业务的不利影响，包括经营低效、对待顾客的不平等、内部战略的竞争和企业方向的偏离。标准化不是简单地选择一家商务智能提供商的产品，而是减少分离的报表、分析工具的数量和重复购买，建立一个尽量少的重叠产品组合，以减少商务智能解决方案评估、产品购买、维护和用户培训等成本。因此要开发一套用于选择标准的准则。这些准则必须范围宽广而且内容平衡，还要兼顾技术和体系结构以及商务智能提供商的实际状况等。另外，商务智能工具的合并是为了减少工具的冗余，使之合并成为几个功能合理且独特的工具，这也是标准化的一个优点。

## （三）嵌入式商务智能

所谓嵌入式商务智能，顾名思义是在企业现有的业务处理系统中嵌入商务智能组件，使之集成商务智能的功能。这些事务处理系统涵盖了企业的各个方面，包括销售、财务和人力资源管理等。例如，Microsoft 为了能让用户方便地访问其商务智能产品 Performance Point 2007，便把一些商务智能功能加入 Office 2007 中。IBM 也将 Data Warehouse 的接口嵌入其数据管理系统中，使用户容易访问 IBM 数据集市中的数据。在保险理赔等应用中，使用 IBMSPSS Decision Management 可以辅助业务人员实时处理理赔，通过仿真推荐合适的处理方案。其中可能调用 IBMSPSS Statistics 或 IBMSPSS Modeler 中的业务模型和规则，通过 IBM Collaborationand Deployment Service 可以把决策分析集成到业务系统中。

## （四）移动商务智能

移动商务智能是未来企业 IT 应用的新趋势，未来的商务智能会方便移动用户使用商务智能。用户可以随时、随地在移动终端上提交数据，获得相应的分析报告，实现实时、动态的管理。

### （五）大众化趋势

商务智能的发展正向大众化的方向演进。商务智能不再是"老板工程"，它也可以帮助一线人员解决业务中出现的各种问题。让企业不同层次的员工使用商务智能，并扩展到顾客、供应商和合作伙伴等外部用户，目前这些正成为业界努力的目标。这种大众化趋势主要体现在以下几个方面：使每个员工受益，即为每个员工提供相关的、完整的、适合于角色定位的信息。此外，商务智能也可以提供实时的智能，嵌入业务流程，帮助一线员工更快、更好地制定决策。例如，全球最大的隐形眼镜邮购商 1-800 Contacts 为应对眼科医师开出的隐形眼镜处方对公司业务构成的竞争压力，部署了商务智能用以支持公司呼叫中心人员的业务处理。通过仪表盘呼叫中心人员可以了解顾客以往的购买记录，根据这些记录向顾客推荐相关产品，并预测顾客何时弃旧换新，提升了服务质量。此外，呼叫中心人员也可通过系统实时跟踪自己的业绩。现在，公司60%以上的员工都用了商务智能系统。

### （六）供应商的动向

商务智能的供应商时刻关注着市场的变化，通过各种手段扩展商品线，并预测市场前景，以便在新一轮的竞争中抢占一席之地。目前全球几大商务智能供应商的主要产品如表 10-3 所示。

**表 10-3 主要 BI 供应商的产品线**

| BI 供应商 | 产品线 |
| --- | --- |
| SAP | SAP Netweaver BI、SAPBW、Visualcomposer、SAPBI Accelerator、Business Objects XI3.0 等 |
| Oracle | 囊括了整个 BI 领域：数据集成和访问等基础服务、仪表盘和报告程序、数据库和其他数据存储技术、分析工具、Hyperion 绩效管理等 |
| IBM | DB2 数据管理软件（以数据为本）、中间件与数据集成、内容管理 Information Server 数据集成服务器以及专业服务、原 Cognos 绩效管理软件等 |
| Microsoft | 提供分析服务、平衡计分卡管理器 Office Performance Point Server2007、Excel 电子表格等功能、包括在其新产品 SQL Server 2008（分析服务、报告服务、集成服务）、Office 应用套件（Microsoft Excel 是大多数 BI/CPM 厂商支持的客户程序接口）and Share Point Server（第三方 BI/CPM 集成的门户）等 |
| HP | 数据仓库软件、服务器、存储以及服务等 |

### （七）易用性

易用性是新技术被接受的重要因素。2005 年《信息周刊》的调查表明：在商务智能领域，针对非技术用户的易用性问题是妨碍商务智能部署的主要障碍。商务智能工具的复杂性也会带来高的培训和推广成本。真正意义上的易用性产品必须同时满足易用性的几个要素：简便易用的用户界面，适用性好的产品特性以及实施与管理的便利性。在用户界面方面，一些厂商已做成了智能化交互工具，允许用户拖曳多个区域创建出复杂的报表、图表，进行直观的分析，把数据分析无缝地整合到业务人员的日常操作中，支持"操作型商务智能"。一些商务智能软件厂商还把其软件与一般用户熟悉的 Flash、Excel 和 Powerpoint 集成起来。例如，Crystal Reports 2008 中可以嵌入 Xcelsius Flash 文件，使 Business Objects（SAP）公司的报表用户可以借助动态图表来形象地展示预期的影响。

良好的适用性要求在合适的时间提供所需的产品，而不是追求产品功能，或者过于强调产品特性。实施与管理的便利性要求产品在越来越复杂的情况下，系统安装的时间要尽可能短，维护简单且成本尽可能低。为此，一些新的技术和系统管理模式，如网络服务（Webservices）、软件作为服务（Softwareas-a-Service，SaaS）等已成为应用软件市场趋势。租赁模式也将继续成长。作为提高市场洞察力和商务决策能力的工具，SaaS 会被越来越多高速发展的亚洲地区企业重视，其中主要用户是中小企业，SaaS 将成为它们的选择。这是因为目前的商务智能解决方案价格不菲，实施过程比较复杂。未来市场上会出现更多商务智能应用服务提供商（Application Service Provider，ASP）。最近几年，运用云计算（Cloudcomputing）强大的计算能力部署商务智能，也成为一些企业的选择。Informatica 等公司已经进行了云端数据集成服务。

## 二、数据挖掘技术的发展趋势

当前，数据挖掘知识发现的研究方兴未艾，数据挖掘研究人员、系统和应用开发人员所面临的主要问题是高效而有效的数据方法和系统的开发，交互和集成的数据挖掘环境的建立，以及如何应用挖掘技术解决大型应用问题。研究的方向可能会聚集在以下几方面：

### （一）数据挖掘语言的形式化描述

这方面主要研究专门用于知识发现的数据挖掘语言，也许会像 SQL 语言一样走向形式化和标准化。

### （二）可视化数据挖掘

可视化数据挖掘是从大量数据中发现知识的有效途径，它使数据挖掘的过程能够被用户理解，也便于在数据挖掘过程中进行人机交互，该技术将有助于推进数据挖掘作为数据分析的基本工具。

### （三）多媒体数据挖掘

多媒体数据挖掘是从大量的文本数据、图形数据、视频图像数据、音频数据乃至综合多媒体数据的开采中，通过分析语义和视听特征，发现其中隐含的、有价值的模式。它和传统的数据挖掘方法中处理的数据不同，传统的数据挖掘处理的数据是数据库中表格形式中的记录和条目，属于结构型数据，而多媒体数据挖掘处理的是非结构化的数据。目前，对多媒体数据的挖掘总体上还不能满足应用的需求，尤其是对于多维的、复杂的以及需要大量计算的数据，挖掘结果还不够准确。

### （四）Web 数据挖掘和文本挖掘

Web 数据挖掘主要是利用数据挖掘技术从 Web 文档及 Web 服务器中自动发现并提取有用信息的过程。Web 中有海量数据，这些数据的最大特点是半结构化。随着 Web2.0 的发展，在 Web 挖掘中增加了动态的内容挖掘和个性化信息挖掘的要求，促进了 Web 挖掘进一步发展。文本挖掘是数据挖掘中研究比较早的一个领域，文本挖掘的方法也可以应用于半结构化和非结构化数据中，如数字图书馆或生物数据。Web 挖掘和文本挖掘是数据挖掘发展得很快的一个领域，基于语义分析或适应个性化需求的挖掘方法是未来研究的热点。

### （五）数据挖掘中的隐私与信息安全

随着数据挖掘工具和电信与计算机网络的日益普及，数据挖掘要面对的一个重要问题就是隐私保护和信息安全。需要进一步开发有关方法，以便在适当的信息访问和挖掘中确保隐私保护与安全。

### （六）流数据挖掘

流数据是大量流入系统、不断变化的多维数据，这些数据很难存储于传统的数据库中。由于流数据的这些特点，必须使用单遍扫描，联机和多维方法对流数据进行挖掘，目前针对流数据的聚类、分类和异常分析等已经进行了很多工作。流数据的应用很多，如网络的异常监控等，如何扩大流数据挖掘的应用范围是未来研究的重点。

### （七）针对移动数据和 RFID 数据的挖掘

随着传感器网络、手机、GPS、其他移动设备以及无线射频识别技术的广泛使用，每天产生大量的移动对象数据，移动数据往往是多维的，包括时间、速度和位置等信息。如何为这些移动数据构建数据仓库并进一步挖掘知识是数据挖掘的一个热点，例如，利用手机的位置信息进行商业推荐或者利用摄像头的录像信息检查非法入侵等。RFID 在产品生产、海关通关和商品零售等领域有着巨大的应用价值，用数据挖掘的方法监控这个生产、销售流程产生的 RFID 数据能够给企业带来可观的效益。

### （八）生物信息挖掘

生命科学领域会产生大量的数据，包括生物数据集成、基因序列、生物网络和生物图像等，生物信息挖掘已成为一个活跃的领域。目前，很多研究者都建立了生物信息数据库，来解决生物信息多而杂乱的问题，在生物信息数据库的基础上可以方便地进行更加复杂的数据分析。

### （九）软件工程和系统分析中数据挖掘

在软件的构建和运行过程中，都会积累大量的数据，如何利用这些数据从而提高系统的运行效率是一个值得关注的问题。例如，在工作流系统中，可以通过工作流挖掘的方法找出系统中的瓶颈或异常，从而提高系统性能。这类数据挖掘工作按照是否实时收集分析数据可以分为动态挖掘和静态挖掘。目前这个领域仍存在很多不足。

### （十）面向数据立方体的多维 OLAP 挖掘

基于数据仓库的数据立方体计算和 OLAP 分析可以提高对多维、大型数据集的分析能力。除了传统的数据立方体外，很多基于复杂的统计数据立方体，如回归立方体、预测立方体等都已被应用于多维分析中，促使 OLAP 和数据挖掘结合，即 OLAP 挖掘。

## 本章案例

### 信息挖掘的应用

前苏联解体以后，一家石油财团在这一地区增加了"监测"网络。一天，一个非常有洞察力的监测员在某船坞下面发现大量的重型脚手架设备正准备装船。这些设备的当地交货地址是一家亚洲的电子公司。进一步的仔细检查显示，这些脚手架和油田使用的设备是一样的。为什么一家电子公司要进口采油设备呢？经过情报挖掘，他发现这家"电子"公司最近获得了本地以前不易获得的石油采矿权。经证实这家电子公司原来是壳牌的一家地区分公司，是为了掩饰母公司的石油勘探行动而成立的。这个监测员向总部汇报了此次信息挖掘的成果，总部立即加快了与前苏联解体后而成立的某国家的合作进程，并采取了相应的应对策略。行动的结果是这家石油财团与这个国家建立了一个新的国际合作伙伴。石油财团公司为此增加了超过 3000 万美元的收入。

资料来源：陈飚，赵辉等.策略之源 制胜之道——企业竞争情报指南 [M].大连：东软电子出版社，2006.

➡ 问题：

1. 信息挖掘的重要意义是什么？

2. 如何深入挖掘有限的信息资源？

## 本章小结

  本章第一节在阐述商务智能概念并对各概念要素进行分解的基础上，介绍了商务智能的技术组成和应用。商务智能的技术组成包括数据仓库、联机分析处理技术和数据挖掘。数据仓库具有面向主题、数据是集成的、数据是相对稳定的、数据是体现历史变化的特点；联机分析处理是共享多维信息的、针对特定问题的联机数据访问和分析的快速软件技术，具有灵活的分析功能、直观的数据操作和分析结果可视化表示等突出优点。而数据挖掘是从数据库或数据仓库等信息库的海量数据中挖掘特定知识与信息的过程。商务智能应用行业比较广，首先在金融、保险、证券、电信、税务等传统数据密集型行业中取得了成功；商务智能在企业上主要用于简单的报表和查询、联机分析处理、高级管理人员信息系统、数据挖掘、互联网应用等，应用领域主要是分析客户分类和特点、市场营销策略、经营成本与收入、风险管理。第二节着重阐述了数据挖掘技术的概念、特点、功能和应用，数据挖掘具有处理数据规模大、查询要求精确、对动态数据反应迅速、规则不一定适用于所有数据的特点，并具有分类与预测、聚类、关联分析、聚类分析、概念描述五大功能，本节的最后介绍了它在市场营销、金融行业、欺诈甄别方面的应用。第三节分别介绍了商务智能和数据挖掘技术的发展趋势。商务智能正向着实时性、标准化、嵌入式、移动化、大众化、供应商动向、易用性的方向发展，数据挖掘技术研究方向聚集在语言的形式化描述、可视化数据挖掘、多媒体数据挖掘、Web 数据挖掘和文本挖掘、数据挖掘中的隐私与信息安全、流数据挖掘、针对移动数据和 RFID 数据的挖掘、生物信息挖掘、软件工程和系统分析中数据挖掘、面向数据立方体的多维 OLAP 挖掘方面。

## 本章复习题

1. 谈谈你对商务智能定义中各要素的理解。
2. 简述元数据、数据库、数据仓库的联系和区别。
3. 分析商务智能给企业管理带来的变化及其原因。
4. 简要说明 OLAP 是一种技术还是一种数据库。
5. 分析联机分析处理与数据挖掘的区别。

6. 简述数据挖掘技术的特点和功能。

7. 解释企业如何应用商务智能获得竞争优势。

8. 简要说明商务智能和数据挖掘技术的发展趋势。

9. 数据仓库产生的原动力是什么？数据仓库系统是数据驱动还是需求驱动的？

# 参考文献

［1］陈伟. 创新管理 ［M］.北京：科学出版社，1996：32~40.

［2］杜茂康等.Excel 与数据处理 ［M］.北京：电子工业出版社，2005：72~88.

［3］陈劲，龚焱等.技术创新信息源新探：领先用户研究 ［J］.中国软科学，2001.

［4］薛薇.统计分析与 SPSS 的应用 ［M］.北京：中国人民大学出版社，2005：62~80.

［5］恒盛杰资讯.Excel 公司数据管理与分析 ［M］.北京：中国青年出版社，2008：67~89.

［6］柴晓娟.网络学术资源检索与利用 ［M］.南京：南京大学出版社，2009：75~84.

［7］梁国杰.文献信息资源检索与利用 ［M］.北京：海洋出版社，2011：25~42.

［8］隋莉萍.网络信息检索与利用 ［M］.北京：清华大学出版社，2008.

［9］花芳.文献检索与利用 ［M］.北京：清华大学出版社，2009：30~51.

［10］陈飚，赵辉等.策略之源　制胜之道——企业竞争情报指南 ［M］.大连：东软电子出版社，2006：160~172.

［11］戴为民.信息组织 ［M］.北京：高等教育出版社，2009：48~122.

［12］储节旺，郭春侠，吴昌合.信息组织学 ［M］.北京：清华大学出版社，2007：21~36.

［13］马张华.信息组织 ［M］.北京：清华大学出版社，2008：117~143.

［14］包昌火，谢新洲.竞争情报与企业竞争力 ［M］.北京：华夏出版社，2001.

［15］陈锋，梁战平.论 SWOT 分析方法在竞争情报实践中的应用 ［N］.情报学报，2001，20（6）：720~727.

［16］李树青.Internet 经济信息资源检索与利用 ［M］.南京：南京大学出版

社, 2010.

[17] 中国就业培训技术指导中心. 信息采集实用技术与方法 [M]. 北京: 中国劳动社会保障出版社, 2008: 15~135.

[18] 沈固朝. 信息源和信息采集 [M].北京: 清华大学出版社, 2012: 60~76.

[19] 黄奇杰, 蔡罕. 社会调查方法概论 [M]. 杭州: 浙江大学出版社, 2007: 100~182.

[20] 边燕杰. 城市居民社会资本的来源及作用: 网络观点与调查发现 [J]. 中国社会科学, 2004 (3): 136~146.

[21] 陈进, 张莉. 商务智能应用教程 [M]. 北京: 高等教育出版社, 2010.

[22] 韩家炜, 堪博. 数据挖掘概念与技术 [M]. 范明, 孟小峰译. 北京: 机械工业出版社, 2007: 1~55.

[23] 张公让. 商务智能与数据挖掘 [M]. 北京: 北京大学出版社, 2010: 1~20.

[24] 菲利普·科特勒. 营销管理分析、计划、执行和控制 (第8版) [M]. 梅汝, 梅清豪, 张桁译. 上海: 上海人民出版社, 1997: 179~218.

[25] 屈双双. "小世界" 理论及其在企业人际网络中的应用 [J]. 情报探索, 2007 (4): 112~114.

[26] 司有和. 企业信息管理学 [M]. 北京: 科学出版社, 2007.

[27] 谭云明. 网络商务信息采集 [M]. 北京: 中国经济出版社, 2008: 35~40.

[28] 秦铁辉. 企业信息资源管理 [M]. 北京: 北京大学出版社, 2006, 46~48.

[29] 伦纳德·M. 福尔德. 商业情报密码 [M]. 陈永强, 陈飔译. 北京: 机械工业出版社, 2007: 2~12.

[30] 周九常. 竞争情报及其作用研究 [J]. 河南科技, 2011 (3).

[31] 刁松龄. 企业商业情报合法获取十八法 [J]. 山东图书馆季刊, 2011 (3).

[32] 吕继红, 周胜林. 商务传播与经济社会发展 [M]. 上海: 复旦大学出版社, 2009: 8~20.

[33] 任福兵. 企业决策中竞争情报价值实现路径研究 [J]. 情报杂志, 2008: (10).

[34] Philip Kotler, Gary Armstrong. 市场营销原理 (第7版) [M]. 赵平, 戴贤远, 曹俊喜译. 北京: 清华大学出版社, 1999: 71~75.

[35] 赵卫东. 商务智能 (第2版) [M]. 北京: 清华大学出版社, 2011.